PLATON

DER SOPHIST

Übersetzt von

OTTO APELT

Neu bearbeitet und herausgegeben von

REINER WIEHL

Griechisch-deutsch

VERLAG VON FELIX MEINER
HAMBURG

PHILOSOPHISCHE BIBLIOTHEK BAND 265

1914 Erste Auflage, übersetzt und erläutert von Otto Apelt. PhB 150

1922 Zweite, unveränderte Auflage

1967 Griechisch-deutsch. Auf der Grundlage der Auflage von 1922 neu bearbeitet, eingeleitet und mit Anmerkungen herausgegeben von Reiner Wiehl als Band 265

1985 Zweite, durchgesehene Auflage

Der griechische Text wurde der Burnet'schen Ausgabe mit freundlicher Genehmigung der Clarendon Press, Oxford, entnommen

CIP-Kurztitelaufnahme der Deutschen Bibliothek

Plato:
Der Sophist : griech.-dt. / Platon. Übers. von Otto Apelt. Neu bearb. u. hrsg. von Reiner Wiehl. – 2., durchges. Aufl. – Hamburg : Meiner, 1985.
(Philosophische Bibliothek ; Bd. 265)
Einheitssacht.: Sophistes
ISBN 3-7873-0656-0
NE: Apelt, Otto [Übers.]; Wiehl, Reiner [Bearb.]; GT

 Satz: J. J. Augustin, Glückstadt, und Rheingold-Druckerei, Mainz. Einband: R. Himmelheber, Hamburg. Printed in Germany.

INHALT

EINLEITUNG DES HERAUSGEBERS

I

Otto Apelt hatte in seiner Einleitung zur Ausgabe des „Sophistes" in der „Philosophischen Bibliothek", die hier nunmehr zweisprachig, zugleich aber in Übersetzung und Erläuterungen weitgehend umgearbeitet erscheint, eine Art Beweis der Echtheit dieses Plato-Dialoges unternommen. Nicht ganz zufällig berief sich dieser Beweis nur auf jene Stellen in der „Metaphysik" des Aristoteles, aus denen Plato als der Autor dieses Dialoges zu erschließen ist, also nur auf einen, wenn auch den nächstliegenden Aspekt der Wirkungsgeschichte des „Sophistes". Dieser Echtheitsbeweis, der sich im besonderen gegen den entsprechenden Zweifel Friedrich Ueberwegs richtete, mutet heutzutage kaum weniger kurios an als Ueberwegs Zweifel selbst. Dieser Zweifel, das Bedürfnis seiner Zurückweisung und die Beschränkung der Mittel dieser Zurückweisung sind aber charakteristisch für eine Phase der Plato-Forschung, die sich zwar um die chronologische Ordnung der Plato-Dialoge verdient gemacht hat, auf der anderen Seite aber durch die Einseitigkeit philosophischer Aspekte und Methoden und durch die mangelnde Reflexion ihrer eigenen philosophischen Voraussetzungen in ihren philosophischen Deutungsmöglichkeiten außerordentlich limitiert blieb. Daß die Echtheit eines Werkes wie des „Sophistes" bezweifelt werden konnte, dürfte allerdings in der langen Geschichte philosophischer Zweifel gegen die Echtheit dieses oder jenes Werkes von Plato ein Extremfall bleiben. Denn sowohl durch seinen philosophischen Inhalt als auch durch seine besonders nachhaltige Wirkungsgeschichte[1]) muß dieser

[1] Diese reicht von Aristoteles über den Neuplatonismus (insbesondere Plotin), über Nikolaus von Cues und Hegel bis zum Neukantianismus und zu Heidegger.

Dialog als eines der wichtigsten Zeugnisse der Philosophie Platos gezählt werden. Daß es gerade der philosophische Sinngehalt ist, der diesen Dialog als ein Werk Platos ausweist, hatte auch Apelt sehr wohl erkannt und sich mehrmals an einer kritischen philosophischen Deutung des „Sophistes" versucht[2], der wohl zusammen mit dem „Parmenides" zu den schwierigsten Werken Platos zählt. Apelt war ein bedeutender Philologe, aber seine philosophischen Interpretationsversuche mußten scheitern. Denn der Urteilsbegriff, den er seiner Auslegung zugrundelegte, war dem extremen Empirismus und Psychologismus seiner Zeit allzu verhaftet, um zu einem angemessenen Verständnis des antiken Logos-Denkens im allgemeinen und der Platonischen Dialektik im besonderen zu gelangen. So kam Apelt über der Beschäftigung mit dem „Sophistes" zu dem Resultat, daß die Dialektik und Logik an der Philosophie Platos das Mangelhafte und Verbesserungswürdige sei, daß deren Wahrheit vielmehr in ihrer „Weltanschauung" liege, welche den Blick auf das Ewige, Wahre, Schöne und Gute richte[3].

In Apelts Plato-Deutung war geradezu ein System von unbefragten Vorurteilen über das Wesen des Begriffes, ja des Logischen überhaupt eingegangen, welches sich nicht zuletzt auch in seiner Übersetzung und Kommentierung des „Sophistes" niederschlagen mußte. Doch ist hinzuzufügen, daß diese Vorurteile seiner „Sophistes"-Ausgabe, die 1922 in 2. unveränderter Auflage erschien, keine partikularen sind, sondern sich fast immer in kritischen Auseinandersetzungen mit dem dialektischen Denken im allgemeinen und mit Platos Dialektik im besonderen wiederholen, sobald eine empirische und formal-logische Grundlage zum Ausgangspunkt der Kritik gemacht wird. So ist es kein Zufall, daß sich gerade in der angelsächsischen Plato-Literatur so oft dieselben kritischen Einwände gegen Platos „Logik" finden wie bei Apelt[4]. Die schon klassisch zu nennenden Bestandteile

---

[2] s. Literaturverzeichnis

[3] Platon. Aufsätze p. 9f. u. 45

[4] Vgl. R. Robinson, Platos Earlier Dialectic (1953)

dieser Art Kritik bilden den Vorwurf: Plato halte Begriff und Idee in ihrem unterschiedlichen Wesen nicht auseinander, er verkenne die ,,natürliche" Richtung des Urteils, ja, er stelle dieses geradezu auf den Kopf, indem er Erkenntnis des vorhandenen Seienden und Vergleichung der Begriffe zur Bestimmung dieses Seienden durcheinanderbringe; er unterscheide (noch) nicht zwischen Dasein und Sosein, Existenz und Bestimmtheit, und vor allem nicht zwischen Qualität und Modalität des Urteils[5]). Aus diesen grundsätzlichen logischen Irrtümern sollten sich dann die partikularen Argumentationsfehler erklären lassen, die sich in Platos Dialogen so reichlich zu finden scheinen.

Die kritischen Argumente dieser Art gegen Platos Logik und Ontologie scheinen zeitlos geworden zu sein[6]) und treten in ihrer Wiederholung meist unter Berufung auf Kants ,,Kritik der reinen Vernunft" auf. Auch hierin stellt Apelts Plato-Interpretation keinen Einzelfall dar. Gleichwohl kann seine Plato-Deutung so wenig unter diejenige der Schule des Neu-Kantianismus subsumiert werden wie Deutungen dieser Art überhaupt. Apelt selbst hatte sich sogar ausdrücklich von der neukantianischen Plato-Auffassung distanziert. Diese neukantianische Plato-Deutung von H. Cohen und P. Natorp, welche die Platonische Idee im Sinne einer wissenschaftstheoretischen methodischen Hypothese auffaßte, blieb von Anfang an nicht unwidersprochen, geriet aber schließlich geradezu in Verruf, als sich, besonders nach dem ersten Weltkrieg, ein philosophisches Bewußtsein der Entfremdung zwischen Philosophie und positiver Wissenschaft durchsetzte, welches sich gegen die Beherrschung seiner Begriffe durch die der Wissenschaft wandte und eine Deutung der antiken Metaphysik am Leitfaden neuzeitlicher Wissenschaftsbegriffe ebenso historisch als unangemessen wie philosophisch als unzureichend empfinden mußte. Und doch zeigt sich die bleibende Bedeutung der Plato-For-

---

[5] Vgl. O. Apelt, cit. loc. p. 268–269

[6] Eine neuerliche Applikation bei W. G. Runciman; Platos later Epistemology (1962)

schung des Neu-Kantianismus, sein tiefes Plato-Verständnis, im Kontrast gegen die zuvor beschriebene einseitige Messung der Platonischen Idee am Maße des empirischen Allgemeinbegriffes, welche sich nicht einmal im Grunde auf Kant berufen darf[7]). Die Auffassung der Idee als Hypothesis versetzt diese unmißverständlich in eine andere Dimension gegenüber dem Unmittelbaren derart, daß ihr logisches Verhältnis zu jeder Art von unmittelbarer Gegebenheit sich dialektisch gestaltet. So ist es schließlich kein Zufall, daß die heutige Plato-Forschung in Deutschland gerade durch solche Arbeiten wesentlich angeregt und belebt worden ist, die mehr oder weniger direkt aus der Schule der Neu-Kantianismus hervorgegangen sind. So sind durch diese Arbeiten neue Deutungsmöglichkeiten gerade auch für den ,,Sophistes" erschlossen worden.

Schon 1909 erschien in den von H. Cohen und P. Natorp herausgegebenen ,,Philosophischen Arbeiten" das Plato-Buch des jungen N. Hartmann: ,,Platos Logik des Seins". Hartmann unternahm es hier, die Platonische Ideenlehre am Leitfaden des Korrelationsverhältnisses des Nichtseins und Seins zu interpretieren, und zwar dieses Korrelationsverhältnis als Methode verstanden. Auf diese Weise mußte der ,,Sophistes", der ja das Verhältnis des Seienden (τὸ ὄν) und des Nichtseienden (τὸ μὴ ὄν) von der Frage nach dem Sein des Nichtseienden aus zu klären versucht, eine notwendige Schlüsselstellung im Ganzen der Philosophie Platos gewinnen[8]). Dieser Begriff eines Korrelationsverhältnisses gehörte wohl zu den Grundbegriffen in der Systematik des Neu-Kantianismus. Und doch war in Hartmanns Buch mehr gelegen als nur eine orthodoxe Plato-Interpretation aus der Marburger Schule. Zumindest durchbrach es jene Beschränkung des Ideenbegriffes auf eine wissenschaftstheoretische Hypothesis im Sinne neuzeitlicher Wissenschaft und hat möglicherweise mit zu der bekannten Selbstkorrektur Natorps

---

[7] Vgl. Kant, Kr. d. r. V. A 312–320
[8] cit. loc. p. 82ff.

an „Platos Ideenlehre“ von 1903 beigetragen[9]). In seiner Deutung des „Sophistes“ bezog sich Hartmann auf H. Cohens „Urteile des Ursprungs“ zurück[10]) und erinnerte auf diese Weise daran, daß auch der Neu-Kantianismus seinen Grundbegriffen einen weiteren Spielraum eingeräumt hatte, als seine wissenschaftstheoretischen Applikationen vermuten ließen. Einen weiteren wichtigen Anstoß hat die „Sophistes“-Deutung durch die Arbeiten von J. Stenzel erhalten[11]), der unterschwelliger als die genannten Philosophen durch neukantianische Kategorien bestimmt war und sich auch ausdrücklich gegen die Plato-Auffassung der Marburger Schule wandte. Aber nicht zufällig verwies er gerade auf Hönigswald und Rickert[12]). Verglichen mit dem anfangs erwähnten Zweifel Ueberwegs an der Echtheit des „Sophistes“, repräsentieren Stenzels Arbeiten im Hinblick auf diesen Dialog ein anderes Extrem neuzeitlicher Plato-Forschung. So sah Stenzel in dem Verfahren der Dihairesis, d. h. der Begriffseinteilung, deren Vorführung im „Sophistes“ und „Politikos“ einen breiten Raum einnimmt, den Kern der Spätphilosophie Platos. In dieser Deutung wurde die Dihairesis zu einem universalen Verfahren, welches es ermöglichen sollte, nicht nur die Inhalte des Sittlichen, das Wesen der Gerechtigkeit, dialektisch zu erörtern, sondern darüber hinaus die ganze Welt des „Empirischen“, den sichtbaren Kosmos, einer sicheren wissenschaftlichen Erkenntnismethode zu unterwerfen. Dabei glaubte Stenzel, in der Gestalt der Dihairesis eine veränderte Struktur gegenüber der Form der erinnernden, in Aporien führenden Widerlegungskunst erkennen zu können, der sich nach Platos Darstellung Sokrates bedient hatte. Diese Untersuchungen zur Dihairesis in den

---

[9] Zuerst in seinem „Metakritischen Anhang: Logos, Psyche, Eros“ (1920) zu „Platos Ideenlehre“; dann in seiner „Philosophischen Systematik“ (1958)
[10] cit. loc. p. 160
[11] s. Literaturverzeichnis
[12] Studien zur Entwicklung der Platonischen Dialektik von Sokrates zu Aristoteles[3] (1961) p. 11, 14 u. 33

späten Dialogen Platos schlugen eine Brücke zu den Forschungen über die Zahlenspekulation Platos, welche in den Dialogen schwer direkt zu greifen ist, und die vor allem durch ihre Kritik in der Metaphysik des Aristoteles überliefert ist. Diese Auseinandersetzung des Aristoteles mit der Platonischen Philosophie um die wahre Prinzipienwissenschaft, insbesondere die Auseinandersetzung mit der Zahlentheorie Platos ist heute ein weiterhin offener Bereich der Forschung, in dem vor allem die Arbeiten von Robin und H. F. Cherniss, insbesondere aber auch die Beiträge aus dem Bereich der Geschichte der Mathematik hervorzuheben sind[13]).

Das lange Zeit herrschende Schema eines Grundgegensatzes zwischen dem Rationalisten Plato und dem Empiriker Aristoteles, welches noch in Natorps Plato-Interpretation mithineinspielt und für seinen Unwillen gegen die Aristotelische Plato-Kritik mitverantwortlich ist, ist heute weitgehend zugunsten des Prinzips aufgegeben, daß die Auseinandersetzung des Aristoteles mit Plato aus dem gemeinsamen Grund der antiken Metaphysik, aus gemeinsamen Vorbegriffen des Logos und des Sinnes und der Funktion der Prinzipien dialektisch entspringt: daß dieser gemeinsame Grund gerade in der Differenz der Entwürfe zur Prinzipienwissenschaft wesentlich wirksam, und deswegen bei einer Deutung dieser Differenz zu berücksichtigen ist. In Stenzels Arbeiten war eine Tendenz gelegen, in den späten Dialogen Platos vor allem den Systematiker aufzuspüren. Diese Tendenz hat zu einer Widerbelebung der Frage nach einer hinter den Dialogen verborgenen und geheimen Prinzipien- und Wissenschaftslehre Platos und nach dem Verhältnis der exoterischen zu dieser esoterischen Lehre geführt[14]). Auf

---

[13] Hierzu vor allem die Arbeiten von O. Becker, J. Klein, u. O. Toeplitz, s. Literaturverzeichnis.

[14] Vgl. H. J. Krämer, Arete bei Platon und Aristoteles, zum Wesen und zur Geschichte der platonischen Ontologie (1959); K. Gaiser, Platons Ungeschriebene Lehre, Studien zur systematischen und geschichtlichen Begründung der Wissenschaften in der Platonischen Schule, Stuttgart 1963

der anderen Seite war unter dem Einfluß der Phänomenologie Husserls und der Existenzphilosophie Heideggers vor allem zunächst in Deutschland dem Bild des Systematikers Plato das des Dialogikers kontrastiert worden. Den Entwurf dieses Bildes, und zwar gerade im Hinblick auf die späten Dialoge Platos, haben die Interpretationen zum „Philebos" von H. G. Gadamer gegeben[15]). Nicht zuletzt unter dem Eindruck einer anscheinend abgebrochenen Wirkungsgeschichte der neukantianischen Kategorienlehre wurde hier der antiken Prinzipienwissenschaft vom Wesen des Dialoges und von dessen Dialektik her ein neuer Sinn erschlossen. In dieser lebensweltlichen Plato-Deutung lag allerdings die Gefahr einer Verkennung des Anspruches der antiken Metaphysik auf Wissenschaftlichkeit. Andererseits wurde durch diese Deutung die Übertreibung der entwicklungsgeschichtlichen Betrachtungsweise zurechtgerückt, und die Erforschung der Platonischen Philosophie im Lichte ihrer Einheit ermöglicht, nämlich ein dialektischer Wissens- und Wissenschaftsbegriff freigesetzt, dessen Sinn gerade durch die Krise des Neukantianismus verlorengegangen war, und der in dieser Freisetzung an seine Verwandtschaft mit dem spekulativen Begriff in seiner Erscheinung im deutschen Idealismus erinnert[16]).

II

Der „Sophistes" gehört mit dem „Politikos", mit dem ihn ein Band eng verbindet, zu den späten Dialogen Platos. Wahrscheinlich war Plato über sechzig Jahre alt, als er die beiden Dialoge schrieb[17]). Noch später sind der „Timaios", Kritias", „Philebos" und die „Nomoi" ent-

---

[15] s. Literaturverzeichnis

[16] Vgl. H. G. Gadamer, Hegel und die antike Dialektik, in Hegel-Studien I (1961); R. Wiehl, Platos Ontologie in Hegels Logik des Seins, Hegel-Studien III (1965)

[17] Eine Übersicht über die verschiedenen Vorschläge zur Chronologie der Platon-Dialoge bei D. Ross, Platos Theory of Ideas (1951) p. 1–10

standen. Nicht als chronologische Ordnung, wohl aber als Andeutung wesentlicher Sachzusammenhänge sind die Hinweise auf den einen und anderen Dialog im „Sophistes" zu werten, wie Plato überhaupt gelegentlich solche Fäden zwischen seinen Dialogen gesponnen hat[18]). So knüpft der Anfang des Gespräches über den Sophisten an ein vorangegangenes Gespräch an, offensichtlich an den Dialog „Theaitetos", dem Gesprächsteilnehmerkreis und dem philosophischen Sachzusammenhang nach zu schließen. Außerdem verweist der „Sophistes" auf seine eigene Fortsetzung. Die zu Beginn des von ihm geschilderten Gespräches gestellte Frage, ob Sophist, Staatsmann und Philosoph ein und dasselbe seien, oder ob man den drei Bezeichnungen entsprechend auch drei Wesensbestimmungen zu unterscheiden habe[19]), ist offensichtlich durch die Erörterung des Sophistenwesens in dem entsprechend betitelten Dialog nur in ihrem ersten Teilaspekt durchgenommen. Der „Politikos" enthält die Erörterung des zweiten Aspektes dieser Frage durch die Erkenntnisbemühung um die Wesensbestimmung des Staatsmannes und ist insofern eine direkte Fortsetzung des Gespräches über den Sophisten. Von daher erwartet man zunächst einen dritten Dialog, der die beiden anderen zur Trilogie vollendet und sich die Erörterung des Wesens des Philosophen vorgenommen hätte. Ein solcher Dialog ist aber nicht überliefert, auch wenn die Plato-Forschung angesichts dieses Mangels zuweilen zur Hypothese eines verlorengegangenen Dialoges gegriffen oder die Vollendung jener Trilogie durch den Einsatz dieses oder jenes überlieferten Dialoges gesucht hat[20]). Tatsächlich sprechen gute Gründe dafür, daß Plato diesen Dialog nicht geschrieben hat und daß die Nachforschung nach demselben nicht sinnvoll ist. Nicht nur Platos eigene Aussage, im Siebten Brief, daß es von ihm keine schriftlich

[18] Vgl. Anm. 1 p. 168 dieser Ausgabe
[19] Sophistes 217a
[20] Vgl. A. Diès, Parmenide (1923) p. XV; F. Cornford[4] (1951), Platos Theory of Knowledge p. 168–169

fixierte philosophische Lehre gebe und eine solche auch nicht geben werde[21]), gehört zu diesen Gründen. Schließlich kreisen alle Dialoge um die Frage nach dem wahren Wissen und nach dessen Mitteilbarkeit und Lehrbarkeit, ohne daß deswegen auch nur ein einziger das Wesen der philosophischen Wahrheit rein für sich, endgültig und über anfängliche Schritte hinaus positiv bestimmte. Es bedarf kaum einer Einschränkung, wenn man sagt, daß alle Dialoge Platos die Auseinandersetzung zwischen Philosophie und Sophistik um das wahre Wissen und um die beste menschliche Verfassung, insbesondere um die wahre Vermittlung dieses Wissens darstellen.

So ist auch im „Sophistes“ und im „Politikos“ die Frage nach dem Wesen der Philosophie von Anfang an mitgesetzt und miterörtert. Ja, die beiden Fragen nach dem Wesen von Sophist und Staatsmann sind überhaupt nur um der von Sokrates zu Anfang gestellten Frage willen da, um der Frage nach dem Grund der offenkundigen Ähnlichkeit oder Unähnlichkeit willen, welche der allgemein herrschenden Auffassung (δόξα) zufolge dem Wesen der drei Gestalten anhaftet. Die Grundfrage ist insofern die nach der Selbigkeit (ταὐτόν) und Verschiedenheit (ἕτερον) als dem Grunde einer allgemein anerkannten, aber unbegriffenen Wesensähnlichkeit, bzw. -unähnlichkeit. Insofern ist die Frage nach dem Philosophen immer schon durch die beiden anderen Fragen eingeholt, wenn nicht sogar überholt, und das dialektische Verfahren der Wesensbestimmung durch Dihairesis, durch Begriffseinteilung, welches in den beiden Dialogen vorgeführt wird, ist ein solches, welches in dem, was es bestimmt, zugleich mitbestimmt, was dieses zu Bestimmende in einem wesentlichen Sinne gerade n i c h t ist. Insofern scheint in den Bestimmungen des Sophisten und des Staatsmannes immer auch durch, was der Philosoph

---

[21] VII. Brief 341 c; vgl. hierzu H. G. Gadamer, Dialektik und Sophistik im siebenten platonischen Brief (Sitzungsberichte d. Heidelberger Akademie d. Wissensch., Philos.-Hist. Klasse, Jahrgang 1964. 2. Abh.)

ist und was er wesentlich nicht ist, und diese positiven und negativen Bestimmungen des einen und des anderen gehen immer miteinander Hand in Hand und stehen in einem dialektischen, spekulativen, d. h. ihr Wesen gegenseitig spiegelnden Verhältnis. Um das zu unterstreichen, läßt Plato über dem Wesen des Sophisten schließlich plötzlich das Wesen der Philosophie in den Vordergrund und in den Mittelpunkt der Erörterung treten, bei der Vorbereitung der Erörterung über die Gemeinschaft der Gattungen (κοινωνία τῶν γενῶν) und im Verlauf dieser Erörterung. In der kritischen Besinnung auf das Wesen des Sophisten und des Staatsmannes bereits das Wesen der Philosophie gewährleistet und erschöpft zu sehen, dies liefe allerdings auf ein äußerliches, der inneren Überzeugungskraft entbehrendes Reflexionsargument hinaus, zumal sich ja, wie gesagt, Philosophie und Sophistik in der Frage nach der Vermittlung des Wahren und Guten treffen. Philosophisch wird diese kritische Besinnung auf das Anderssein der beiden anderen Gestalten erst durch die ständig wachgehaltene Erinnerung an die Verschiedenheit in der Selbigkeit und an die Selbigkeit in der Verschiedenheit. Dasselbe (ταὐτόν) und das Verschiedene (ἕτερον) sind Prinzipien, durch die eine Erkenntnis sich selbstkritisch, besonnen und wach hält, und durch deren kontinuierliche und konsequente Wiedererinnerung die betreffende Erkenntnis Methode und damit erst eigentlich Wissenserkenntnis wird.

Die Begriffseinteilung (Dihairesis) ist die erste konkrete Erscheinung einer Denk- und Erkenntnismethode in der Geschichte der abendländischen Erkenntnis- und Methodenlehre. Sie ist in der neueren Philosophie vor allem von Lambert ausgebaut, dabei aber zugleich methodologisch uminstrumentiert worden. Plato selbst hat durch seine Dialoge, insbesondere aber durch den „Sophistes", den Ursprungsort dieser Methode im Raume der dialektischen Auseinandersetzung der Philosophie mit der Sophistik lokalisiert. Insofern kann man sagen, daß die Dihairesis aus dem Wesen des Dialogischen, und im engeren Sinne aus der Wesenseigentümlichkeit des Sokra-

tes-Dialoges entsprungen ist. Sie ist Methode, sofern sie gegen die Unzulänglichkeiten der Erkenntnis gerichtet ist, die um der Wahrheit willen alles überhaupt scheint im Blick haben zu müssen, während ihr andererseits eine solche Gegenwärtigkeit des Allwissens notwendig versagt bleiben muß. Sie ist also Methode im wesentlichen Hinblick auf eine solche Idee der Allgegenwärtigkeit des Wissens und im Hinblick auf die menschlichen Erkenntnisunzulänglichkeiten, verglichen mit jener absoluten „Geistesgegenwart". Die Methode richtet sich demnach gegen die Folgen jener allgemein menschlichen Erkenntnismängel, gegen die Vergeßlichkeit, gegen die Inkonsequenz des Denkens, gegen die Verwechslungen des Ähnlichen und des Unähnlichen, gegen jede wesentliche Gestalt des Nichtwissens überhaupt. Sie ist der Weg, um den Dingen in ihren äußeren Ähnlichkeiten und Unähnlichkeiten auf den Grund zu kommen. Nicht, daß sie jede Unwesentlichkeit, jede Verwechslung und Inkonsequenz, jeden Umweg und jede Abirrung unmittelbar und ein für alle mal ausschlösse. Die Methode ist kein Instrument eines absoluten und unfehlbaren Allwissens. Im Gegenteil. Sie kommt erst da zu ihrem eigenen wahren Wesen, wo sie sich den Wesensunterschied zwischen einem absoluten Wissen und der begrenzten menschlichen Erkenntnis in Erinnerung ruft, sich von dieser Einsicht ständig tragen und die gewonnenen Erkenntnisbestimmungen in jenem Wesensunterschied gründen läßt. Erst diese grundlegende Einsicht ermöglicht den rechten Gebrauch, die konsequente und kontinuierliche Anwendung der Gattungen (γένη) „Selbigkeit" und „Verschiedenheit". Ohne sie bleibt der Begriff in seiner Allgemeinheitsfunktion dem ständigen sophistischen Mißbrauch ausgesetzt. Dieser Allgemeinbegriff ist es dann gerade, der es erlaubt, über „alles", auch ohne Wissen und Einsicht, zu reden und mit dem Seienden und dem „Alles" beliebig umzuspringen, weil dann die Vieldeutigkeiten der Namen und Bezeichnungen der Sprache in Scheinallgemeinheiten und Scheinwahrheiten umgemünzt werden können. Die recht verstandene Erkenntnismethode erweist sich

dagegen als getragen von der grundlegenden Sokratischen Einsicht, daß der Mensch, im endgültigen und absoluten, im höchsten und wahrsten Sinne verstanden, nichts wissen könne. In dieser Einsicht gründet – das zeigt Plato auch und gerade im „Sophistes" – der vorbildliche Umgang des Sokrates mit dem Begriff in seiner Widerlegungskunst, die nur dem äußeren Anschein nach der sophistischen Widerlegungstechnik gleicht. Ohne diese „gelehrte Unwissenheit" sind auch Selbigkeit und Verschiedenheit keine Prinzipien, um den Dingen auf den Grund zu kommen und in den Bereich der Wahrheit des Seienden zu gelangen. Sie schlagen dann vielmehr um in Instrumente einer sophistischen Geschicklichkeit, welche das Wissen an die Oberfläche der Dinge zu bannen versteht und die Erkenntnis im Genuß des Angenehmen und im Gebrauch des Nutzbringenden erschöpfen will. Jene Grundlegung der Erkenntnismethode in der Sokratischen Weisheit ist nicht im Sinne einer transzendentalen Fundierungstheorie zu verstehen. Die Methode ist nicht etwas gänzlich Unveränderliches, keine starre, leblose Form. Sie ist vielmehr nichts anderes als die Erkenntnis selbst, die sich konsequent mit dem Erkannten zusammen entwickelt, bis sie zu jener grundlegenden Erkenntnis gelangt und hier einsehen lernt, daß, die Sokratische Weisheitshaltung der wissenden Unwissenheit konsequent durchzuhalten, ihr anfangs verborgenes, nunmehr erkanntes Wesen ist. Dies zu zeigen, ist die von Plato verfolgte Absicht bei der Vorführung der dihairetischen Methode im „Sophistes". Erst in dem Augenblick, wo dieses Gespräch zu jener grundlegenden Einsicht gelangt, da gelingt es endlich, in der verwirrenden Vielzahl der Begriffs- und Sachbestimmungen zum Sophistenwesen das verbindende Band zu finden und dadurch jene Vielzahl in einer ordnenden Einheit zusammenzufassen, zu einer Synthesis in Gestalt einer abschließenden Definition des Gesuchten.

Die Methode der Dihairesis ist Erkenntnismethode. Sie ist insofern keine unreflektierte oder nach Maximen der Rhetorik verfahrende Redekunst, der es, wenn um Gründe überhaupt, dann vor allem um den schönen, für

sich einnehmenden Schein der Wahrheit derselben geht. Das Verhältnis der philosophischen Erkenntnismethode zur Rhetorik ist, wie zur Sophistik, dialektisch. Ihr Ziel ist die Erkenntnis der wahren Zusammenhänge und Gründe des Seienden, und ihr Weg führt über jenen Schein und über die Einsicht in sein täuschendes Wesen. Andererseits darf man diese Methode, trotz des Zuges zur Universalität ihrer Anwendung, nicht einer formalen Methodologie gleichsetzen. Sie ist keine Systematisierung von Maximen und Reflexionen zur Ermöglichung wahrer Erkenntnis nach Art neuzeitlicher Methodentraktate[22]), sondern vordemonstrierte, reale methodische Erkenntnis, an der dann wohl die innere Reflexion gelegentlich in Gestalt solcher Methodenmaximen nach außen treten kann, um die unmittelbare Kontinuität der Erkenntnisbewegung zu unterbrechen und fragwürdig zu machen. Zweifellos hat die dialektische Logik Platos wichtige Schritte auf dem Gebiet der Formalisierungspraxis getan. Das kann man gerade am „Sophistes" ablesen, wo etwa die Frage nach der Notwendigkeit und Überflüssigkeit terminologischer Fixierungen im Zuge des Gedachten eine wichtige Rolle spielt. Diese dialektische Logik erweist sich als beherrscht vom Unterschied von Form und Inhalt, von dem sie nicht nur ständig in Bewegung gehalten wird, sondern den sie auch ihrerseits in ständiger Bewegung erhält. Aber sie fixiert diesen Unterschied nie endgültig, und sie radikalisiert ihn auch nicht zu einem absoluten Grundgegensatz; weder hat sie einen erkenntnistheoretischen Subjekt-Objekt-Grundgegensatz im Sinne, noch überhaupt die Tendenz, im Bereich dieses Unterschiedes zu einer ausschließlichen, in eine einzige logische Dimension gebannten Entgegensetzung zu kommen. So sind das Erkennen und die Methode nicht getrennt, sowenig wie das Denken und Erkennen, Sprechen und Denken, auch wenn diese alle im Spielraum ihrer Unterscheidung voneinander und von ihrer Unterscheidung leben. Deswegen darf die Dihairesis auch nicht auf eine

[22] Nach Art von Descartes, Regulae ad directionem ingenii.

Technik des Bestimmens reduziert werden, selbst wenn ihr Ziel am Ende die Wesensdefinition ist. Auch der Sinn der Wesensdefinition erschöpft sich nur scheinbar in der Bestimmung eines bestimmten Sachverhaltes. Der Weg der Begriffseinteilung ist ein Bestimmen im Erkennen und ein Erkennen im Bestimmen, derart, daß keines der beiden Momente je nur für sich ist, sondern beide immer im Hinblick aufeinander und um ihrer Einheit willen da sind. Was erkannt wird, ist nicht unbedingt die zu bestimmende Sache, sondern deren Bestimmung dient zur Erkenntnis ihrer Bestimmungen und des Zusammenhanges unter diesen, wie andererseits die Bestimmung dieser Bestimmungen (γένη, εἴδη), die Einteilung der Gattungen in Arten und Unterarten, der Erkenntnis der gesuchten Sache dient, derart, daß sich beide Blickrichtungen immer wieder zusammenschließen. Mit anderen Worten: in der dihairetischen Erkenntnismethode wird immer ein Verhältnis freigesetzt und offengehalten zwischen dem, was um seiner selbst willen, und dem, was um eines anderen willen zu bestimmen und zu erkennen gesucht wird. Dieses offene Verhältnis kommt gerade durch den Zusammenschluß der beiden Blickrichtungen zustande und wird durch diesen Zusammenschluß erhalten. Daß dieses Verhältnis auch in der abschließenden Wesensdefinition offengehalten ist, macht den dialektischen Begriff der Definition aus, wie überhaupt durch jenen offenen Spielraum die Erkenntnis erst eigentlich Universalität gewinnt und jedes Seiende unbefangen in den Blick zu nehmen erlaubt. Durch dieses offene Verhältnis von An-sich-Sein und Sein-für-Anderes[23]) ist die dialektische Definition nicht nur eine klärende Zusammenfassung verschiedener Bestimmungen in der Einheit eines Wesensbegriffes unter Ausschluß des Unwesentlichen und Inkohärenten, sondern darüber hinaus eine philosophische Synthesis. Die in einer solchen Definition eingefangene und durch dieselbe erneut freigesetzte Erkenntnis überragt auf diese Weise den von ihr am Ende erreichten bestimmten Be-

[23] Sophistes 255c

griff des Vorhandenen und Gesuchten. Sie wird zum Anfang philosophischer Erkenntnis, die sich im Blick auf den höchsten Sinn und Zweck (ἰδέα τοῦ ἀγαθοῦ) wachhält und die alles andere zuletzt nur zu erkennen sucht, um jenen Blick auf das wahrhaft Gute zu gewinnen und um in sich den Sinn für diese Idee zu wecken. Eben dies ist auch und gerade im „Sophistes" der Zweck der abschließenden Wesensbestimmung des Sophisten, die, verglichen mit jenem wahren Zweck, vorläufig und ein Mittel bleibt: nämlich ein angefangener Weg, der den Blick für die Philosophie und ihre Wahrheit freimachen soll und im Grunde der bereits eingeschlagene Weg der Philosophie zu sich selbst ist.

III

Außer den Hinweisen auf den „Theaitetos", den „Politikos" und den fehlenden Dialog über den Philosophen enthält der „Sophistes" einen nicht weniger wichtigen Hinweis auf einen weiteren Dialog. So wird hier ausdrücklich an ein länger zurückliegendes Gespräch erinnert, welches zwischen Sokrates und den beiden großen Gestalten der Philosophenschule aus Elea, Parmenides und seinem Schüler Zeno, stattgefunden haben soll; also eine Anspielung auf den Dialog „Parmenides", in welchem Plato jene drei in einem frei erfundenen Gespräch zusammenschließt, die in seinen Augen wohl die größten Dialektiker überhaupt waren und die die Voraussetzungen und Grundlagen der dialektischen Wissenschaft (διαλεκτικὴ ἐπιστήμη) geschaffen hatten. Im „Parmenides" ebenso wie im „Sophistes" und „Politikos" ist es nicht, wie in früheren Dialogen, Sokrates, der das Gespräch führt, auch wenn ihm eine unersetzliche Rolle zugedacht bleibt, dadurch daß er jeweils zu Anfang diejenige Frage stellt, die dem philosophischen Dialog den Anstoß, die Richtung und die bleibende Grundlage gibt. Vielmehr sind es im „Parmenides", ebenso wie in den beiden anderen genannten Dialogen, Philosophen aus der Schule von Elea, die das Wort führen; im „Parmenides"

das einstige Schuloberhaupt selbst, nach dem der Dialog benannt ist, in den beiden anderen zusammengehörenden Dialogen ein unbekannter Philosoph aus der gleichen Stadt, den Plato – wohl nicht ohne Absicht – mit Anonymität bekleidet hat, während er sonst namentlich bekannte Gestalten des griechischen Geisteslebens auf der Bühne seiner Philosophie-Dialoge auftreten zu lassen bevorzugte. Immerhin zeigt sich schon im Verlauf des Gespräches über den Sophisten so viel, daß jener namenlose Unbekannte allgemein eine jüngere Philosophen-Generation aus Elea repräsentiert und nicht ohne Autorität spricht, wenn er sich der Tradition des Eleatismus zwar irgendwie verbunden fühlt, andererseits aber ein kritisch-distanziertes, wenn nicht sogar entfremdetes Verhältnis zu ihr, wie zur allgemeinen philosophischen Tradition überhaupt, hat. Deswegen seine hermeneutisch-kritische Auseinandersetzung mit diesen Ursprüngen, insbesondere aber mit dem Ursprung des Eleatismus, mit der Lehre des „Vaters" Parmenides. Der kritische Punkt dieser Lehre, gegen den er sich wendet und an den er die allgemeine Frage des Gespräches nach dem Wesen des Sophisten knüpft, ist der Grundsatz, daß das Nichtseiende undenkbar und unsagbar sei, und die mit diesem Grundsatz zusammenhängende beschwörende Mahnung, der Mensch solle dieses Nichtseiende fernhalten von seinen Worten und Gedanken. Offenbar sieht auch der unbekannte Eleate, nicht anders als Parmenides, in diesem Nichtseienden eine Gedankenversuchung, und im Sein dieses Nichtseienden das Prinzip nichtssagender Rede, die Ursache falscher und irreführender Vorstellungen. Jedenfalls stellt er sich bei seiner dialektischen Auseinandersetzung mit jenem Grundsatz auf diese unausgesprochene gemeinsame Grundlage. Was ihn aber so unausgesprochen mit der eleatischen Tradition und besonders mit Parmenides verbindet, ist offenbar zum Anlaß entgegengesetzter Schlußfolgerungen geworden. So berichtet er selbst im Verlaufe des Gespräches, daß sein Denken schon seit langem beherrscht ist vom Gedanken der Notwendigkeit, jenes dunkle und rätselhafte Nicht-

seiende zu denken und zu erkennen, und er also nicht erst durch dieses Gespräch über den Sophisten auf jene Notwendigkeit gestoßen ist. Auf der anderen Seite gibt er unumwunden zu, daß seine bisherigen Versuche, jenen Grundsatz des Parmenides zu widerlegen, immer wieder gescheitert sind, offensichtlich, wie auch dieses Gespräch nahelegt, nicht ganz zufällig, auch wenn die Notwendigkeit jener Widerlegung nie aufgehört hat, sich geltend zu machen[24]).

Gerade bei der Frage nach dem Wesen des Sophisten und nach dessen Begriffsverhältnis zum Wesen des Philosophen mußte sich allerdings die Einsicht aufdrängen, wie eng jenes Nichtseiende nicht nur an das besondere Wesen nichtssagender und irreführender Reden, sondern im allgemeinen an das Wesen des „Logischen" überhaupt, und im besonderen an das Wesen der argumentierenden Rede (ἔλεγχος), gebunden ist, sofern diese auf die Widerlegung anderer, entgegengesetzter Ansichten und auf den Beweis der Wahrheit der eigenen Meinung (δόξα) durch eben solche Widerlegung des vorausgesetzten Gegensatzes gerichtet ist. In dieser dem griechischen Denken naheliegenden, selbstverständlichen Form, sich der Wahrheit seiner Denk- und Erkenntniserfahrungen zu vergewissern, scheinen, zumindest dem äußeren Erscheinungsbild zufolge, die philosophische und die sophistische Art und Weise der Vermittlung von Allgemeinbildung und -wissen übereinzukommen. Denn auch dort, wo es wie dem vorbildlich philosophischen Denken des Sokrates nicht darum geht, unbedingt selbst recht zu haben, sondern um die sachlich objektive Prüfung, welcher von zwei angenommenen gegensätzlichen Gedanken der wahre und bessere ist, wo also eine Ansicht durchgenommen und durchgesprochen wird, um durch ihre Widerlegung die in ihr verborgene bessere Wahrheit zum Vorschein zu bringen, auch da scheint, unter formal-allgemeinem Gesichtspunkt, die analoge einheitliche Beziehung von Widerlegung und Beweis vorzuliegen. So wird die

---

[24] Sophistes 242 a–b

Gattung des Nichtseienden zum Gleichnisbegriff für die äußere Ähnlichkeit zwischen Philosophie und Sophistik, zwischen Wahrheit und täuschendem Schein. Durch diesen Begriff des seienden Nichtseienden geht die bewegliche Grenze zwischen beiden Wesensgestalten hindurch, und die Wahrhaftigkeit der einen und das täuschende Scheinwesen der anderen teilen sich in diesen Bereich wie Licht und Dunkel in den Bereich des Sichtbaren. So vermag das rätselhafte Sein des Nichtseienden zu einem Leitfaden der Erkenntnis jenes Unterschiedes und damit zum Leitfaden philosophischer Selbsterkenntnis zu werden. Der reinen Idee nach betrachtet verhalten sich die beiden Gestalten wie absolute Gegensätze des Seienden und Nichtseienden, wie Licht und Dunkel. Aber in der menschlichen Zwischen- und Schattenwelt ist keine Grenze zwischen ihnen so endgültig fixiert, daß nicht immer die eine Gestalt äußerlich etwas vom Wesen und vom Erscheinungsbild der andern an sich hätte. Wie das Dunkel Abwesenheit und Verlust des Lichtes ist, so macht sich im Grunde in der Sophistik immer der Mangel an Philosophie bemerkbar. Das ist ihre von Plato anerkannte positive Seite; wie andererseits die Philosophie in der Ähnlichkeit und Verwechselbarkeit mit der Sophistik die Erinnerung hat, daß Wahrheit sich ihrer selbst immer von neuem durch Selbstunterscheidung gegenüber ihrem negativen Gegenbild vergewissern muß.

Das Gespräch über den Sophisten kommt erst nach einer Reihe von Bestimmungen, die eher bildhafter und rhetorisch-polemischer als sachlich-begrifflicher Natur sind, zum Kern der Sache, in dem Philosophie und Sophistik einen gemeinsamen Begriffsursprung und das Prinzip ihrer Differenz haben. Polemisch-kritisch und nur das Negative des Sophisten treffend sind Bestimmungen der Art, daß der Sophist ein Jäger auf junge Menschen, ein Großkaufmann oder Kleinhändler von Bildungs- und Wissensprodukten sei. Diese Bestimmungen sind eher Bilder, wie sie die Sophisten selbst von den Dingen geben, als Begriffe der Sache. Wo aber die

Erörterung beginnt, den Sophisten vom allgemeinen Kennzeichen der Widerspruchskunst (ἀντιλογικὴ τέχνη) her zu bestimmen,[25]) da kommt im weiteren Verlauf der Begriffseinteilung immer auch das Wesen der Philosophie als das Selbige und Andere zur Sprache, und man kann neben der sophistischen die sokratische Widerlegungskunst im Begriffsschema, von jener abgetrennt, abgebildet erkennen, als das Andere gegenüber jener: als das Vorgehen und als Weg des wahren und uneigennützigen Lehrers im Unterschied zu dem des eigennützigen, nur auf die Vermehrung des eigenen Ansehens bedachten. Von diesem Kennzeichen der Widerlegungskunst führt dann das Gespräch in mehreren Schritten zu seinem Hauptgedanken, daß das Nichtseiende in Wahrheit ein Sein hat, und zwar nicht als reiner, absoluter Gegensatz des Seienden, sondern als eine besondere, eigentümliche Gestalt, eine Gattung (γένος) des Seienden selbst: als Anders-Sein (τὸ ἕτερον). Dieser Beweis der Natur des Nichtseienden schließt sich am Ende mit der Frage nach dem Wesen der denkenden, vernünftigen Rede, d.i. nach dem Logos zusammen. Diese Frage durchzieht im Grunde das ganze Gespräch über den Sophisten von Anfang an, und im Hinblick auf sie ist dieser Dialog die direkte Fortsetzung des „Theaitetos", der mit der Frage, wie der Logos eine wahre Ansicht in wahres Wissen verwandelt, zu keinem Abschluß gelangt. Worauf es im „Sophistes" ankommt, ist dies, daß der Logos als eine der Gattungen des Seienden, und zwar als die wichtigste, ohne welche selbst die Philosophie unmöglich würde, verschieden vom Seienden selbst ist wie jede Gattung des Seienden überhaupt. Aber was für ein Seiendes von beliebiger, unbedeutender Art selbstverständlich zu sein scheint, daß es nicht das Seiende als solches selbst ist, und daß es darum auch nicht stellvertretend für das Ganze und All des Seienden eingesetzt werden kann, ist für den Logos keine Selbverständlichkeit. Im Gegenteil. Er ist offenbar das Universale schlechthin, und seine Universalität

---

[25] Sophistes 225a ff.; 232b

scheint noch umfassender und allmächtiger zu sein als die jener eigentümlichen, allgemeinsten Gattungen (μέγιστα γένη) des Seienden, deren Universalität, wie die von Ruhe und Bewegung, allüberragend ist, die aber andererseits, wie sich herausstellt, überhaupt erst durch λόγοι, d.i. durch verschiedene Verhältnisse von Selbigkeit und Verschiedenheit, eine Bestimmtheit und einen Sinn erhält. Die Macht des Logos zur Universalität scheint groß genug, um jedes Seiende überhaupt an ihr teilhaben zu lassen. Insbesondere in der sich auf alles erstreckenden Widerspruchskunst liegt offenbar der vorzüglichste Beweis dieser Universalität. Und doch ist auch nicht der Logos, sowenig wie irgendein anderes Etwas, das Seiende selbst. Er verliert sich nicht einfach im All des Seienden, in der unmittelbaren Identität mit diesem. Im Verhältnis der Selbigkeit, welches er schon unwillkürlich immer mit dem Seienden eingegangen ist, ist vor allen anderen Unterschieden zunächst und zuletzt die Verschiedenheit selbst mitgesetzt. Diese Verschiedenheit vermag, nicht zuletzt wegen ihrer Einfachheit, zu einem Prinzip der Erinnerung zu werden, um an den sophistischen Argumentationen und Widerlegungen den trügerischen Schein der nichtssagenden und irreführenden Allgemeinheiten durchschauen zu lassen, die aus vorschnellen und einseitigen Identifikationen eines Etwas mit einer Gattung des Seienden resultieren, ohne daß dabei diese Gattung auf ihr eigenes Sein, und damit auf ihr eigenes Verhältnis zu anderen Gattungen des Seienden hin, betrachtet worden wäre. Die Gattung der Verschiedenheit wird zu einem Prinzip gegen die Sophistik, sofern sie an ausgeschlossene und unterdrückte wesentliche Unterscheidungen erinnert. In der Spezifizierung gründet die Wahrheit einer Bestimmung von Etwas durch ein anderes Etwas, d.h. durch eine andere Gattung des Seienden.

Grundsätzlich verweist also das seiende Nichtseiende in Gestalt des Verschiedenen auf die Universalität und Allgemeinheit der denkenden Rede und auf deren zwiespältige Natur: darauf daß diese Universalität

ebensowohl den Grund für die mannigfachsten Täuschungen und Irreführungen abgibt, während ihre Spezifizierung die universale Möglichkeit bestimmter, allgemeiner Wahrheitserkenntnis eröffnet. In der grundsätzlichen Bindung des Logos an die *Idee* der Verschiedenheit (ἰδέα τοῦ ἑτέρου), in diesem grundsätzlichen Anders-Sein gründet das logische Wesen selbst, nämlich das Unterscheidungsverhältnis des Seienden zu sein. Es ist die denkend-erkennende Rede, welche Unterschiede und Gegensätze erst eigentlich feststellt und der unverbindlichen und unbestimmten Bewegtheit und Veränderlichkeit des Seienden entzieht; sei es, daß sie ihrer eigenen Erkenntnisbewegung eine Unterscheidung, einen Gegensatz zugrundelegt, oder daß sie von einer Selbigkeit oder einer Unterscheidung ausgehend eine Unterscheidung und Selbigkeit erschließt. Dieses Setzen, Zugrundelegen und Erschließen von Selbigkeit und Verschiedenheit macht den allgemeinen und grundsätzlichen Bewegungscharakter des erkennenden Denkens in Gestalt der dihairetischen Erkenntnismethode aus. Diese Bewegungsform ist der Logos derselben, ihre sie begründende Form. So enthält das Gespräch über den Sophisten nicht nur die reale Vorführung eines bestimmten Gedanken- und Erkenntnisweges, sondern darüber hinausgehend eine Gedankenreflexion über die in diesem Wege enthaltene universale Form, im Hinblick auf die jener Weg einen allgemeinen, den besonderen Anlaß übersteigenden, in sich begründeten methodischen Charakter gewinnt, der die notwendige Voraussetzung für eine Einsicht in die Wahrheit ist.

In diesem Beweis der Natur des Verschiedenen (ἡ φύσις τοῦ ἑτέρου) und in dieser Sinngebung des Nichtseienden im Bereich der vernünftigen, sinnerfüllten Rede erreicht die Widerlegung jenes Grundsatzes des Parmenides, daß das Nichtseiende kein Sein habe und undenkbar und unaussprechbar sei, erst ihre vorläufige Erfüllung; nicht schon in jenem formalen Argument, daß das Nichtseiende auch dort, wo seine Denkbarkeit und Aussagbarkeit bestritten wird, immer bereits schon

ausgesprochen, und damit als ein bestimmtes Seiendes unter die Prinzipien und Kategorien des Seienden, insbesondere unter das Prinzip der Zahl und im allgemeinen unter das universale Prinzip der vernünftigen Rede subsumiert worden ist[26]. Diese Widerlegung kann immer nur der Anfang einer wahren Widerlegung sein, und würde bei ihr stehen geblieben, so wäre sie nicht besser als jede sophistische Widerlegung, die um der Erzeugung des Paradoxen willen das Frühere für das Spätere, den Anfang für das Ende und das Endgültige nimmt. Dadurch daß der fremde Gast aus Elea diese Widerlegung nur als einen Anfang nimmt, beweist er sein Wissen von der Grunddifferenz zwischen sophistischen und philosophischen Widerlegungen und von den wesentlichen Unterscheidungsgründen zwischen beiden. Als ein Anfang ist die formale Widerlegung nur dazu da, jenen Grundsatz als einen solchen zu erschüttern und in Frage zu stellen, indem man seinem Gegensatz überhaupt erst einmal Gehör verschafft. Das dialektische Doppelwesen, welches auf diese Weise entsteht: – ein Grundsatz und sein Gegensatz – ist nur die Exposition des Verhältnisses des Seienden und Nichtseienden, dessen Rätsel von der unausgesprochenen Vielsinnigkeit seiner beiden Hauptmomente lebt, die nicht ausdrücklich und erkennbar auf die in ihnen gelegenen prinzipiellen Unterscheidungsverhältnisse wie die des Früher und Später, des Ganzen und seiner Teile etc. bezogen sind, sondern die diese Bedingungsverhältnisse der Wahrheit überspielen und zunächst wenigstens nicht zur Geltung kommen lassen. Das rätselhafte, unbestimmte Verhältnis des Seienden und Nichtseienden steht in dieser dialektischen Exposition als ein Begriffsgleichnis und Gedankenbild einer Rede, die weder im allgemeinen noch im besonderen und ins Einzelne gehend erkennen läßt, was sie im Grunde bejaht und was sie dagegen grundsätzlich verneint, wessen Wahrheit sie letzten Endes beweist und wessen Wahrheit sie widerlegt, und was es

---

[26] Sophistes 238d–239a

schließlich eigentlich ist, worüber sie zu wahrem Wissen, zu Erkenntnis und Einsicht gelangen will. So gesehen ist der Erkenntnisweg in Gestalt der dihairetischen Methode die ganz andere, entgegengesetzte Rede- und Erkenntnisweise, sofern diese nämlich offen – und möglichst weit ins Einzelne gehend – zu erkennen gibt, welche Bestimmungen sie im Hinblick auf das gesuchte Wesen der Sache zugrundelegt, und zwar ebenso im Positiven wie im Negativen; insbesondere aber, sofern sie schließlich immer auch deutlich sichtbar macht, was sie in Wahrheit und um seiner selbst willen zu erkennen und zu bestimmen sucht, und was dagegen nur um dieses Anderen oder aber um eines dritten Anderen willen.

Die dialektische, philosophische Widerlegung unterscheidet sich von der sophistischen insbesondere dadurch, daß sie das Negierte und Widerlegte als seiend anerkennt, als eine Ansicht, in der irgendein Sinn und Zweck vorhanden sein muß, auch wenn dieser nicht direkt und nicht bis in seine verschiedenen Konsequenzen hinein erkannt und gewußt wird; also dadurch, daß sie grundsätzlich jede geäußerte Ansicht und Aussage an der Universalität des Logischen teilhaben läßt. Deswegen geht sie nicht ausschließlich auf den äußeren Beweis der eigenen Wahrheit aus, der für sich genommen immer etwas Formelles bliebe, wenn er nicht gerade dem Widerlegten und Negierten einen logischen Ort zuweisen und es in ein bestimmtes Verhältnis zu seinen Voraussetzungen und Folgen setzen könnte, wo es ein sichtbares, begrenztes Dasein gewinnt. Die philosophische Widerlegung hindert also das Negierte daran, einfach im Dunkeln zu verschwinden, sich in mannigfache Wesenlosigkeiten zu zerstreuen und unbemerkt auf der Seite der Wahrheit, aber gegen diese gerichtet, sein negatives Unwesen zu treiben und so den Wahrheitssinn zu verzerren und zu entstellen. Die Einsicht, nicht in einer einzigen logischen Dimension allein die Sphäre umschließen zu können, in der die Wahrheit des Positiv-Bewiesenen gegenüber der Wahrheit der Widerlegung ein eigenes, für sich absolut unabhängiges Wesen hätte,

gibt den Momenten der Widerlegung und damit auch dem Widerlegten seinen allgemeinen, positiven philosophischen Sinn. Plato hat wohl wie kein anderer Philosoph über das Wesen der Widerlegung und deren Wahrheitsfunktion reflektiert, insbesondere im Hinblick auf die Vorbildlichkeit der sokratischen Dialektik, und so hat er zweifellos in jenem Grundsatz des Parmenides, den er im „Sophistes" von einem unbekannten Philosophen aus Elea widerlegen läßt, nicht nur die Unwahrheit des Negierten und Kritisierten, sondern auch eine unausgesprochene philosophische Wahrheit gesehen, die erst durch die Widerlegung, durch die Reinigung des Positiven vom Negativen ans Licht kommen kann. Wenn dort eine selbstverständliche Verbindung zwischen der Natur des Nichtseienden und dem allgemeinen Wesen der Täuschung und des Irrtums hergestellt wird, so hat die Warnung des Parmenides vor dem Sein des Nichtseienden ebenso selbstverständlich ihren guten Sinn, wie andererseits die Widerlegung dieser in einen Grundsatz verwandelten Warnung zeigt, daß eine solche allgemeine Mahnung gerade unverbindlich und unzureichend bleiben muß, solange sie nicht die besonderen Gestalten jenes Nichtseienden zu erkennen und zu bestimmen sucht, um so ihre Warnung besser befolgbar zu machen. Ohne diese Differenzierung und angesichts der grundsätzlichen Verbindung jeder Rede mit dem Nichtseienden kann jenes Verbot des Gedankens leicht den mißverständlichen Sinn einer Warnung vor der argumentierenden, sinngebenden Rede überhaupt bekommen. Etwas von diesem negativen Zug am Widerlegten verrät sich in jener grundsätzlichen Kritik, die der Philosoph aus Elea gegen die ganze philosophische Tradition richtet, ohne außer Parmenides andere Namen zu nennen. Was er an den Aussagen der alten Weisen (οἱ σοφοί) kritisiert, ist dies, daß sie dem universalen Mitteilungs- und Vermittlungscharakter der Rede (λόγος) zum Trotz die Wahrheit ihrer Einsichten vor den Menschen verborgen gehalten haben, indem sie über deren Köpfe hinweg in einer Sprache jenseits logischer

Verbindlichkeit und Nachprüfbarkeit, in einer transzendentalen Sprache geredet haben.[27]) Diese Kritik entspringt also aus einer Bejahung der Allgemeinverbindlichkeit und Allgemeinverständlichkeit der Aussage, wiewohl sie in jenen transzendentalen Reden die mögliche verborgene Wahrheit anerkennt und der Einsicht Rechnung trägt, daß ihre Übersetzung in die allgemeinverständliche Sprache des Logischen Mißverständnisse und möglicherweise den sophistischen Mißbrauch jener weisen Wahrheit provozieren muß.

Die Kritik des Eleaten an der Tradition paßt in einem bestimmten Sinne vorzüglich auch auf das Gespräch, welches Parmenides in dem nach ihm benannten Dialog mit dem jugendlichen Sokrates führt. Denn was hier der Altmeister der eleatischen Logik dem angehenden Meister der Dialektik Athens vordemonstriert, ist eine Übung in solcher transzendentalen Redeweise, eine Übung gleichsam in transzendentaler Logik und im Umgang mit den Transzendentalien, d.h. mit jenen universalen Bestimmungen und Prinzipien des Seienden, die das begrenzte Wesen jedes einzelnen bestimmten Seienden in seinem bestimmten kategorealen Charakter transzendieren und durch dieses, ihr alles überragendes Wesen auf das Seiende als solches überhaupt und im Ganzen verweisen. Wenn sich an dieser Vorführung einer transzendentalen Aussage über das Seiende als solches etwas vom Recht jener Kritik bewahrheitet, die der eleatische Philosoph im „Sophistes" gegen die philosophische Tradition vorbringt, so gegenüber dem Schein der Unverbindlichkeit und der offenkundigen Unverständlichkeit, welche diese transzendentale Rede bei aller scheinbaren logischen Strenge in einzelnen Argumentationsschritten begleiten; – eine Unverbindlichkeit, die sich vor allem darin äußert, daß dem Mitunterredner (und dem Leser) der wahre Sinn und Hintersinn dieser Rede unmöglich direkt mitteilbar wird, sondern zunächst nur der vordergründige und allgemein-

---

[27] Sophistes 242c–243a

verständliche Charakter an derselben: das argumentierende Wesen des Logischen, welches aber vor dem Hintergrund einer anklingenden tiefsinnigen Aussage über das Seiende als solches und im prinzipiellen und allgemeinsten Sinne selbst etwas Unverbindliches an sich bekommt. Wenn so der transzendentalen Redeweise des Parmenides, der strengen logischen Argumentation im einzelnen ungeachtet, die eigentlich logische Spannung immer wieder verloren zu gehen scheint, sofern das Verhältnis der Universalität, das der Allgemeinheit und Besonderheit in ständiger Gefahr ist, in der einen transzendentalen Sphäre unterzugehen, so trägt der Eleate im „Sophistes" seiner eigenen Kritik an solcher Redeweise Rechnung, indem er in der von ihm vorgeführten dihairetischen Erkenntnismethode jenes Differenzverhältnis des Allgemeinen und Besonderen, des Ganzen und seiner Teile zum beherrschenden Prinzip macht; und sofern er dort, wo er ein allgemeinstes Bild von der Universalität des Logischen entwirft und hierfür selbst die Sphäre des Transzendentalen erschließt, dabei den Zusammenhang dieses Bereiches mit der vordergründigen dialektischen Erkenntnismethode wahrt, indem er andeutet, daß jene Universalität die innere Form dieser Erkenntnis ist, welche durch das Verhältnis zu dieser selbst an den dialektischen Verhältnissen des Logischen Anteil gewinnt.

IV

Plato hat das Wesen des Logischen in den mannigfaltigsten Gestalten, von immer anderen Seiten, in immer neuen Reflexionsebenen dargestellt. Auch dort, wo er dieses Logische nicht mehr in der Erkenntnisaufgabe der dialektischen Besinnung auf das Wesen des Schönen und Guten aufgehen läßt, wie in den von Sokrates geführten Gesprächen, sondern in zunehmendem Maße das Wesen des Logischen für sich auf seine Wahrheitsmöglichkeiten hin reflektiert, wie in den von den Eleaten geführten Gesprächen, bleibt seine logische Phantasie unerschöpflich und findet für die eine Form immer neue

Ausdrucksmöglichkeiten. Auf diese Weise bleibt all diesen besonderen Erscheinungsformen gegenüber eine kritisch-dialektische Distanz gewahrt, und es gehört zu den Eigentümlichkeiten der Dialektik Platos, daß jede Entdeckung einer bestimmten logischen Form Hand in Hand geht mit einer direkten oder indirekten Kritik an ihr. So ist in der Darstellung der Sokratischen Widerlegungs- und "Geburtshelferkunst" (μαιευτικὴ τέχνη) mit ihrem etwas rabiaten Frage- und Antwort-Spiel in kleinstmöglichen logischen Schritten die Gefahr formellen Räsonnements und sophistischer Paralogismen beschworen; in der Darstellung der eleatischen transzendentalen Ontologie die Gefahr des Esoterischen, den Boden der allgemeinverbindlichen Rede unter den Füßen zu verlieren; und in der Darstellung der dihairetischen Erkenntnismethode im "Sophistes" und im "Politikos" die Gefahr logischer Pedanterie und der Versuchung zur Verwechslung von Namens- und und Sachbestimmungen, die Gefahr der Versuchung also, es mit den ersteren bewenden zu lassen, während es gerade auf die Sach- und Wesensbestimmung und auf die einheitliche Erkenntnis derselben im Hinblick auf die Sache selbst ankommt. Daß in Platos späten Dialogen im Unterschied zu den früheren nicht Sokrates das Wort führt (vom „Philebos" abgesehen), gehört zu den auffälligsten Kennzeichen derselben. Doch wird man aus dieser Veränderung, die auch die dialogische Form stark affiziert, nicht den Schluß ziehen dürfen, wie es bisweilen geschehen ist, daß Plato an der Vorbildlichkeit sokratischen Philosophierens und an der Wahrheit der Ideenlehre irre geworden sei. So sind es vielmehr gerade die Eleaten-Dialoge, in denen die Ideenlehre allererst über einen formalen Grundsatz und einen anscheinend wenig sagenden Topos hinaus begriffliche Gestalt gewinnt, und zwar durch die direkte und indirekte dialektische Auseinandersetzung mit ihr. Jener formale und allgemeine Grundsatz der Existenz der Ideen erweitert und vertieft sich schließlich im "Sophistes" zur Idee einer dialektischen Grundwissenschaft (διαλεκτικὴ

ἐπιστήμη), deren Aufgabe die Erforschung der Gattungen des Seienden (γένη, εἴδη) im Hinblick auf ihre prinzipiellen und allgemeinsten Verhältnisse (λόγοι) untereinander sein soll. Und wie die Sprach- und Musikwissenschaft sich die Bestimmung der angemessenen Maßverhältnisse der Elemente des Sagbaren und Hörbaren, also der Buchstaben- und Tonharmonien zum Ziele gesetzt haben, so ist die Zweckidee jener philosophischen Grundwissenschaft die Erkenntnis des Seienden als solchen auf seine elementarischen Verhältnisse hin.

So hatte Parmenides in dem nach ihm benannten Dialog die Sokratische Grundannahme der Existenz von Ideen nicht deswegen in Aporien und Paradoxien verwickelt, um die Unsinnigkeit einer solchen Annahme der Existenz unsichtbarer, transzendentaler Wesenheiten zu beweisen, sondern um diese Annahme auf ihre inneren Voraussetzungen und auf ihre Konsequenzen hin zu prüfen und zu rechtfertigen, ihr also ihren Wahrheitssinn in seinen vielfältigen Aspekten abzugewinnen. So ging es ihm einerseits um eine Darstellung des universalen Wesens der Hypothesis als solcher, und zwar im prinzipiellen und allgemeinsten Sinne, also hinausgehend über jeden Anlaß einer besonderen Begründung irgendeiner einzelnen bestimmten Aussage. Deswegen seine Darstellung der hypothetischen Funktion im Bereich des Transzendentalen und durch Verhältnisse der Transzendentalien untereinander, also im Bereich universallogischer Verhältnisse, welche über die logische Begrenzung eines einzelnen bestimmten Seienden hinausgehen. Ferner aber enthält seine dialektische Vorführung eine Darstellung des Transzendentalen überhaupt als eines eigenen selbständigen Bereiches, eine Darstellung der rätselhaften Natur desselben und der Mannigfaltigkeit seiner transzendentalen Einzelaspekte in ihren verschiedenen (logischen) Verhältnissen und verwoben zu einem einheitlichen transzendental-logischen Text. Auch wenn dieser Text, verglichen mit einer allgemeinverständlichen Aussage über dieses oder jenes bestimmte Seiende (λόγος τοῦ ὄντος), zunächst nichtssagend und unverständlich,

in jeder Hinsicht indirekt und rätselhaft, verschlüsselt und vieldeutig erscheinen mußte, so war er eben doch nicht in jeder Hinsicht, nicht in jeder seiner logischen Dimensionen unverständlich. Vor allem mußte in ihm eine indirekte Aussage über Sein und Wesen der Ideen enthalten sein, nämlich im Hinblick auf jene Transzendentalien und ihre Logos-Verhältnisse, und im Blick durch deren Vielheit hindurch auf das eine, einheitliche gemeinsame und sie verbindende Wesen: das Transzendentale als solches (τὸ ἐπέκεινα τῆς οὐσίας), die Idee aller Ideen, das Ideelle, welches von Sokrates als Idee des Guten (ἰδέα τοῦ ἀγαθοῦ) erkannt worden war, an der alles Seiende irgendwie teilhat (μετέχει). Über eine Darstellung der hypothetischen Funktion als solcher und die Darstellung der transzentalen Sphäre als eines eigenen, in sich gegliederten Kosmos hinausgehend mußte daher jene transzendentallogische Aussage des Parmenides einen geheimen Schlüssel zur Ergründung der Sokratischen Annahme enthalten: daß die Ideen die Gründe des Seins und der Wahrheit des Seienden bilden, und daß deswegen ihre Setzung als Grundlage der Gedankenerkenntnis durch diese selbst die Voraussetzung für eine Wahrheitserkenntnis der Dinge bildet.

Eben dieselbe Frage nach den Wahrheitsgründen, diese ganz und gar Sokratische Frage, steht auch im „Sophistes" noch im Mittelpunkt; allerdings auf dem Grunde der Einsicht, daß, um eine transzendentale Rede wie die des „Parmenides" in ihrer ganzen Tiefe und in all ihren logischen Aspekten und Dimensionen verstehen zu können, eine ebenso tiefe Denkerfahrung, nämlich Weisheit (σοφία) erfordert wird; daß deswegen dort, wo eine solche Erfahrung fehlt, die oberflächliche und irreführende Auffassung und Nutzanwendung solcher Rede unvermeidlich wird, wie diese schließlich dem Unerfahrenen weder die Bedeutung ihrer inneren Gliederung noch den Sinn des Wahrheitsverhältnisses der Ideen enthüllen kann. So verrät der Gedankengang im „Sophistes" schon durch seine äußere Gliederung, daß er in der Verfolgung der gleichen Frage gegenüber dem „Parmenides" einen anderen Weg

einschlägt, nämlich den der allmählichen, schrittweisen Hinführung (ἐπαγωγή) zu jenem Bereich des Universalen und Transzendentalen, dessen Atmosphäre dem in der Dialektik Unerfahrenen so fremdartig, nämlich leer und nichtssagend vorkommen muß, in deren Licht aber die Dinge ein neues, verändertes Aussehen erhalten, welches ihre angemessenere und bessere Erkenntnis ermöglicht, wenn erst einmal der Blick des Denkens sich umgewöhnt hat. So bildet den Ausgangspunkt dieses Gespräches eine allgemeinverständliche Frage nach einer zwar an sich umstrittenen, gleichwohl aber allbekannten Erscheinung des öffentlichen Lebens: nämlich nach dem Lehrer und Vermittler von Allgemeinbildung und Wissen: die Frage nach dem Sophisten. Und diese Frage wird zunächst auch in einer ganz allgemeinverständlichen Form erörtert, nämlich anhand allgemein herrschender Vorstellungen und durch allbekannte Sachzusammenhänge, um aber schrittweise immer nachdrücklicher auf jenen Bereich des Universalen und Transzendentalen gelenkt zu werden. Im Hinblick auf diese ideelle Sphäre ist es, daß jene allgemeinverbindliche Rede- und Argumentationsweise allerdings von Anfang an etwas von ihrer natürlichen Selbstverständlichkeit verloren und sich eidetisch verwandelt hat; eine Verwandlung, die sich zunächst an der Alltagssprache bemerkbar macht, welche sich gewisse momentane terminologische Fixierungen gefallen lassen muß. Durch diese eidetische Veränderung ist jene Erkenntnisweise von Anfang an methodisch und verlangt eine Einübung in sie. Ihre Wahrheit aber hat sie an der vorzüglichen Durchsichtigkeit ihrer inneren Gliederung, die es ihr ermöglicht, sich selbst ständig auf ihre inneren Voraussetzungen und Gründe hin im Blick zu haben und so der natürlichen Schwäche des Gedächtnisses im Denken entgegenzuwirken. Durch diese besonders anschauliche Selbstgliederung bezeichnet sie die Punkte, von denen aus die Setzung und Voraussetzung von Unterschieden und Gegensätzen im allgemeinen die Gedankenerkenntnis auf eine bestimmte Bahn der Besonderung bringt, und zwar so, daß sich diese Voraussetzungen immer enger zusam-

menschließen, dadurch einander wechsel- und schrittweise ihren thetischen, d.i. grundlosen Charakter nehmen, bis die Erkenntnis der Sache selbst nahe genug gekommen zu sein scheint, um die erreichte Bestimmung aus guten Gründen als vorläufig endgültig und damit als Wesensdefinition anerkennen zu lassen, welche einen Blick auf die Wahrheit der gesuchten Sache gestattet. Und so, wie die dihairetische Erkenntnismethode durchsichtig genug gestaltet ist, um durch ihre Oberfläche hindurch einen Blick auf die dahinterliegenden Voraussetzungen zu ermöglichen, so wiederholt sich an diesen Hintergründen die gleiche Möglichkeit des Logischen zur durchsichtigen Gestalt und Wahrheit, auch wenn sich die unmittelbar bildhaft-anschauliche, plastische Gestalt des Einteilungsverfahrens immer schwächer zu reproduzieren und sich schließlich beinahe ganz im Unsichtbaren zu verlieren scheint. Aber irgendwie bleiben die Wesenszüge derselben auch dort noch erkennbar, wo der Zusammenhang der besonderen Gründe auf allgemeinere Zusammenhänge unter diesen, und schließlich auf ein beispielhaftes Schema von Prinzipienzusammenhängen im kleinen verweist, die in ihrer Wahrheitsfunktion über jede Allgemeinvorstellung und jeden Allgemeinbegriff hinausgehen[28]). Daß auch im „Sophistes" sich die Sokratische Frage nach den Ideen wachhält, äußert sich vor allem in jenem dort anklingenden Beweis, welcher das Wesen des Logischen prinzipiell und grundsätzlich an die Idee der Verschiedenheit bindet, und damit ein transzendentales Schema angibt, nach welchem sich jede Wahrheitserkenntnis durch den Logos an die Idee des Sinnes und der Wahrheit des Gesuchten binden muß.

V

Der Wahrheitssinn der dialektischen Erkenntnismethode in Gestalt der Begriffseinteilung liegt also in ihrer ständigen Aufgeschlossenheit für die Möglichkeit kritischer Selbstbesinnung im Hinblick auf das von ihr Ge-

---

[28] Sophistes 254cff.

suchte, in der kontinuierlichen Erschließung dieser Möglichkeit. Deswegen läßt sie sich, als philosophische Erkenntnis, auch nicht einfach auf ein deduktives oder ein induktives Begriffsverfahren reduzieren. Wohl schließt sie diese methodologischen Teilaspekte in ihre Einheit ein, um sich, ihrem jeweiligen Stand gegenüber dem Gesuchten entsprechend, deutlicher in der einen als in der anderen logischen Form auszudrücken. Aber diese Aspekte bleiben für sie mehr nur Momente, Ausdrucksformen und Wegmöglichkeiten. Sie verfährt in dem Sinne induktiv, daß ihr nächstliegendes Ziel die Gewinnung des Allgemeinbegriffes des Gesuchten durch die Wesensdefinition ist. Zur Verwirklichung dieses Zieles ist ihr aber offensichtlich ein einziges deduktives Schema ebensowenig genug wie die Form der Deduktion überhaupt, im Sinne der schrittweisen Folgerungen von Besonderungen aus einem vorausgesetzten Allgemeinen. Das Wesentliche ihres Charakters ist dies, daß sie für sich an ihr selbst ebensowenig Selbstzweck ist, wie es für sie ihre deduktiven und induktiven Einzelzüge sind. Wenn sie die Bestimmungen der gesuchten Sache mit den allgemeinen und besonderen Begriffen dieser Bestimmungen zusammenschließt, so nicht allein um der Begriffserkenntnis der gesuchten Sache willen; sondern weil jeder dieser Zusammenschlüsse, insbesondere aber der jeweils letzte und endgültige, Anlaß gibt, die Frage nach dem Sinn und der Wahrheit des Gesuchten zu stellen und sich dadurch die eigene innere Freiheit gegenüber der Sache zu erschließen und zu bewahren.

Diese Wahrheitssynthesis der Erkenntnis, die im Blick auf die Ideen ihre Angemessenheit an die Sache mit einer inneren Distanz und Freiheit dieser gegenüber verbindet, findet ihre philosophische Darstellung ausgehend von der dialektischen Beziehung zwischen dem Logischen und dem Bildhaft-Anschaulichen. Die unbestimmte und rätselhafte Verbindung des Seienden und Nichtseienden, welche den Leitfaden zur Erkenntnis des Wesens der Sophistik bildet, erweist sich zugleich auch als ein Vorbegriff der Verbindung von Rede (λόγος) und Bild

(εἰκών, εἴδωλον, φάντασμα), nämlich als ihr gemeinsames Grundschema, im Hinblick auf welches sich die Rede selbst vom Bild zu unterscheiden vermag, und zwar so weit und in dem Maße, in dem sie die Momente jener Verbindung, ihren Unterschied in die prinzipiellen Verhältnisse der Verschiedenheit und der Unterscheidungsgründe verfolgt. Der Begriff des Bildes eignet sich unter diesem Aspekt besonders zur kritischen Charakteristik des Sophisten, dessen allgemeine Macht im Bereich des Logischen als die Macht und Geschicklichkeit erkannt wird, mit Hilfe der Bildnatur der Rede die Menschen irrezuführen. Dies ist ebenso unmittelbar wie im übertragenen Sinne gemeint, nämlich im Sinne einer Fertigkeit, die Tiefendimensionen des Gedankens abzublenden und die Flächigkeit der Bildelemente der Rede so zur Geltung zu bringen, daß die wahren Gründe und Hintergründe des verfolgten Gedankens verborgen bleiben. Auf diese Weise wird die Erkenntnis, im Guten und im Schlechten, an die Oberfläche der Dinge gefesselt, und dabei um die eigene innere Einsicht gebracht. Schon der dem „Sophistes" vorangehende Dialog, der „Theaitetos", in welchem Sokrates die Frage nach dem Wesen wahren Wissens und wahrer Erkenntnis (σοφία, ἐπιστήμη) erörtert, bewegt sich auf der Grundlage einer Verbindung zwischen Bildlichkeit und logischem Wesen, die am Ende des Gespräches zutage tritt[29]). Allerdings zeigt sich dabei nicht, auf welche Weise die bildhaft-anschaulichen Elemente (τὰ στοιχεῖα) des Logos in diesen eingehen, und diese Verbindung verwandelt sich nicht wie im „Sophistes" in die Gestalt des erkennenden Denkens selbst. Wohl aber kommt es in jenem Gespräch zu einem eindrucksvollen Beweis der grundsätzlichen Gebundenheit der menschlichen Erkenntnis an die anschauliche Bilderwelt. Bildhaft sind ja die Wahrnehmungen und Träume, die Erinnerungen und die Allgemeinvorstellungen. Bildhaft bleibt hier sogar die philosophische Redeweise des Sokrates, wo sie in Verfolgung der Frage nach den Gründen des Irrtums und

[29] Theaitet 202 b–c

der Täuschung von den Abbildungen des Seienden in der Seele des Erkennenden spricht, das Verhältnis dieser Bilder zum abgebildeten Seienden und zur Seele des Erkennenden aber nur in Gleichnissen umschreibt und insofern ohne begriffliche Verhältnisbestimmung und ohne angemessene Proportion läßt[30]). Im Hinblick auf diese universale Bilderwelt kann die dialektische Kritik am Bilderunwesen der Sophistik nicht die Absicht haben, die denkende Erkenntnis ganz von dieser natürlichen Grundlage einer Anschauungs- und Bilderwelt abzulösen. Sie sieht vielmehr gerade auch die Täuschungs- und Verführungsmöglichkeiten, die durch den einseitigen Ausschluß dieses Bereiches entstehen. Deswegen die vorsichtige, schrittweise Hinleitung des Gedankens von den bildhaften Bestimmungen zu den besonderen Gründen, bis hin schließlich zu den allgemeinen Begriffsverhältnissen und Transzendentalien. In dieser geduldigen Entfernung von der Unmittelbarkeit der Dinge liegt die Befreiung aus ihrem Banne zu einer eigenen Einsicht, die sich im Blick auf die Dinge vertieft im Maße der angemessenen Entfernung von ihrer Unmittelbarkeit. Die Bildverbundenheit des Erkennens ist insofern kein Hindernis für die Möglichkeit der Wahrheit. Vielmehr erinnert die philosophische Besinnung auf die Bildverwandtschaft der Rede daran, daß diese immer vom Seienden selbst verschieden ist, und daß ihr Abstand gegenüber dem Seienden nicht so direkt abzumessen ist wie die Abmessungen des Bildes selbst, weil er in einer anderen Dimension liegt und ein Verhältnis der Angemessenheit und Proportion zum Wissenszustand des Erkennens einschließt. Diese Rücksicht auf den Wissenszustand des Erkennenden ist eine Hauptbedingung der Wahrheit. Sie ist vorausgesetzt, wenn der Lernende und Erkennende zu einer eigenen, vertieften Einsicht gelangen will. Unter diesem Aspekt ist die dihairetische Erkenntnismethode eine vorzügliche Bedingung der Wahrheitserkenntnis. Durch ihre Bildhaftigkeit und einprägsame Anschaulichkeit gibt sie ihrer eigenen flüch-

---

[30] Theaitet 191cff., 197cff.

tigen Rede momentanen Bestand; sie entwirft Nachbildungen des Seienden, und zwar so, daß diese zugleich eine logische, insbesondere eine arithmologische Natur erhalten; sie vermag anhand der von ihr entworfenen Topographie der Begriffsbestimmungen den Kurs der eigenen Bewegung zu steuern und zu korrigieren; und sie erlaubt schließlich einen Vergleich der von ihr entworfenen logischen Bilder auf die Wahrheit ihrer inneren Abmessungen und Proportionen hin, welche einen Schluß auf die Wahrheit des Erkannten in Übereinstimmung mit dem Stand des eigenen Wissens ermöglicht.

LITERATURÜBERSICHT
zur 1. Auflage von 1967

A. Text

Die heute meistbenutzte kritische Textausgabe:

Burnet, J.: Platonis opera (Scriptorum classicorum bibliotheca Oxoniensis) Oxonii 1900ff.

Ferner:

Platonis opera omnia ed. C. Fr. Hermann (Bibl. Teubn.) Lipsiae 1856ff; Neudruck 1921–1936.

Von zweisprachigen Ausgaben des „Sophistes" sind zu nennen:

Plato, Theaitetus and Sophist, H. N. Fowler, 4th Imp. Loeb Classical Library. Cambridge, Mass./London.

Platon, Oeuvres Complètes, Tome VIII–3e Partie, A. Diès, 3me edit., Paris 1955.

Übersetzungen ins Deutsche:

Sämtliche Dialoge (22 Einzelbände mit Einleitung und Plato-Index als Gesamtregister, zusammengefaßt in 7 Bänden). Übers. u. hrsg. von O. Apelt in Verbindung mit C. Ritter, K. Hildebrandt u. G. Schneider. Leipzig 1914 ff.

Sämtliche Werke in 2 Dünndruckbänden. Deutsch von F. Schleiermacher, F. Susemihl, Hieron. Müller, W. Wiegand. Wien 1925.

Sämtliche Werke (Dünndruckausgabe in 3 Bänden). Deutsch von F. Schleiermacher, F. Susemihl, L. Georgii, J. Deuschle, W. Teuffel, W. Wiegand, E. Eyth. Heidelberg 1950.

Sämtliche Werke. Nach der Übersetzung von F. Schleiermacher und Hieron. Müller hrsg. von W. F. Otto, E. Grassi u. G. Plamböck (Rowohlts Klassiker der Literatur und der Wissenschaft. Hamburg 1957–1959).

B. Allgemeine und spezielle Literatur zum „Sophistes"

Ackrill, A. J.: Plato and the Copula: SOPHIST 251–259, in: Journal of Hellenic Studies 77 (1957).

ΣΥΜΠΛΟΚΗ ΕΙΔΩΝ. Bulletin of the Institute of Classical Studies in the University of London. No. 2 (1955). pp. 31–35.

Allen, R. E.: Participation and Predication in Plato's middle Dialogues, in: Studies in Plato's Metaphysics, ed. by R. E. Allen. 1965.

Apelt, O.: Platonische Ausätze. Leipzig 1912.

Becker, O.: Die dihairetische Erzeugung der platonischen Idealzahlen, in: Quellen u. Stud. I 4, p. 464ff.. Berlin 1931.

Bluck, R. S.: False Statement in the Sophist, in: Journal of Hellenic Studies LXXVII (1957/2). pp. 181–6.

Forms as Standards, in: Phronesis II (1957). pp. 115–27.

Logos and Forms in Plato, a reply to Professor Cross, in: Studies in Plato's Metaphysics, ed. by R. E. Allen. 1965.

Bonitz, H.: Platonische Studien. 3. Aufl. Berlin 1886.

Booth, N. S.: Plato Sophistes 231a etc., in: Classical Quarterly (1956).

Bröcker, W.: Platons ontologischer Komperativ, in: Hermes 87 (1959).

Burnet, J.: Platonism. Berkeley 1928.

Campbell, L.: The Sophist and Statesman of Plato. Oxford 1867.

Cherniss, H. F.: Aristotle's criticism of Plato and the Academy. Vol. I. Baltimore 1941.

The Philosophical Economy of the Theory of Ideas. 1936, in: Studies in Plato's Metaphysics, ed. by R. E. Allen. 1965.

Cornford, M.: Plato's Theory of Knowledge. London 1935.

Cross, R. C.: Logos and Forms in Plato, In: Mind (1954), auch in: Studies in Plato's Metaphysics, ed. by R. E. Allen. 1965.

Diès, A.: Autour de Platon. 2 vol. Paris 1927.

Platon. Paris 1930.

La définition de l'être et la nature des idées dans le Sophiste de Platon. 2. Aufl. Paris 1932.

Dürr, K.: Moderne Darstellung der platonischen Logik. Ein Beitrag zur Erklärung des Dialoges „Sophistes", in: Museum Helveticum 2 (1945).

Edmann, J.: The Philosophy of Plato. New York 1930.

Field, G. C.: Die Philosophie Platons. Übers. v. M. Soreth. Zürich–Stuttgart 1952.

Frank, E.: Plato und die sogenannten Pythagoräer. Halle 1923. 2. unveränderte Aufl. Darmstadt 1962.

Friedländer, P.: Platon. 3 Bde. 3. Aufl. Berlin 1964.

v. Fritz, K.: Zur Antisthenischen Erkenntnistheorie und Logik, in: Hermes 62 (1927).

Gadamer, H. G.: Platos dialektische Ethik, Leipzig 1931. 2. Aufl. mit anderen Studien zur platonischen Philosophie. Hamburg 1967.

Gaiser, K.: Platons ungeschriebene Lehre. Studien z. systematischen und geschichtlichen Begründung der Wissenschaften in der Platonischen Schule. Stuttgart 1963.

Gauss, H.: Philosophischer Handkommentar zu den Dialogen Platos. Bern 1952 ff.

Gentile, M.: La dottrina platonica delle idee numeri e Aristotele. Pisa 1930.

Goldschmidt, V.: Les Dialogues de Platon, structure et méthode dialectique. Paris 1947.

Hackforth, R.: False Statement in Plato's Sophist, in: Classical Quarterly 39 (1945).

Hamlyn, D. W.: The Communion of the Forms and the Development of Plato's Logic, in: Philosophical Quarterly V (1955). pp. 289–302.

Hardie, W. F. R.: A study in Plato. Oxford 1936.

Hartmann, N.: Platos Logik des Seins, in: Philosophische Arbeiten. Hrsg. von H. Cohen und P. Natorp. Bd. III. Gießen 1909. 2. Aufl. Berlin 1965.

Hegel, G. W. F.: Vorlesungen über die Geschichte der Philosophie II. 3. Aufl. d. Jubiläumsausgabe. Stuttgart 1959. Bd. XVIII.

Heidegger, M.: Platons Lehre von der Wahrheit, 2. Aufl. Bern 1954.

Hoffmann, E.: Der historische Ursprung des Satzes vom Widerspruch, in: Sokrates 49 (1923).
Platon, Zürich 1950.

Huber, G.: Platons dialektische Ideenlehre. Wien 1951.

Isenberg, M. W.: Plato's Sophist and the Five Stages of Knowing, in: Classical Philology XLVI (1951). pp. 201–11.

Jäger, W.: Paideia. 3 Bde.. 2. Aufl. Berlin 1954.

Kamlah, W.: Platons Selbstkritik im Sophistes, in: Zetemata 33 (1963).

Klein, J.: Die griechische Logistik und die Entstehung der Algebra, in: Quellen u. Studien III, 1 u. 2. Berlin 1934, 1936.

Kohnke, F. W.: Plato's Conception of τὸ οὐκ ὄντως οὐκ ὄν, in: Phronesis II (1957). pp. 32–40.

Koller, H.: Die dihairetische Methode, in: Glotta 39 (1960).

Krämer, H. J.: Arete bei Platon und Aristoteles. Zum Wesen und zur Geschichte der platonischen Ontologie. Heidelberg 1959.

Leisegang, H.: Platon, in: Pauly-Wissowas Realenzyklopädie. 40. Halbbd. Stuttgart 1950.

Lloyd, A. C.: Plato's Description of Division, in: Classical Quarterly 1954, auch in: Studies in Plato's Metaphysics, ed. by R. E. Allen. 1965.

Lorenz, K. u. Mittelstraß, J.: Theaitet fliegt. Arch. f. Gesch. d. Philosophie 1966.

Lukas, W.: Die Methode der Einteilung bei Platon. Halle 1888.

Lutoslawski, W.: The Origin and Growth of Plato's Logic. London 1897. 2. Aufl. 1905.

Lynch, W. F.: An Approach to the METAPHYSICS of Plato through the PARMENIDES. Georgetown 1959.

Manasse, E. M.: Platons Sophistes und Politikos. Das Problem der Wahrheit. Berlin 1937.
Platonliteratur I und II. Sonderhefte der Philosophischen Rundschau 1957 und 1961.
Marten, R.: Der Logos der Dialektik. Eine Theorie zu Platons Sophistes. Berlin 1965.
Martin, G.: Das metaphysische Problem der Ideenlehre Platons, in: Kant-Studien 53 (1961/62). p. 411 ff.
Moravcsik, J. M. E.: Συμπλοκὴ Εἰδῶν and the Genesis of Logos, in: Archiv f. Geschichte d. Philosophie XLII (1960). p. 117–29.
Müri, W.: Das Wort Dialektik bei Platon, in: Museum Helveticum 1 (1944).
Natorp, P.: Platos Ideenlehre. Leipzig. 2. Aufl. 1921. 3. Aufl. unveränderter Nachdruck Hamburg 1961.
Parain, D.: Essai sur le Logos Platonicien. Paris 1942.
Peck, A. L.: Plato and the ΜΕΓΙΣΤΑ ΓΕΝΗ of the Sophist, a Reinterpretation, in: Classical Quarterly 2 (1952). p. 32–56.
Plato's Sophist, The συμπλοκὴ τῶν εἰδῶν, in: Phronesis Bd. 7 (1962). p. 46–66.
Prauss, G.: Platon und der logische Eleatismus. Berlin 1966.
Raven, J. E.: Plato's Thought in the Making, Cambridge 1965.
Robin, L.: La théorie platonicienne des idées et des nombres d'aprés Aristote. Paris 1908.
Platon. Paris 1935.
Robinson, R.: Plato's earlier Dialectic. Oxford. 2. Aufl. 1953.
Ross, D.: Plato's Theory of Ideas. Oxford 1953.
Runciman, W. G.: Plato's later Epistemology. Cambridge 1962.
Ryle, G.: Letters and Syllables in Plato, in: Philosophical Review LXIX (1960). p. 431–51.
Plato's Progress. Cambridge 1966.
Schaerer, R.: La question platonicienne. Paris 1938.
La structure des dialogues métaphysiques, in: Revue Internat. de Philosophie 9. 1955. p. 197 ff.
Shorey, P.: The Unity of Plato's Thought. Chicago 1903. 2. Aufl. 1960.
What Plato said. Chicago 1933. 5. Aufl. 1962.
Solmsen, Fr.: Platons Einfluß auf die Bildung der mathematischen Methode, in: Quellen u. Studien I, 1 p. 93, Berlin 1929.
Souilhè, J.: Étude sur le terme δύναμις dans les dialogues de Platon. Paris 1919.
Stefanini, L.: Platone. 2 Bde. 2. Aufl. Padova 1949.
Stenzel, J.: Studien zur Entwicklung der platonischen Dialektik von Sokrates zu Aristoteles. 2. Aufl. 1931. 3. unveränd. Aufl. Darmstadt 1961.

Stenzel, J.: Zahl und Gestalt bei Platon und Aristoteles. 3. Aufl. Darmstadt 1959.

de Strycker, E.: Le Syllogisme chez Platon, in: Revue Néoscolastique 34. 1932.

Studies in Plato's Metaphysics, ed. by R. E. Allen. 1965.

Taylor, A. E.: Plato. The Man and his work, 6. Aufl. London 1949.
Plato. The Sophist and the Statesman. Transl. and Introduct. ed. Klibansky-Anscombe. London 1961.

Toeplitz, O.: Das Verhältnis von Mathematik und Ideenlehre bei Platon, in: Quellen u. Studien I, 1. p. 93ff. Berlin 1929.

Uphues, K.: Die Definition des Satzes nach den Platonischen Dialogen Kratylos, Theaitet und Sophistes. Landsberg 1882.

Vanhoutte, M.: La mêthode ontologique de Platon. Louvain 1956.

Volkmann-Schluck, K.-H.: Plotin als Interpret der Ontologie Platos. Frankfurt a.M.. 2. Aufl. 1957.

Wedberg, A.: Plato's Philosophy of Mathematics. Stockholm 1955.

Wiehl, R.: Platos Ontologie in Hegels Logik des Seins in: Hegel-Studien Bd. III. 1965. p. 157–180.

von Wilamowitz-Moellendorff, U.: Platon. 2 Bde. 3. Aufl. Berlin 1929. Bd. I. 4. Aufl. durchges. v. B. Snell. Berlin 1948.

Wilpert, P.: Zwei aristotelische Frühschriften über die Ideenlehre. Regensburg 1949.

Xenakis, J.: Plato on Statement and Truth-Value, in: Mind 66 (1957).

Zeller, E.: Die Philosophie der Griechen. II. Teil 1. Abt. 5. Aufl. 1922.

HINWEIS

Die vorliegende zweite Auflage wurde um eine neue Literaturübersicht (S. XLIII–XLVI) ergänzt, die weiterführende Hinweise und die wichtigsten Nachträge seit Erscheinen der ersten Auflage im Jahre 1967 herausgekommener Literatur enthält.
Im Text wurden vereinzelte Druckfehler stillschweigend korrigiert.

Der Verlag

LITERATURÜBERSICHT

A. Textausgaben und Übersetzungen

Platon: Werke in acht Bänden. Griechisch und deutsch. Hrsg. v. G. Eigler. Bd. 6: *Theaitetos. Der Sophist. Der Staatsmann.* Bearbeitet v. P. Staudacher. Griech. Text v. A. Diès. Deutsche Übers. v. F. Schleiermacher. Darmstadt 1970.

Platon: Spätdialoge. Bd. 1: *Theaitetos. Der Sophist. Der Staatsmann. Kratylos.* Eingel. v. O. Gigon. Übertr. v. R. Rufener. Zürich/Stuttgart 1965.

Platon: Œuvres complètes. Vol. 2: *Phèdre. Théétète. Parménide. Le Sophiste.* Traduction nouvelle et notes établies par L. Robin avec la collaboration de M. J. Moreau. Paris 1977.

Platone: *Sofista.* A cura di V. Arangio-Ruiz. 2a ed. Bari 1968.

Platone: *Il Sofista.* Trad. di M. Gentile. A cura di A. Plebe. Firenze 1965.

B. Allgemeine und spezielle Literatur zum „Sophistes"

Ackrill, J. L.: „In Defence of Platonic Divisions". In: G. Pitcher/O. P. Wood (Eds.): Ryle. A Collection of Critical Essays. New York 1970, pp. 372–392.

Andic, M./M. Brown: „False Statement in the *Sophist* and Theaetetus' Mathematics". Phoenix 28 (1973), pp. 26–34.

Benardete, S.: The Being of the Beautiful. Plato's *Theaetetus, Sophist,* and *Statesman.* Chicago 1984.

Bluck, R. S.: Plato's *Sophist.* A Commentary. Ed. by G. C. Neal. Manchester 1975.

Bondeson, W. B.: „Plato's *Sophist.* Falsehood and Images". Apeiron 6 (1972), pp. 1–6.

—: „Plato's *Sophist* and the Significance and Truth-Value of Statements". Apeiron 8 (1974), pp. 41–47.

—: „Some Problems about Being and Predication in Plato's *Sophist* 242–249". Journal of the History of Philosophy 14 (1976), pp. 1–10.

Crombie, I. M.: An Examination of Plato's Doctrines. Vol. 2: Plato on Knowledge and Reality. London 1963.

Derbolav, J.: Platons Sprachphilosophie im *Kratylos* und in den späteren Schriften. Darmstadt 1972.

Detel, W.: Platons Beschreibung des falschen Satzes im *Theaitet* und *Sophistes* (Hypomnemata 36). Göttingen 1972.

Düsing, K.: „Ontologie und Dialektik bei Plato und Hegel". Hegel-Studien 15 (1980), pp. 95-150.

Duso, G.: „L'interpretazione hegeliana della contraddizione nel *Parmenide*, *Sofista* e *Filebo*". Il Pensiero 12 (1967), pp. 206–220.

—: „Confutazione e contraddizione in Platone". Il Pensiero 20 (1975), pp. 69–88.

Findlay, J. N.: Plato. The Written and Unwritten Doctrines. London 1974.

Frede, M.: Prädikation und Existenzaussage. Platons Gebrauch von „... ist ..." und „... ist nicht ..." im *Sophistes* (Hypomnemata 18). Göttingen 1967.

Gadamer, H.-G.: „Plato und Heidegger". In: U. Guzzoni/B. Rang/L. Siep (Eds.): Der Idealismus und seine Gegenwart. Festschrift für W. Marx zum 65. Geburtstag. Hamburg 1976, pp. 166–175. Wiederabgedr. in: H.-G. Gadamer: Heideggers Wege. Tübingen 1983, pp. 70–80.

Gadamer, H.-G./W. Schadewaldt (Eds.): Idee und Zahl. Studien zur platonischen Philosophie. Heidelberg 1968.

Gómez-Lobo, A.: „Plato's Description of Dialectic in the *Sophist* 253 d 1–e 2". Phronesis 22 (1977), pp. 29–47.

Gundert, H.: Dialog und Dialektik. Zur Struktur des platonischen Dialogs. Amsterdam 1971.

Guthrie, W. K. C.: A History of Greek Philosophy. Vol. 5: The Later Plato and the Academy. Cambridge 1978.

Heinaman, R.: „Self-Predication in the *Sophist*". Phronesis 26 (1981), pp. 55–66.

—: „Communion of Forms". Proceedings of the Aristotelian Society 83 (1982/83), pp. 175–190.

—: „Being in the *Sophist*". Archiv für Geschichte der Philosophie 65 (1983), pp. 1–17.

Jordan, R. W.: „Plato's Task in the *Sophist*". Classical Quarterly N. S. 34 (1984), pp. 113–129.

Kahn, C. H.: „The Greek Verb 'To Be' and the Concept of Being". Foundations of Language 2 (1966), pp. 245–265.

—: The Verb 'Be' in Ancient Greek. Dordrecht 1973.

Ketchum, R. J.: „Participation and Predication in the *Sophist* 251–260". Phronesis 23 (1978), pp. 42–62.

Keyt, D.: „Plato's Paradox that the Immutable is Unknowable". The Philosophical Quarterly 19 (1969) pp. 1–14

—: „Plato on Falsity: *Sophist* 263b". In: E. N. Lee/A. P. D. Mourelatos/R. M. Rorty (Eds.): Exegesis and Argument. Studies in Greek Philosophy Presented to Gregory Vlastos (Phronesis Suppl. Vol. 1). Assen 1973, pp. 285–305.

Klein, J.: Plato's Trilogy. *Theaetetus, the Sophist* and *the Statesman*. Chicago/London 1977.

Kostman, J. P.: „False Logos and Not-Being in Plato's *Sophist*". In: J. M. E. Moravcsik (Ed.): Patterns in Plato's Thought. Dordrecht 1973, pp. 192–212.
Krämer, H. J.: Der Ursprung der Geistmetaphysik. 2. Aufl. Amsterdam 1967.
Lafrance, Y.: La théorie platonicienne de la doxa. Montréal/Paris 1981.
Lee, E. N.: „Plato on Negation and Not-Being in the *Sophist*". Philosophical Review 81 (1972), pp. 267–304.
Lewis, F. A.: „Did Plato discover the *Estin* of Identity?" California Studies in Classical Antiquity 8 (1975), pp. 113–143.
—: „Plato on 'Not'". California Studies in Classical Antiquity 9 (1976), pp. 89–115.
Malcolm, J.: „Plato's Analysis of τὸ ὄν and τὸ μὴ ὄν in the *Sophist*". Phronesis 12 (1967), pp. 130–146.
—: „Does Plato revise his Ontology in *Sophist* 246c–249d?" Archiv für Geschichte der Philosophie 65 (1983), pp. 115–127.
Manasse, E. M.: Bücher über Platon III. Werke in französischer Sprache (Philosophische Rundschau, Beiheft 7). Tübingen 1976.
Marten, R.: Platons Theorie der Idee. Freiburg 1975.
Mattéi, J.-F.: L'Étranger et le simulacre. Essai sur la fondation de l'ontologie platonicienne. Paris 1983.
McDowell, J.: „Falsehood and Not-Being in Plato's *Sophist*". In: M. Schofield/M. C. Nussbaum (Eds.): Language and Logos. Studies in Ancient Greek Philosophy Presented to G. E. L. Owen. Cambridge 1982, pp. 115–134.
Meinhardt, H.: Teilhabe bei Platon. Ein Beitrag zum Verständnis platonischen Prinzipiendenkens unter besonderer Berücksichtigung des *Sophistes*. Freiburg 1968.
Moravcsik, J. M. E.: „Being and Meaning in the *Sophist*". Acta Philosophica Fennica 14 (1962), pp. 23–78.
—: „The Anatomy of Plato's Divisions". In: E. N. Lee/A. P. D. Mourelatos/R. M. Rorty (Eds.): Exegesis and Argument. Studies in Greek Philosophy Presented to Gregory Vlastos (Phronesis Suppl. Vol. 1). Assen 1973, pp. 324–348.
Nehamas, A.: „Participation and Predication in Plato's Later Thought". Review of Metaphysics 36 (1982/83), pp. 343–374.
Oehler, K.: Die Lehre vom Noetischen und Dianoetischen Denken bei Platon und Aristoteles. München 1962. Hamburg ²1985.
Oscanyan, F. S.: „On six Definitions of the Sophist: *Sophist* 221c–231e". The Philosophical Forum 4 (1972/73), pp. 241–259.
Owen, G. E. L.: „Plato on Not-Being". In: G. Vlastos (Ed.): Plato. A Collection of Critical Essays. Vol. 1: Metaphysics and Epistemology. New York 1971, pp. 223–267.

Pelletier, F. J.: „'Incompatibility' in Plato's *Sophist*". Dialogue 14 (1975), pp. 143–146.
Pester, H.-E.: Platons bewegte Usia (Klassisch-philologische Studien 38). Wiesbaden 1971.
Philip, J. A.: „Platonic Diairesis". Proceedings and Transactions of the American Philological Association 97 (1966), p. 335–358.
—: „False Statement in the *Sophistes*". Proceedings and Transactions of the American Philological Association 99 (1968), pp. 315–327.
—: „The Megista Gene of the *Sophistes*". Phoenix 23 (1969), pp. 89–103.
Prior, W. J.: „Plato's Analysis of Being and Not-Being in the *Sophist*". Southern Journal of Philosophy 18 (1980), pp. 199–211.
Rosen, S.: Plato's *Sophist*. The Drama of Original and Image. New Haven/London 1983.
Sayre, K. M.: Plato's Analytic Method. Chicago 1969.
—: „Falsehood, Forms and Participation in the *Sophist*". Noûs 4 (1970), pp. 81–91.
—: „*Sophist* 263b revisited". Mind 85 (1976), pp. 581–586.
Seligman, P.: Being and Not-Being. An Introduction to Plato's *Sophist*. Den Haag 1974.
Sichirollo, G.: Storicità della dialettica antica. Platone, Aristotele, Hegel. Padova 1965.
Sprute, J.: Der Begriff der *Doxa* in der platonischen Philosophie (Hypomnemata 2). Göttingen 1962.
de Strycker, É.: „Notes sur la relation entre la problématique du *Sophiste* de Platon et celle de la *Métaphysique* d'Aristote". In: P. Aubenque (Ed.): Études sur la *Métaphysique* d'Aristote. Paris 1979, pp. 49–67.
Trevaskis, J. R.: „The μέγιστα γένη and the Vowel Analogy of Plato, *Sophist* 253". Phronesis 11 (1966), pp. 99–116.
—: „Division and its Relation to Dialectic and Ontology in Plato". Phronesis 12 (1967), pp. 118–129.
Vlastos, G.: „An Ambiguity in the *Sophist*". In: G. Vlastos: Platonic Studies. 2. Aufl. Princeton 1981, pp. 270–322.
—: „Self-Predication and Self-Participation in Plato's Later Period". Ibid., pp. 335–341.
Wiehl, R.: „Erkenntnistheorie, Ontologie und Logik in Platos späten Dialogen". Philosophische Rundschau 15 (1968), pp. 241–267.
Wieland, W.: Platon und die Formen des Wissens. Göttingen 1982.
Wiggins, D.: „Sentence Meaning, Negation and Plato's Problem of Not-Being". In: G. Vlastos (Ed.): Plato. A Collection of Critical Essays. Vol. 1: Metaphysics and Epistemology. New York 1971, pp. 268–303.
Wyller, E. A.: Der späte Platon. Tübinger Vorlesungen 1965. Hamburg 1970.

GLIEDERUNG DES DIALOGES

Einleitung

Zusammenkunft der Gesprächsteilnehmer und Vorstellung des Fremden aus Elea. Fragestellung des Gespräches und Verständigung über den Mitunterredner. 216a–218b (K. 1–2)

Hauptteil

I. Die ersten Versuche zur Bestimmung des Sophisten

1. Einübung in die Methode und Erprobung derselben an einem Beispiel. 218b–221c (K. 3–7)

2. Die Erscheinung des Sophisten als Jäger, als Händler, als Streitkünstler. 221c–226a (K. 8–12)

3. Der Sophist unter der Bestimmung der Reinigungskunst. 226a–231c (K. 13–18)

4. Die fehlende Einheit der bisherigen Bestimmungen. 231c–232a (K. 19)

II. Vom Sein des Nichtseienden

1. Die Sophistik als Kunst des Scheins und der Nachahmung. 232b–236d (K. 20–23)

2. Auseinandersetzung mit dem Satz des Parmenides. Das Rätsel des Nichtseienden und die Frage nach dem Wesen des Bildes. 236d–242b (K. 24–29)

3. Die Aporien der traditionellen Ontologie. 242b–249d (K. 30–35)

4. Das Rätsel des Seienden und die Wissenschaft der Dialektik. 249d–254b (K. 36–39)

5. Das Sein des Nichtseienden in der Verbindung der Begriffe. 254b–259d (K. 40–43)

III. Das Wesen des Sophisten

1. Die Verbindung des Logos mit dem Nichtseienden und die Frage nach der Unwahrheit. 259d–264b (K. 44–47)

2. Die Grundunterscheidungen: göttliche und menschliche Kunst, Nachahmung mit und ohne Wissen. 246b–267d (K. 48–51)

3. Die Wesensbestimmung des Sophisten. 267d–268d (K. 52)

SOPHISTES

DER SOPHIST

ΘΕΟΔΩΡΟΣ ΣΩΚΡΑΤΗΣ
ΕΛΕΑΤΗΣ ΞΕΝΟΣ (Ξε) ΘΕΑΙΤΗΤΟΣ (Θεαι) St. I p. 216

Θεόδωρος: Κατὰ τὴν χθὲς ὁμολογίαν, ὦ Σώκρατες, ἥκομεν αὐτοί τε κοσμίως καὶ τόνδε τινὰ ξένον ἄγομεν, τὸ μὲν γένος ἐξ Ἐλέας, ἑταῖρον δὲ τῶν ἀμφὶ Παρμενίδην καὶ Ζήνωνα [ἑταίρων], μάλα δὲ ἄνδρα φιλόσοφον. a

Σωκράτης: Ἆρ' οὖν, ὦ Θεόδωρε, οὐ ξένον ἀλλά τινα θεὸν ἄγων κατὰ τὸν Ὁμήρου λόγον λέληθας; ὅς φησιν ἄλλους τε θεοὺς τοῖς ἀνθρώποις ὁπόσοι μετέχουσιν αἰδοῦς b
δικαίας, καὶ δὴ καὶ τὸν ξένιον οὐχ ἥκιστα θεὸν συνοπαδὸν γιγνόμενον ὕβρεις τε καὶ εὐνομίας τῶν ἀνθρώπων καθορᾶν. τάχ' οὖν ἂν καὶ σοί τις οὗτος τῶν κρειττόνων συνέποιτο, φαύλους ἡμᾶς ὄντας ἐν τοῖς λόγοις ἐποψόμενός τε καὶ ἐλέγξων, θεὸς ὤν τις ἐλεγκτικός.

Θεόδωρος: Οὐχ οὗτος ὁ τρόπος, ὦ Σώκρατες, τοῦ ξένου, ἀλλὰ μετριώτερος τῶν περὶ τὰς ἔριδας ἐσπουδακότων. καί μοι δοκεῖ θεὸς μὲν ἀνὴρ οὐδαμῶς εἶναι, θεῖος μήν· πάντας γὰρ ἐγὼ τοὺς φιλοσόφους τοιούτους προσαγορεύω. c

Σωκράτης: Καὶ καλῶς γε, ὦ φίλε. τοῦτο μέντοι κινδυνεύει τὸ γένος οὐ πολύ τι ῥᾷον ὡς ἔπος εἰπεῖν εἶναι διακρίνειν ἢ τὸ τοῦ θεοῦ· πάνυ γὰρ ἄνδρες οὗτοι παντοῖοι φανταζόμενοι διὰ τὴν τῶν ἄλλων ἄγνοιαν "ἐπιστρωφῶσι πόληας," οἱ μὴ πλαστῶς ἀλλ' ὄντως φιλόσοφοι, καθορῶντες ὑψόθεν τὸν τῶν κάτω βίον, καὶ τοῖς μὲν δοκοῦσιν

Die im Dialog auftretenden Personen sind:

t. I *Theodoros, Sokrates, ein Fremder aus Elea (F), Theaitet (Th)*

. 216

a 1. Theodoros: Wie gestern verabredet[1]) haben wir, mein Sokrates, uns selbst geziemend eingefunden und bringen hier auch noch einen Gast mit, der aus Elea stammt und mit den Leuten aus dem Kreis des Parmenides und Zenon befreundet ist, ein hervorragender Philosoph.

Sokrates: Ist es vielleicht, mein Theodoros, kein gewöhnlicher Gast, sondern irgendein Gott, der dich Ahnungslosen begleitet, nach dem Spruch des Homer[2]), wel-
b cher sagt, daß sowohl andere Götter sich den Menschen, die auf Recht und Ehrbarkeit halten, als Begleiter anschließen, wie vor allem der gastliche Gott, um ihre Augen auf dem frevelhaften wie auch auf dem redlichen Tun der Menschen weilen zu lassen? Wer weiß, ob nicht auch dir hier einer der Mächtigen folgt, um Musterung zu halten über uns Schwächlinge in der Kunst der Unterredung und uns zu widerlegen, ein Gott der Widerlegungskunst?

Theodoros: Nein, mein Sokrates, das ist nicht unseres Gastes Art. Er ist maßvoller als die, welche es nur auf Streitgespräche abgesehen haben. Und der Mann scheint mir zwar keineswegs ein Gott, wohl aber göttlich.
c Denn das möchte ich von allen wahren Philosophen sagen.

Sokrates: Und das mit vollem Recht, mein Freund. Doch ist deren Wesen wohl kaum leichter zu erkennen als das des Gottes. Denn in mannigfacher Gestalt zeigen sich diese Männer wegen des Unverstandes der Menge, wenn „sie durchstreifen die Städte“[3]), nicht die angeblichen, sondern die wahren Philosophen, und betrachten von hohem Standpunkt aus das Leben der unten

εἶναι τοῦ μηδενὸς [τίμιοι], τοῖς δ' ἄξιοι τοῦ παντός· καὶ
τοτὲ μὲν πολιτικοὶ φαντάζονται, τοτὲ δὲ σοφισταί, τοτὲ d
δ' ἔστιν οἷς δόξαν παράσχοιντ' ἂν ὡς παντάπασιν ἔχοντες
μανικῶς. τοῦ μέντοι ξένου ἡμῖν ἡδέως ἂν πυνθανοίμην, εἰ
φίλον αὐτῷ, τί ταῦθ' οἱ περὶ τὸν ἐκεῖ τόπον ἡγοῦντο καὶ
ὠνόμαζον. 217

Θεόδωρος: Τὰ ποῖα δή;

Σωκράτης: Σοφιστήν, πολιτικόν, φιλόσοφον.

Θεόδωρος: Τί δὲ μάλιστα καὶ τὸ ποῖόν τι περὶ αὐτῶν διαπορηθεὶς ἐρέσθαι διενοήθης;

Σωκράτης: Τόδε· πότερον ἓν πάντα ταῦτα ἐνόμιζον ἢ δύο, ἢ καθάπερ τὰ ὀνόματα τρία, τρία καὶ τὰ γένη διαιρούμενοι καθ' ἓν ὄνομα [γένος] ἑκάστῳ προσῆπτον;

Θεόδωρος: Ἀλλ' οὐδείς, ὡς ἐγᾦμαι, φθόνος αὐτῷ διελθεῖν αὐτά· ἢ πῶς, ὦ ξένε, λέγωμεν;

Ελεάτης Ξένος: Οὕτως, ὦ Θεόδωρε. φθόνος μὲν γὰρ b
οὐδεὶς οὐδὲ χαλεπὸν εἰπεῖν ὅτι γε τρί' ἡγοῦντο· καθ'
ἕκαστον μὴν διορίσασθαι σαφῶς τί ποτ' ἔστιν, οὐ σμικρὸν
οὐδὲ ῥᾴδιον ἔργον.

Θεόδωρος: Καὶ μὲν δὴ κατὰ τύχην γε, ὦ Σώκρατες, λόγων ἐπελάβου παραπλησίων ὧν καὶ πρὶν ἡμᾶς δεῦρ' ἐλθεῖν διερωτῶντες αὐτὸν ἐτυγχάνομεν, ὁ δὲ ταὐτὰ ἅπερ πρὸς σὲ νῦν καὶ τότε ἐσκήπτετο πρὸς ἡμᾶς· ἐπεὶ διακηκοέναι γέ φησιν ἱκανῶς καὶ οὐκ ἀμνημονεῖν.

Σωκράτης: Μὴ τοίνυν, ὦ ξένε, ἡμῶν τήν γε πρώτην c
αἰτησάντων χάριν ἀπαρνηθεὶς γένῃ, τοσόνδε δ' ἡμῖν
φράζε. πότερον εἴωθας ἥδιον αὐτὸς ἐπὶ σαυτοῦ μακρῷ
λόγῳ διεξιέναι λέγων τοῦτο ὃ ἂν ἐνδείξασθαί τῳ βουληθῇς,
ἢ δι' ἐρωτήσεων, οἷόν ποτε καὶ Παρμενίδῃ χρωμένῳ καὶ

Wohnenden. Den einen erscheinen sie keiner Ehre wert,
den anderen von höchster Würde; und bald sieht man in
d ihnen Politiker, bald Sophisten, und es gibt schließlich
auch solche, bei denen sie die Vorstellung völliger Unzu-
rechnungsfähigkeit hervorrufen. Von unserem Gast nun
möchte ich, wenn er nichts dagegen hat, gern hören, was
seine Landsleute darüber denken und wie sie es mit diesen
217 Bezeichnungen halten.

Theodoros: Mit welchen denn?

Sokrates: Mit den Namen Sophist, Staatsmann, Philosoph[4]).

Theodoros: Was ist es eigentlich, worüber du im unklaren bist, und welcher Art sind die Bedenken, die dich zu deiner Frage veranlaßten?

Sokrates: Folgendes: ob sie alles dies für eines halten oder für zwei, oder ob sie den drei Bezeichnungen entsprechend auch drei Gattungen unterscheiden und entsprechend Name und Gattung verknüpfen.

Theodoros: Ich sehe keinen Grund für ihn, dir die Antwort schuldig zu bleiben. Oder was sollen wir darauf sagen, lieber Gastfreund?

b Fremder: Eben dies, Theodoros. Denn es besteht kein
Anlaß, und es ist auch nicht schwer zu sagen, daß sie jenes für dreierlei halten. Aber jedem einzelnen gemäß deutlich zu bestimmen, was es ist, das dürfte ein ziemlich großes und schwieriges Werk sein.

Theodoros: Ein glücklicher Zufall hat es gewollt, Sokrates, daß wir schon, bevor wir hierherkamen, uns mit ähnlichen Fragen an ihn beschäftigten wie die, welche du jetzt berührst. Er aber suchte sich uns gegenüber mit denselben Wendungen aus der Sache zu ziehen, wie jetzt dir gegenüber. Denn wie er selbst sagt: er hat genug darüber erfahren und auch ist es ihm ganz gegenwärtig.

c 2. Sokrates: Schlage uns also die erste Bitte an dich
nicht ab, lieber Gastfreund, sage uns vielmehr folgendes: bist du lieber gewohnt, für dich allein in großer Rede das durchzusprechen, was du jemand aufzeigen willst, oder lieber durch Fragen, wie sich Parmenides ihrer bediente

διεξιόντι λόγους παγκάλους παρεγενόμην ἐγὼ νέος ὤν,
ἐκείνου μάλα δὴ τότε ὄντος πρεσβύτου;

Ελεάτης Ξένος: Τῷ μέν, ὦ Σώκρατες, ἀλύπως τε καὶ
εὐηνίως προσδιαλεγομένῳ ῥᾷον οὕτω, τὸ πρὸς ἄλλον· εἰ d
δὲ μή, τὸ καθ' αὑτόν.

Σωκράτης: Ἔξεστι τοίνυν τῶν παρόντων ὃν ἂν βουληθῇς
ἐκλέξασθαι, πάντες γὰρ ὑπακούσονταί σοι πρᾴως· συμ-
βούλῳ μὴν ἐμοὶ χρώμενος τῶν νέων τινὰ αἱρήσῃ, Θεαίτη-
τον τόνδε, ἢ καὶ τῶν ἄλλων εἴ τίς σοι κατὰ νοῦν.

Ελεάτης Ξένος: Ὦ Σώκρατες, αἰδώς τίς μ' ἔχει τὸ νῦν
πρῶτον συγγενόμενον ὑμῖν μὴ κατὰ σμικρὸν ἔπος πρὸς
ἔπος ποιεῖσθαι τὴν συνουσίαν, ἀλλ' ἐκτείναντα ἀπομη-
κύνειν λόγον συχνὸν κατ' ἐμαυτόν, εἴτε καὶ πρὸς ἕτερον, e
οἷον ἐπίδειξιν ποιούμενον· τῷ γὰρ ὄντι τὸ νῦν ῥηθὲν οὐχ
ὅσον ὧδε ἐρωτηθὲν ἐλπίσειεν ἂν αὐτὸ εἶναί τις, ἀλλὰ
τυγχάνει λόγου παμμήκους ὄν. τὸ δὲ αὖ σοὶ μὴ χαρίζεσθαι
καὶ τοῖσδε, ἄλλως τε καὶ σοῦ λέξαντος ὡς εἶπες, ἄξενόν
τι καταφαίνεταί μοι καὶ ἄγριον. ἐπεὶ Θεαίτητόν γε τὸν
προσδιαλεγόμενον εἶναι δέχομαι παντάπασιν ἐξ ὧν αὐτός 218
τε πρότερον διείλεγμαι καὶ σὺ τὰ νῦν μοι διακελεύῃ.

Θεαίτητος: Δρᾶ τοίνυν, ὦ ξένε, οὕτω καὶ καθάπερ εἶπε
Σωκράτης πᾶσιν κεχαρισμένος ἔσῃ.

Ελεάτης Ξένος: Κινδυνεύει πρὸς μὲν ταῦτα οὐδὲν ἔτι
λεκτέον εἶναι, Θεαίτητε· πρὸς δὲ σὲ ἤδη τὸ μετὰ τοῦτο,
ὡς ἔοικε, γίγνοιτο ἂν ὁ λόγος. ἂν δ' ἄρα τι τῷ μήκει
πονῶν ἄχθῃ, μὴ ἐμὲ αἰτιᾶσθαι τούτων, ἀλλὰ τούσδε τοὺς
σοὺς ἑταίρους.

Θεαίτητος: Ἀλλ' οἶμαι μὲν δὴ νῦν οὕτως οὐκ b
ἀπερεῖν· ἂν δ' ἄρα τι τοιοῦτον γίγνηται, καὶ τόνδε παρα-
ληψόμεθα Σωκράτη, τὸν Σωκράτους μὲν ὁμώνυμον, ἐμὸν
δὲ ἡλικιώτην καὶ συγγυμναστήν, ᾧ συνδιαπονεῖν μετ'

bei einem langen schönen Gespräch, dem ich einst als Jüngling beiwohnte, während er schon ein hochbetagter Mann war[5])?

d Fremder: Mit einem, der frei von Empfindlichkeit und lenksam sich am Gespräch beteiligt, ist dies leichter, das Gespräch mit einem Gegenüber, sonst aber die Rede für sich allein[6]).

Sokrates: Du darfst dir ja unter den Anwesenden aussuchen, wen du willst; denn alle werden dir gern Folge leisten. Wenn ich dir aber raten darf, so wählst du einen von den jungen Leuten, den Theaitet hier, oder wer sonst dir erwünscht ist.

Fremder: Es ist mir etwas unangenehm, Sokrates, daß
ich bei meinem ersten Zusammensein mit euch mich nicht
in kurzem Wechsel Wort gegen Wort mit euch unterhalte,
sondern in langausgesponnener Rede allein, oder sei es
e auch zu einem anderen das Wort führe, wie die Ver-
anstaltung eines Schauspieles. Denn tatsächlich ist das
jetzt gestellte Thema nicht so schnell zu erledigen, wie
einer es wohl bei einer solchen Frage erwarten könnte, son-
dern bedarf einer sehr langen Erörterung. Andererseits
scheint es mir unfreundlich und gegen die gute Sitte, dir
und den Anwesenden hier nicht gefällig zu sein, sowohl
überhaupt, wie auch nach dem, was du gesagt hast. Denn
daß Theaitet der Gesprächsteilnehmer sei, nehme ich ganz
218 besonders gerne an, nach meiner vorherigen Unterhal-
tung mit ihm wie auch nach deiner jetzigen Empfehlung.

Theaitet: Also, lieber Gastfreund, mach es denn so, und du wirst damit, wie Sokrates sagte, alle zu Dank verbinden.

Fremder: Dagegen scheinen nun keine Worte mehr zu sagen nötig, wohl aber gegen dich, an den sich nunmehr, wie es scheint, die Rede zu richten hat. Wenn dir aber die Länge der Anstrengung beschwerlich werden sollte, so gib nicht mir die Schuld, sondern diesen deinen Freunden hier.

b Theaitet: Nun, ich glaube, jetzt nicht so bald müde zu werden. Sollte dies aber eintreten, so können wir Sokrates heranziehen, den Namensvetter des Sokrates[7]), mit dem ich von der Schule und dem Sportplatz her befreundet bin

ἐμοῦ τὰ πολλὰ οὐκ ἄηθες.

Ελεάτης Ξένος: Εὖ λέγεις, καὶ ταῦτα μὲν ἰδίᾳ βουλεύσῃ
προϊόντος τοῦ λόγου· κοινῇ δὲ μετ' ἐμοῦ σοι συσκεπτέον
ἀρχομένῳ πρῶτον, ὡς ἐμοὶ φαίνεται, νῦν ἀπὸ τοῦ σοφιστοῦ,
ζητοῦντι καὶ ἐμφανίζοντι λόγῳ τί ποτ' ἔστι. νῦν γὰρ δὴ c
σύ τε κἀγὼ τούτου πέρι τοὔνομα μόνον ἔχομεν κοινῇ· τὸ
δὲ ἔργον ἐφ' ᾧ καλοῦμεν ἑκάτερος τάχ' ἂν ἰδίᾳ παρ' ἡμῖν
αὐτοῖς ἔχοιμεν· δεῖ δὲ ἀεὶ παντὸς πέρι τὸ πρᾶγμα αὐτὸ
μᾶλλον διὰ λόγων ἢ τοὔνομα μόνον συνωμολογῆσθαι
χωρὶς λόγου. τὸ δὲ φῦλον ὃ νῦν ἐπινοοῦμεν ζητεῖν οὐ
πάντων ῥᾷστον συλλαβεῖν τί ποτ' ἔστιν, ὁ σοφιστής· ὅσα
δ' αὖ τῶν μεγάλων δεῖ διαπονεῖσθαι καλῶς, περὶ τῶν
τοιούτων δέδοκται πᾶσιν καὶ πάλαι τὸ πρότερον ἐν d
σμικροῖς καὶ ῥᾴοσιν αὐτὰ δεῖν μελετᾶν, πρὶν ἐν αὐτοῖς
τοῖς μεγίστοις. νῦν οὖν, ὦ Θεαίτητε, ἔγωγε καὶ νῷν οὕτω
συμβουλεύω, χαλεπὸν καὶ δυσθήρευτον ἡγησαμένοις εἶναι
τὸ τοῦ σοφιστοῦ γένος πρότερον ἐν ἄλλῳ ῥᾴονι τὴν μέθοδον
αὐτοῦ προμελετᾶν, εἰ μὴ σύ ποθεν εὐπετεστέραν ἔχεις
εἰπεῖν ἄλλην ὁδόν.

Θεαίτητος: Ἀλλ' οὐκ ἔχω.

Ελεάτης Ξένος: Βούλει δῆτα περί τινος τῶν φαύλων μετιόντες πειραθῶμεν παράδειγμα αὐτὸ θέσθαι τοῦ μείζονος;

Θεαι: Ναί. e

Ξε: Τί δῆτα προταξαίμεθ' ἂν εὔγνωστον μὲν καὶ σμικρόν, λόγον δὲ μηδενὸς ἐλάττονα ἔχον τῶν μειζόνων; οἷον ἀσπαλιευτής· ἆρ' οὐ πᾶσί τε γνώριμον καὶ σπουδῆς οὐ πάνυ τι πολλῆς τινος ἐπάξιον;

und dem es nichts Ungewohntes ist, Mühen mit mir zu teilen.

3. Fremder: Recht so. Darüber mußt du im Verlauf
der Erörterung mit dir selbst zu Rate gehen. Für unsere
gemeinsame Untersuchung aber mußt du zusammen mit
mir zuerst, wie mir scheint, vom Sophisten aus die Be-
trachtung anfangen, indem du in der Rede zu finden und
c sichtbar zu machen suchst, was er ist. Denn bis jetzt haben
du und ich über ihn nur den Namen gemeinsam, über die
Sache dagegen, die wir damit bezeichnen, dürfte jeder
von uns bei sich selbst seine eigene Meinung haben. Aber
es ist notwendig, daß man immer bei jedem eher über die
Sache selbst durch Begriffsbestimmungen zum Einver-
ständnis kommt, als nur über den Namen ohne Bestim-
mung[8]). Die Art von Leuten aber, auf deren Untersuchung
wir es jetzt abgesehen haben, ist nicht gerade am leichte-
sten von allen zu fassen, nämlich die Art der Sophisten.
In allen großen Dingen aber, die zu einem schönen Ende
d gebracht werden sollen, gilt allgemein und von alters her,
daß man erst im Kleinen und Leichteren üben muß[9]), be-
vor man sich an das Größte selbst wagt. So gebe ich denn,
mein Theaitet, jetzt auch uns beiden, da wir den Begriff
des Sophisten für einen schwierigen und nur mit Mühe zu
fassenden halten, den Rat, vorher an einem anderen leich-
teren Gegenstand das Verfahren zu erproben, es sei denn,
daß du irgendwoher einen leichteren Weg anzugeben
hast.

Theaitet: Nein, das habe ich nicht.

F: Ist es dir also recht, wenn wir an irgendeine unbedeutende Sache herangehen und versuchen, sie als Muster für eine größere hinzustellen?

Th: Ja.

e F: Was aber sollen wir uns als Beispiel vornehmen,
wohlbekannt und doch unbedeutend, aber keiner gerin-
geren Erörterung bedürftig als wichtigere Dinge? Etwa
der Angelfischer.[10] Ist das nicht etwas allen Bekanntes und
zugleich etwas, wovon nicht eben viel Aufhebens ge-
macht wird?

Θεαι: Οὕτως. 219

Ξε: Μέθοδον μὴν αὐτὸν ἐλπίζω καὶ λόγον οὐκ ἀνεπιτήδειον ἡμῖν ἔχειν πρὸς ὃ βουλόμεθα.

Θεαι: Καλῶς ἂν ἔχοι.

Ξε: Φέρε δή, τῇδε ἀρχώμεθα αὐτοῦ. καί μοι λέγε· πότερον ὡς τεχνίτην αὐτὸν ἤ τινα ἄτεχνον, ἄλλην δὲ δύναμιν ἔχοντα θήσομεν;

Θεαι: Ἥκιστά γε ἄτεχνον.

Ξε: Ἀλλὰ μὴν τῶν γε τεχνῶν πασῶν σχεδὸν εἴδη δύο.

Θεαι: Πῶς;

Ξε: Γεωργία μὲν καὶ ὅση περὶ τὸ θνητὸν πᾶν σῶμα θεραπεία, τό τε αὖ περὶ τὸ σύνθετον καὶ πλαστόν, ὃ δὴ σκεῦος ὠνομάκαμεν, ἥ τε μιμητική, σύμπαντα ταῦτα b
δικαιότατ' ἂν ἑνὶ προσαγορεύοιτ' ἂν ὀνόματι.

Θεαι: Πῶς καὶ τίνι;

Ξε: Πᾶν ὅπερ ἂν μὴ πρότερόν τις ὂν ὕστερον εἰς οὐσίαν ἄγῃ, τὸν μὲν ἄγοντα ποιεῖν, τὸ δὲ ἀγόμενον ποιεῖσθαί πού φαμεν.

Θεαι: Ὀρθῶς.

Ξε: Τὰ δέ γε νυνδὴ ⟨ἃ⟩ διήλθομεν ἅπαντα εἶχεν εἰς τοῦτο τὴν αὑτῶν δύναμιν.

Θεαι: Εἶχε γὰρ οὖν.

Ξε: Ποιητικὴν τοίνυν αὐτὰ συγκεφαλαιωσάμενοι προσείπωμεν.

Θεαι: Ἔστω. c

Ξε: Τὸ δὴ μαθηματικὸν αὖ μετὰ τοῦτο εἶδος ὅλον καὶ τὸ τῆς γνωρίσεως τό τε χρηματιστικὸν καὶ ἀγωνιστικὸν καὶ θηρευτικόν, ἐπειδὴ δημιουργεῖ μὲν οὐδὲν τούτων, τὰ δὲ ὄντα καὶ γεγονότα τὰ μὲν χειροῦται λόγοις καὶ πράξεσι, τὰ δὲ τοῖς χειρουμένοις οὐκ ἐπιτρέπει, μάλιστ' ἄν που διὰ

Th: Allerdings.

219 F: Doch hoffe ich, daß er uns ein Verfahren und einen Gedanken an die Hand gibt, der nicht unbrauchbar ist für unser Vorhaben.

Th: Das wäre schön.

4. So laß uns denn folgendermaßen damit beginnen. Zunächst sage mir: Sollen wir den Angelfischer setzen als einen, der sich auf seine Kunst versteht, oder aber als einen, der ohne Kunst, aber auf andere Weise tätig ist[11])?

Th: Keineswegs für einen ohne Kunst.

F: Von allen Künsten aber gibt es so ungefähr zwei Arten.

Th: Wie das?

F: Einerseits die Landwirtschaft und was zur Pflege jedes sterblichen Leibes gehört, dann was sich auf das Zusammengesetzte und kunstvoll Hergestellte bezieht, wofür
b wir die Bezeichnung des Gerätes haben, dann schließlich die Nachahmungskunst; dies alles kann doch wohl sehr gut mit einem Namen bezeichnet werden?

Th: Wie und mit welchem?

F: Bei allem, was vorher nicht ist und später von irgendwem ins Sein gebracht wird, sagen wir von dem, der es dahin bringt, daß er hervorbringt, von dem, was dahin gebracht wird, daß es hervorgebracht wird?

Th: Gewiß.

F: Das, was wir eben durchgenommen haben, hatte aber alles darin sein Können?

Th: Ja, allerdings.

F: Wir wollen es also mit zusammenfassendem Namen als hervorbringende Kunst bezeichnen.

c Th: Gut so.

F: Danach nun die ganze Art des Erlernbaren und der Erkenntnis, die des Geldverdienens, des Wettkampfes und der Jagd, da keines von diesen etwas anfertigt, sondern sich dessen, was ist und geworden ist, entweder durch Reden und Handlungen bemächtigt oder sich denen, die es in die Hand bekommen wollen, entgegenstellt; eine sol-

ταῦτα συνάπαντα τὰ μέρη τέχνη τις κτητικὴ λεχθεῖσα ἂν διαπρέψειεν.

Θεαι: Ναί· πρέποι γὰρ ἄν.

Ξε: Κτητικῆς δὴ καὶ ποιητικῆς συμπασῶν οὐσῶν τῶν d
τεχνῶν ἐν ποτέρᾳ τὴν ἀσπαλιευτικήν, ὦ Θεαίτητε, τιθῶμεν;

Θεαι: Ἐν κτητικῇ που δῆλον.

Ξε: Κτητικῆς δὲ ἆρ' οὐ δύο εἴδη; τὸ μὲν ἑκόντων πρὸς ἑκόντας μεταβλητικὸν ὂν διά τε δωρεῶν καὶ μισθώσεων καὶ ἀγοράσεων, τὸ δὲ λοιπόν, ἢ κατ' ἔργα ἢ κατὰ λόγους χειρούμενον σύμπαν, χειρωτικὸν ἂν εἴη;

Θεαι: Φαίνεται γοῦν ἐκ τῶν εἰρημένων.

Ξε: Τί δέ; τὴν χειρωτικὴν ἆρ' οὐ διχῇ τμητέον;

Θεαι: Πῇ;

Ξε: Τὸ μὲν ἀναφανδὸν ὅλον ἀγωνιστικὸν θέντας, τὸ δὲ e
κρυφαῖον αὐτῆς πᾶν θηρευτικόν.

Θεαι: Ναί.

Ξε: Τὴν δέ γε μὴν θηρευτικὴν ἄλογον τὸ μὴ οὐ τέμνειν διχῇ.

Θεαι: Λέγε ὅπῃ.

Ξε: Τὸ μὲν ἀψύχου γένους διελομένους, τὸ δ' ἐμψύχου.

Θεαι: Τί μήν; εἴπερ ἔστον γε ἄμφω.

Ξε: Πῶς δὲ οὐκ ἔστον; καὶ δεῖ γε ἡμᾶς τὸ μὲν τῶν 220
ἀψύχων, ἀνώνυμον ὂν πλὴν κατ' ἔνια τῆς κολυμβητικῆς ἄττα μέρη καὶ τοιαῦτ' ἄλλα βραχέα, χαίρειν ἐᾶσαι, τὸ δέ, τῶν ἐμψύχων ζῴων οὖσαν θήραν, προσειπεῖν ζῳοθηρικήν.

Θεαι: Ἔστω.

Ξε: Ζῳοθηρικῆς δὲ ἆρ' οὐ διπλοῦν εἶδος ἂν λέγοιτο ἐν δίκῃ, τὸ μὲν πεζοῦ γένους, πολλοῖς εἴδεσι καὶ ὀνόμασι

che Kunst wäre doch wohl durch all ihre Teile hindurch am treffendsten als Erwerbskunst zu bezeichnen.

Th: Ja, wohl am treffendsten.

d 5. Da nun alle Künste erwerbend oder hervorbringend sind, in welche, Theaitet, setzen wir nun den Angelfischer?

Th: Offenbar wohl in die Erwerbskunst.

F: Sind nicht wiederum zwei Arten der Erwerbskunst? Die eine, der freiwillige Tausch untereinander durch Geschenke und Mietsgeschäfte und Kauf; die andere aber, die durch Tat oder Wort sich eines jeglichen zu bemächtigen sucht, dürfte wohl die Kunst der Bemächtigung sein.

Th: Nach dem Gesagten scheint es so.

F: Weiter aber muß man also die Kunst der Bemächtigung in zwei Teile schneiden?

Th: Wie denn das?

e F: Indem wir die ganze offen geübte Kunst als die des Kampfes setzen, den Teil von ihr aber, der versteckt geübt wird, im ganzen als die der Jagd.

Th: Ja.

F: Die der Jagd aber nicht wieder in zwei Teile zu schneiden, besteht kein Grund.

Th: Sag nur, wie.

F: Indem wir einerseits die Gattung des Unlebendigen, andererseits die des Lebendigen abtrennen.

Th: Gut, ja. Es gibt ja offensichtlich beides.

220 F: Wie sollte es nicht? Und zwar müssen wir hier die Jagd auf leblose Dinge, für die es, abgesehen von gewissen Gebieten der Taucherkunst und einigem anderen derartigen Unbedeutendem, keinen Namen gibt, auf sich beruhen lassen; die andere Art aber, die Jagd auf lebende Wesen, müssen wir Lebewesenjagd nennen.

Th: Gut.

F: Von der Lebewesenjagd, könnte man da nicht mit Recht eine zweifache Art angeben, einmal die der Gehtiere, ihrerseits in viele Arten und Namen geteilt, die

διῃρημένον, πεζοθηρικόν, τὸ δ' ἕτερον νευστικοῦ ζῴου πᾶν ἐνυγροθηρικόν;

Θεαι: Πάνυ γε.

Ξε: Νευστικοῦ μὴν τὸ μὲν πτηνὸν φῦλον ὁρῶμεν, τὸ δὲ b
ἔνυδρον;

Θεαι: Πῶς δ' οὔ;

Ξε: Καὶ τοῦ πτηνοῦ μὴν γένους πᾶσα ἡμῖν ἡ θήρα λέγεταί πού τις ὀρνιθευτική.

Θεαι: Λέγεται γὰρ οὖν.

Ξε: Τοῦ δὲ ἐνύδρου σχεδὸν τὸ σύνολον ἁλιευτική.

Θεαι: Ναί.

Ξε: Τί δέ; ταύτην αὖ τὴν θήραν ἆρ' οὐκ ἂν κατὰ μέγιστα μέρη δύο διέλοιμεν;

Θεαι: Κατὰ ποῖα;

Ξε: Καθ' ἃ τὸ μὲν ἕρκεσιν αὐτόθεν ποιεῖται τὴν θήραν, τὸ δὲ πληγῇ.

Θεαι: Πῶς λέγεις, καὶ πῇ διαιρούμενος ἑκάτερον;

Ξε: Τὸ μέν, ὅτι πᾶν ὅσον ἂν ἕνεκα κωλύσεως εἴργῃ τι c
περιέχον, ἕρκος εἰκὸς ὀνομάζειν.

Θεαι: Πάνυ μὲν οὖν.

Ξε: Κύρτους δὴ καὶ δίκτυα καὶ βρόχους καὶ πόρκους καὶ τὰ τοιαῦτα μῶν ἄλλο τι πλὴν ἕρκη χρὴ προσαγορεύειν;

Θεαι: Οὐδέν.

Ξε: Τοῦτο μὲν ἄρα ἑρκοθηρικὸν τῆς ἄγρας τὸ μέρος φήσομεν ἤ τι τοιοῦτον.

Θεαι: Ναί.

Ξε: Τὸ δὲ ἀγκίστροις καὶ τριόδουσι πληγῇ γιγνόμενον
ἕτερον μὲν ἐκείνου, πληκτικὴν δέ τινα θήραν ἡμᾶς προσ- d
ειπεῖν ἑνὶ λόγῳ νῦν χρεών· ἢ τί τις ἄν, ὦ Θεαίτητε, εἴποι κάλλιον;

Θεαι: Ἀμελῶμεν τοῦ ὀνόματος· ἀρκεῖ γὰρ καὶ τοῦτο.

Jagd auf Gehtiere, die andere aber insgesamt die der Schwimmtiere, also Wassertierjagd?

Th: Allerdings.

F: Von den Schwimmtieren sehen wir einerseits das ge-
b fiederte Geschlecht, andererseits die im Wasser zuhause sind[12]).

Th: Wie denn nicht?

F: Die Jagd auf die Gattung der Flugtiere wird doch insgesamt als Vogeljagd bezeichnet.

Th: Gewiß heißt sie so.

F: Und die auf das im Wasser beheimatete Geschlecht im großen und ganzen als Fischfang.

Th: Ja.

F: Können wir aber nicht diese Tierjagd wiederum in zwei Hauptteile zerlegen?

Th: In welche denn?

F: Danach, daß die eine die Jagd durch unmittelbaren Fang in einem Gehege, die andere sie mittels Verwundungen durchführt.

Th: Wie meinst du das und auf welche Weise unterscheidest du jedes?

c F: Auf der einen Seite: Alles was zum Zwecke des Festhaltens etwas umschließt, darf man doch mit Fug und Recht Gehege nennen.

Th: Sicherlich.

F: Fischreusen also und Netze und Schlingen, Binsengeflechte und anderes von dieser Art muß man doch auf alle Fälle als Gehege bezeichnen?

Th: Ja.

F: Diesen Teil des Fangs werden wir also als Gehegejagd bezeichnen, oder so ähnlich.

Th: Ja.

F: Den von ihm unterschiedenen Teil der Jagd aber
d mit Angeln und Harpunen durch Verwundung müssen wir jetzt in einem Begriff als verwundende Jagd bezeichnen. Oder, Theaitet, kann man einen schöneren Namen finden?

Th: Kümmern wir uns nicht um den Namen[13]). Das Gesagte genügt schon.

Ξε: Τῆς τοίνυν πληκτικῆς τὸ μὲν νυκτερινὸν οἶμαι πρὸς πυρὸς φῶς γιγνόμενον ὑπ' αὐτῶν τῶν περὶ τὴν θήραν πυρευτικὴν ῥηθῆναι συμβέβηκεν.

Θεαι: Πάνυ γε.

Ξε: Τὸ δέ γε μεθημερινόν, ὡς ἐχόντων ἐν ἄκροις ἄγκιστρα καὶ τῶν τριοδόντων, πᾶν ἀγκιστρευτικόν.

Θεαι: Λέγεται γὰρ οὖν. e

Ξε: Τοῦ τοίνυν ἀγκιστρευτικοῦ τῆς πληκτικῆς τὸ μὲν ἄνωθεν εἰς τὸ κάτω γιγνόμενον διὰ τὸ τοῖς τριόδουσιν οὕτω μάλιστα χρῆσθαι τριοδοντία τις οἶμαι κέκληται.

Θεαι: Φασὶ γοῦν τινές.

Ξε: Τὸ δέ γε λοιπόν ἐστιν ἓν ἔτι μόνον ὡς εἰπεῖν εἶδος.

Θεαι: Τὸ ποῖον;

Ξε: Τὸ τῆς ἐναντίας ταύτῃ πληγῆς, ἀγκίστρῳ τε γιγνόμενον καὶ τῶν ἰχθύων οὐχ ᾗ τις ἂν τύχῃ τοῦ σώματος,
ὥσπερ τοῖς τριόδουσιν, ἀλλὰ περὶ τὴν κεφαλὴν καὶ τὸ 221
στόμα τοῦ θηρευθέντος ἑκάστοτε, καὶ κάτωθεν εἰς τοὐναντίον ἄνω ῥάβδοις καὶ καλάμοις ἀνασπώμενον· οὗ τί φήσομεν, ὦ Θεαίτητε, δεῖν τοὔνομα λέγεσθαι;

Θεαι: Δοκῶ μέν, ὅπερ ἄρτι προυθέμεθα δεῖν ἐξευρεῖν, τοῦτ' αὐτὸ νῦν ἀποτετελέσθαι.

Ξε: Νῦν ἄρα τῆς ἀσπαλιευτικῆς πέρι σύ τε κἀγὼ b
συνωμολογήκαμεν οὐ μόνον τοὔνομα, ἀλλὰ καὶ τὸν λόγον περὶ αὐτὸ τοὖργον εἰλήφαμεν ἱκανῶς. συμπάσης γὰρ τέχνης τὸ μὲν ἥμισυ μέρος κτητικὸν ἦν, κτητικοῦ δὲ χειρωτικόν, χειρωτικοῦ δὲ θηρευτικόν, τοῦ δὲ θηρευτικοῦ ζῳοθηρικόν, ζῳοθηρικοῦ δὲ ἐνυγροθηρικόν, ἐνυγροθηρικοῦ δὲ τὸ κάτωθεν τμῆμα ὅλον ἁλιευτικόν, ἁλιευτικῆς δὲ πληκτικόν, πληκτικῆς δὲ ἀγκιστρευτικόν· τούτου δὲ τὸ
περὶ τὴν κάτωθεν ἄνω πληγὴν ἀνασπωμένην, ἀπ' αὐτῆς c

F: Der nächtliche Teil dieser Verwundungsjagd wird, wie ich glaube, von denen, die mit der Jagd zu tun haben, Feuerjagd genannt, weil sie beim Schein eines Feuers stattfindet.

Th: Allerdings.

F: Die Jagd am Tage aber, da auch die Harpunen an ihren Enden Haken haben, im ganzen Hakenfischerei.

e Th: Ja, so heißt sie.

6. F: Der Teil der Hakenfischerei nun, als Teil der Verwundungsjagd, der in der Richtung von oben nach unten vor sich geht, wird, weil man die Harpunen vor allem so verwendet, wie ich glaube, Harpunenjagd genannt.

Th: Wenigstens sagen einige so.

F: Nun ist überhaupt nur noch eine Art übrig.

Th: Welche denn?

F: Die in der entgegengesetzten Weise verwundet, mit
dem Angelhaken und zwar nicht an jedem beliebigen
221 Körperteil der Fische, wie mit den Harpunen, sondern
jedesmal am Kopf und am Maul des Getroffenen, den man dann mit Ruten und Rohrstäben von unten nach oben zieht. Und was sagen wir nun, Theaitet, von dieser, mit welchem Namen sie bezeichnet werden muß?

Th: Irre ich nicht, so hat das, was wir zu finden vorhatten, eben hiermit seinen Abschluß gefunden..

7. F: Jetzt also sind wir, du und ich, über die Angel-
b fischerei nicht nur wegen des Namens einig, sondern haben auch deutlich den Begriff von der Sache selbst erfaßt. Denn von der Gesamtheit der Kunst war die eine Hälfte die Erwerbskunst, von der Erwerbskunst aber die Kunst der Bemächtigung, von der Kunst der Bemächtigung die Jagd, von der Jagd die Lebewesenjagd, von der Lebewesenjagd die Wassertierjagd, von der Wassertierjagd aber der ganze von unten abgeschnittene Teil der Fischfang, vom Fischfang wiederum die Verwundungsjagd, von der Verwundungsjagd aber die Hakenfischerei. Von dieser aber wiederum ist es diejenige, welche die Wunde, von

τῆς πράξεως ἀφομοιωθὲν τοὔνομα, ἡ νῦν ἀσπαλιευτικὴ ζητηθεῖσα ἐπίκλην γέγονεν.

Θεαι: Παντάπασι μὲν οὖν τοῦτό γε ἱκανῶς δεδήλωται.

Ξε: Φέρε δή, κατὰ τοῦτο τὸ παράδειγμα καὶ τὸν σοφιστὴν ἐπιχειρῶμεν εὑρεῖν ὅτι ποτ' ἔστιν.

Θεαι: Κομιδῇ μὲν οὖν.

Ξε: Καὶ μὴν ἐκεῖνό γ' ἦν τὸ ζήτημα πρῶτον, πότερον ἰδιώτην ἤ τινα τέχνην ἔχοντα θετέον εἶναι τὸν ἀσπαλιευτήν.

Θεαι: Ναί.

Ξε: Καὶ νῦν δὴ τοῦτον ἰδιώτην θήσομεν, ὦ Θεαίτητε, ἢ d
παντάπασιν ὡς ἀληθῶς σοφιστήν;

Θεαι: Οὐδαμῶς ἰδιώτην· μανθάνω γὰρ ὃ λέγεις, ὡς παντὸς δεῖ τοιοῦτος εἶναι τό γε ὄνομα τοῦτο ἔχων.

Ξε: Ἀλλά τινα τέχνην αὐτὸν ἡμῖν ἔχοντα, ὡς ἔοικε, θετέον.

Θεαι: Τίνα ποτ' οὖν δὴ ταύτην;

Ξε: Ἆρ' ὦ πρὸς θεῶν ἠγνοήκαμεν τἀνδρὸς τὸν ἄνδρα ὄντα συγγενῆ;

Θεαι: Τίνα τοῦ;

Ξε: Τὸν ἀσπαλιευτὴν τοῦ σοφιστοῦ.

Θεαι: Πῇ;

Ξε: Θηρευτά τινε καταφαίνεσθον ἄμφω μοι.

Θεαι: Τίνος θήρας ἅτερος; τὸν μὲν γὰρ ἕτερον εἴπομεν. e

Ξε: Δίχα που νυνδὴ διείλομεν τὴν ἄγραν πᾶσαν, νευστικοῦ μέρους, τὸ δὲ πεζοῦ τέμνοντες.

Θεαι: Ναί.

Ξε: Καὶ τὸ μὲν διήλθομεν, ὅσον περι τὰ νευστικὰ τῶν ἐνύδρων· τὸ δὲ πεζὸν εἰάσαμεν ἄσχιστον, εἰπόντες ὅτι πολυειδὲς εἴη.

c unten nach oben ziehend, beibringt, nach deren Tun die eben gesuchte Angelfischerei den entsprechenden Namen erhalten hat[14]).

Th: Damit ist also dies überhaupt hinreichend deutlich gemacht.

8. F: Nun denn, wollen wir also versuchen, nach diesem Vorbild auch vom Sophisten herauszufinden, was er ist.

Th: Ja, auf jeden Fall.

F: In jenem Falle war doch die erste Frage, ob wir den Angelfischer als einen Dilettanten oder als einen Könner zu setzen hätten[15]).

Th: Ja.

d F: Sollen wir jetzt also den anderen als einen Dilettanten setzen, Theaitet, oder aber wahrhaft als Sophisten, als Meister der Weisheit[16])?

Th: Keineswegs als Dilettanten; denn ich verstehe wohl deine Meinung, daß einer, der diesen Namen führt, alles andere eher sein muß als ein Dilettant.

F: Daher müssen wir ihn anscheinend als einen setzen, der im Besitze irgendeiner Kunst ist.

Th: Und welche wäre das?

F: Bei den Göttern, es ist uns wohl ganz entgangen, daß beide Männer miteinander verwandt sind?

Th: Wer mit wem?

F: Der Angelfischer mit dem Sophisten.

Th: Wieso?

F: Jäger scheinen sie mir beide zu sein.

e Th: Und welches ist das Jagdgebiet des zweiten? Denn das des ersten haben wir besprochen.

F: Wir teilten vorhin die ganze Jagd in zwei Teile, indem wir den der Schwimmtiere, den der Gehtiere andererseits abschnitten.

Th: Ja.

F: Und sind den einen durchgegangen, soweit er sich auf die Schwimmtiere, die im Wasser zuhause sind[17]), bezog. Die Gehtiere haben wir weiter ungespalten gelassen und nur gesagt, daß ihre Gattung vielartig sei.

Θεαι: Πάνυ γε. 222

Ξε: Μέχρι μὲν τοίνυν ἐνταῦθα ὁ σοφιστὴς καὶ [ὁ] ἀσπαλιευτὴς ἅμα ἀπὸ τῆς κτητικῆς τέχνης πορεύεσθον.

Θεαι: Ἐοίκατον γοῦν.

Ξε: Ἐκτρέπεσθον δέ γε ἀπὸ τῆς ζῳοθηρικῆς, ὁ μὲν ἐπὶ θάλαττάν που καὶ ποταμοὺς καὶ λίμνας, τὰ ἐν τούτοις ζῷα θηρευσόμενος.

Θεαι: Τί μήν;

Ξε: Ὁ δέ γε ἐπὶ [τὴν] γῆν καὶ ποταμοὺς ἑτέρους αὖ τινας, πλούτου καὶ νεότητος οἷον λειμῶνας ἀφθόνους, τἀν τούτοις θρέμματα χειρωσόμενος.

Θεαι: Πῶς λέγεις; b

Ξε: Τῆς πεζῆς θήρας γίγνεσθον δύο μεγίστω τινὲ μέρει.

Θεαι: Ποῖον ἑκάτερον;

Ξε: Τὸ μὲν τῶν ἡμέρων, τὸ δὲ τῶν ἀγρίων.

Θεαι: Εἶτ' ἔστι τις θήρα τῶν ἡμέρων;

Ξε: Εἴπερ γέ ἐστιν ἄνθρωπος ἥμερον ζῷον. θὲς δὲ ὅπῃ χαίρεις, εἴτε μηδὲν τιθεὶς ἥμερον, εἴτε ἄλλο μὲν ἥμερόν τι, τὸν δὲ ἄνθρωπον ἄγριον, εἴτε ἥμερον μὲν λέγεις αὖ τὸν ἄνθρωπον, ἀνθρώπων δὲ μηδεμίαν ἡγῇ θήραν· τούτων ὁπότερ' ἂν ἡγῇ φίλον εἰρῆσθαί σοι, τοῦτο ἡμῖν διόρισον.

Θεαι: Ἀλλ' ἡμᾶς τε ἥμερον, ὦ ξένε, ἡγοῦμαι ζῷον, c θήραν τε ἀνθρώπων εἶναι λέγω.

Ξε: Διττὴν τοίνυν καὶ τὴν ἡμεροθηρικὴν εἴπωμεν.

Θεαι: Κατὰ τί λέγοντες;

Ξε: Τὴν μὲν ληστικὴν καὶ ἀνδραποδιστικὴν καὶ τυραννικὴν καὶ σύμπασαν τὴν πολεμικήν, ἓν πάντα, βίαιον θήραν, ὁρισάμενοι.

Θεαι: Καλῶς.

Ξε: Τὴν δέ γε δικανικὴν καὶ δημηγορικὴν καὶ προσ-

222 Th: Ja, gewiß.

F: Von der Erwerbskunst ab gehen demnach der Sophist und der Angelfischer beide zusammen bis hierher.

Th: So scheint es wenigstens.

F: Von der Lebewesenjagd an aber gehen ihre Wege auseinander, der des einen nach dem Meere und den Flüssen und Seen, um die hier lebenden Wesen zu jagen.

Th: Ganz recht.

F: Der des anderen aber nach dem Land und zu ganz anderen Strömen, des Reichtums und der Jugend, wie zu üppigen Wiesen, um sich hier der Geschöpfe zu bemächtigen.

b Th: Wie meinst du das?

F: Von der Jagd auf Gehtiere gibt es zwei Hauptteile.

Th: Welches sind die beiden?

F: Der eine der der zahmen, der andere der der wilden Tiere.

9. Th: Gibt es denn eine Jagd auf zahme Tiere?

F: Wenn anders der Mensch ein zahmes Lebewesen ist. Setze aber, was dir gefällt. Nimm also entweder überhaupt keine zahmen Tiere an, oder setze einige als zahm, den Menschen dagegen als wild, oder bezeichne andererseits den Menschen als zahm und verwirf den Gedanken an eine Jagd auf ihn. Welche von diesen Behauptungen dir lieb ist, das erkläre uns[18]).

c Th: Nun gut, fremder Gast, ich bin also der Meinung, daß wir zahme Wesen sind, und sage, daß es eine Jagd auf Menschen gibt.

F: Zweifach nennen wir nun auch die Jagd auf zahme Wesen.

Th: Woraufhin sagen wir das?

F: Indem wir die eine, auf Räuberei und auf Sklavenfang gehende, und die der Gewaltherrschaft und jeder Art von Krieg, alles in einem als gewaltsame Jagd bestimmen.

Th: Schön.

F: Die andere aber, die Kunst der Rede vor Gericht und vor dem Volk wie auch im alltäglichen Umgang,

ὁμιλητικήν, ἓν αὖ τὸ σύνολον, πιθανουργικήν τινα μίαν τέχνην προσειπόντες. d

Θεαι: Ὀρθῶς.

Ξε: Τῆς δὴ πιθανουργικῆς διττὰ λέγωμεν γένη.

Θεαι: Ποῖα;

Ξε: Τὸ μὲν ἕτερον ἰδίᾳ, τὸ δὲ δημοσίᾳ γιγνόμενον.

Θεαι: Γίγνεσθον γὰρ οὖν εἶδος ἑκάτερον.

Ξε: Οὐκοῦν αὖ τῆς ἰδιοθηρευτικῆς τὸ μὲν μισθαρνητικόν ἐστιν, τὸ δὲ δωροφορικόν;

Θεαι: Οὐ μανθάνω.

Ξε: Τῇ τῶν ἐρώντων θήρᾳ τὸν νοῦν, ὡς ἔοικας, οὔπω προσέσχες.

Θεαι: Τοῦ πέρι;

Ξε: Ὅτι τοῖς θηρευθεῖσι δῶρα προσεπιδιδόασιν. e

Θεαι: Ἀληθέστατα λέγεις.

Ξε: Τοῦτο μὲν τοίνυν ἐρωτικῆς τέχνης ἔστω εἶδος.

Θεαι: Πάνυ γε.

Ξε: Τοῦ δέ γε μισθαρνητικοῦ τὸ μὲν προσομιλοῦν διὰ χάριτος καὶ παντάπασι δι' ἡδονῆς τὸ δέλεαρ πεποιημένον καὶ τὸν μισθὸν πραττόμενον τροφὴν ἑαυτῷ μόνον κολακικήν, ὡς ἐγῷμαι, πάντες φαῖμεν ἂν ⟨ἢ⟩ ἡδυντικήν τινα τέχνην εἶναι. 223

Θεαι: Πῶς γὰρ οὔ;

Ξε: Τὸ δὲ ἐπαγγελλόμενον μὲν ὡς ἀρετῆς ἕνεκα τὰς ὁμιλίας ποιούμενον, μισθὸν δὲ νόμισμα πραττόμενον, ἆρα οὐ τοῦτο τὸ γένος ἑτέρῳ προσειπεῖν ἄξιον ὀνόματι;

Θεαι: Πῶς γὰρ οὔ;

Ξε: Τίνι δὴ τούτῳ; πειρῶ λέγειν.

Θεαι: Δῆλον δή· τὸν γὰρ σοφιστήν μοι δοκοῦμεν ἀνηυρηκέναι. τοῦτ' οὖν ἔγωγε εἰπὼν τὸ προσῆκον ὄνομ' ἂν ἡγοῦμαι καλεῖν αὐτόν.

Ξε: Κατὰ δὴ τὸν νῦν, ὦ Θεαίτητε, λόγον, ὡς ἔοικεν, ἡ b

d können wir, wiederum das Ganze in einem, als eine bestimmte Kunst, die der Überredung, bezeichnen.

Th: Einverstanden.

F: Von der Überredungskunst nennen wir sogleich zwei Gattungen.

Th: Welche?

F: Die eine im privaten, die andere im öffentlichen Leben.

Th: Ja, das sind die beiden vorkommenden Arten.

F: Ist nun nicht wiederum ein Teil der Jagd im privaten Leben Belohnung fordernd, der andere Geschenke gebend?

Th: Das verstehe ich nicht.

F: Du hast, wie es scheint, noch nicht auf die Jagd der Verliebten geachtet.

Th: Inwiefern?

e F: Daß sie den von ihnen Gejagten auch noch Geschenke nachtragen.

Th: Sehr wahr ist, was du da sagst.

F: Dies soll also die Art der Liebeskunst sein.

Th: Gewiß.

F: Von der Kunst um Belohnung können wir wohl, glaube ich, alle den Teil, der im Umgang der Menschen durch Wohlgefälligkeit und überhaupt durch Ergötzung
223 an sich lockt, die Belohnung aber zur schmeichlerischen Selbsterhaltung gebraucht, als Kunst der Lust bezeichnen.

Th: Sicherlich.

F: Den Teil aber, der verspricht, die Tugend zum Ziele des Umganges zu machen, dabei aber auf Geldeslohn ausgeht, verdient diese Art nicht, daß man sie mit einem anderen Namen bezeichnet?

Th: Allerdings.

F: Mit welchem also? Versuch es anzugeben.

Th: Es ist schon klar. Denn den Sophisten haben wir, wie mir scheint gefunden. Denn wenn ich ihn so nenne, dürfte ich wohl den richtigen Namen getroffen haben[19]).

b 10. Also, Theaitet, nach der jetzigen Erörterung ist, wie es scheint, als Teil der aneignenden Kunst, der sich

τέχνης οἰκειωτικῆς, ⟨χειρωτικῆς⟩, [κτητικῆς,] θηρευτικῆς, ζῳοθηρίας, [πεζοθηρίας,] χερσαίας, [ἡμεροθηρικῆς,] ἀνθρωποθηρίας, ⟨πιθανοθηρίας⟩, ἰδιοθηρίας, [μισθαρνικῆς,] νομισματοπωλικῆς, δοξοπαιδευτικῆς, νέων πλουσίων καὶ ἐνδόξων γιγνομένη θήρα προσρητέον, ὡς ὁ νῦν λόγος ἡμῖν συμβαίνει, σοφιστική.

Θεαι: Παντάπασι μὲν οὖν.

Ξε: Ἔτι δὲ καὶ τῇδε ἴδωμεν· οὐ γάρ τι φαύλης μέτοχόν c ἐστι τέχνης τὸ νῦν ζητούμενον, ἀλλ' εὖ μάλα ποικίλης. καὶ γὰρ οὖν ἐν τοῖς πρόσθεν εἰρημένοις φάντασμα παρέχεται μὴ τοῦτο ὃ νῦν αὐτὸ ἡμεῖς φαμεν ἀλλ' ἕτερον εἶναί τι γένος.

Θεαι: Πῇ δή;

Ξε: Τὸ τῆς κτητικῆς τέχνης διπλοῦν ἦν εἶδός που, τὸ μὲν θηρευτικὸν μέρος ἔχον, τὸ δὲ ἀλλακτικόν.

Θεαι: Ἦν γὰρ οὖν.

Ξε: Τῆς τοίνυν ἀλλακτικῆς δύο εἴδη λέγωμεν, τὸ μὲν δωρητικόν, τὸ δὲ ἕτερον ἀγοραστικόν;

Θεαι: Εἰρήσθω.

Ξε: Καὶ μὴν αὖ φήσομεν ἀγοραστικὴν διχῇ τέμνεσθαι.

Θεαι: Πῇ; d

Ξε: Τὴν μὲν τῶν αὐτουργῶν αὐτοπωλικὴν διαιρουμένην, τὴν δὲ τὰ ἀλλότρια ἔργα μεταβαλλομένην μεταβλητικήν.

Θεαι: Πάνυ γε.

Ξε: Τί δέ; τῆς μεταβλητικῆς οὐχ ἡ μὲν κατὰ πόλιν ἀλλαγή, σχεδὸν αὐτῆς ἥμισυ μέρος ὄν, καπηλικὴ προσαγορεύεται;

Θεαι: Ναί.

Ξε: Τὸ δέ γε ἐξ ἄλλης εἰς ἄλλην πόλιν διαλλάττον ὠνῇ καὶ πράσει ἐμπορική;

Θεαι: Τί δ' οὔ;

Ξε: Τῆς δ' ἐμπορικῆς ἆρ' οὐκ ᾐσθήμεθα ὅτι τὸ μὲν ὅσοις e τὸ σῶμα τρέφεται καὶ χρῆται, τὸ δὲ ὅσοις ἡ ψυχή, πωλοῦν

bemächtigenden, erwerbenden, jagenden Kunst, auf Lebewesen, und zwar auf Gehtiere, die auf dem Trocknen leben, nämlich auf zahme Tiere, Jagd auf Menschen, durch Überredung jagend, im alltäglichen, privaten Umgang jagend, um Belohnung, und zwar in klingender Münze durch eine Scheinkunst der Belehrung, die Jagd auf reiche und vornehme junge Leute, wie sie jetzt in unserer Rede herauskommt, als sophistische zu bezeichnen[20]).

Th: Auf jeden Fall.

c F: Laß uns die Sache noch von folgender Seite betrachten. Denn was wir jetzt suchen, hat an keiner schlichten Kunst teil, sondern an einer höchst vielgestaltigen. Und auch an dem früher Gesagten zeigt sich, daß die Gattung nicht die jetzt angegebene, sondern eine andere ist.

Th: Wieso?

F: Von der Erwerbskunst gab es doch eine zweifache Art, der eine Teil die Jagd, der andere der Tausch.

Th: Ja, so war es.

F: Von der Tauschkunst wollen wir wieder zwei Arten annehmen, die eine die des Schenkens, die andere die des Handels.

Th: Es soll angenommen sein.

F: Und auch die Handelskunst werden wir wieder in zwei Teile geschnitten sein lassen.

d Th: Wie denn?

F: Den einen Teil den eigenen Verkauf des Selbsthergestellten, den anderen den Umsatz umgesetzter fremder Arbeit.

Th: Allerdings.

F: Nun, ist dieser Umsatz nicht zur einen Hälfte auf eine Stadt beschränkt und wird Kleinhandel genannt?

Th: Ja.

F: Der durch Einkauf und Verkauf von einer Stadt zur anderen dagegen Großhandel?

Th: Gewiß.

e F: Bemerken wir aber nicht am Großhandel, daß er das, wovon der Leib einerseits und die Seele andererseits

διὰ νομίσματος ἀλλάττεται;

Θεαι: Πῶς τοῦτο λέγεις;

Ξε: Τὸ περὶ τὴν ψυχὴν ἴσως ἀγνοοῦμεν, ἐπεὶ τό γε
ἕτερόν που συνίεμεν.

Θεαι: Ναί.

Ξε: Μουσικήν τε τοίνυν συνάπασαν λέγωμεν, ἐκ 224
πόλεως ἑκάστοτε εἰς πόλιν ἔνθεν μὲν ὠνηθεῖσαν, ἑτέρωσε
δὲ ἀγομένην [καὶ πιπρασκομένην], καὶ γραφικὴν καὶ
θαυματοποιικὴν καὶ πολλὰ ἕτερα τῆς ψυχῆς, τὰ μὲν παρα-
μυθίας, τὰ δὲ καὶ σπουδῆς χάριν ἀχθέντα καὶ πωλούμενα,
τὸν ἄγοντα καὶ πωλοῦντα μηδὲν ἧττον τῆς τῶν σιτίων καὶ
ποτῶν πράσεως ἔμπορον ὀρθῶς ἂν λεγόμενον παρασχεῖν.

Θεαι: Ἀληθέστατα λέγεις.

Ξε: Οὐκοῦν καὶ τὸν μαθήματα συνωνούμενον πόλιν τε b
ἐκ πόλεως νομίσματος ἀμείβοντα ταὐτὸν προσερεῖς
ὄνομα;

Θεαι: Σφόδρα γε.

Ξε: Τῆς δὴ ψυχεμπορικῆς ταύτης ἆρ' οὐ τὸ μὲν ἐπι-
δεικτικὴ δικαιότατα λέγοιτ' ἄν, τὸ δὲ γελοίῳ μὲν οὐχ
ἧττον τοῦ πρόσθεν, ὅμως δὲ μαθημάτων οὖσαν πρᾶσιν
αὐτὴν ἀδελφῷ τινι τῆς πράξεως ὀνόματι προσειπεῖν
ἀνάγκη;

Θεαι: Πάνυ μὲν οὖν.

Ξε: Ταύτης τοίνυν τῆς μαθηματοπωλικῆς τὸ μὲν περὶ
τὰ τῶν ἄλλων τεχνῶν μαθήματα ἑτέρῳ, τὸ δὲ περὶ τὸ τῆς c
ἀρετῆς ἄλλῳ προσρητέον.

Θεαι: Πῶς γὰρ οὔ;

Ξε: Τεχνοπωλικὸν μὴν τό γε περὶ τἆλλα ἂν ἁρμόττοι·
τὸ δὲ περὶ ταῦτα σὺ προθυμήθητι λέγειν ὄνομα.

sich ernähren und Gebrauch machen, im Verkauf mittels Geld umsetzt?

Th: Wie meinst du das?

F: In Beziehung auf die Seele ist es vielleicht nicht klar, denn das andere ist uns doch verständlich.

Th: Ja.

224 F: Wir wollen also sagen: wenn die gesamte Musik von Stadt zu Stadt wandert, hier gekauft, dort eingeführt und verkauft[21]) wird, ebenso Malereien und Gauklerkunst und viele andere Unterhaltungen für die Seele, die teils zur Ergötzung, teils zur ernsten Beschäftigung eingeführt und verkauft werden, so können wir doch mit nicht geringerem Recht den, der solche Ware einführt und verkauft, einen Großkaufmann nennen als den Verkäufer von Nahrungsmitteln und Getränken.

Th: Das ist sehr wahr, was du sagst.

b F: Wirst du nicht auch dem, der Wissen aufkauft und es von Stadt zu Stadt gegen Geld verhandelt, denselben Namen zusprechen?

Th: Ganz gewiß.

11. F: Könnte man nun nicht mit größtem Recht von diesem Seelenwarengroßhandel den einen Teil als Schaustellung bezeichnen, während wir den anderen mit einem Namen benennen müssen, der nicht weniger lächerlich ist, als der vorher gebrauchte, wenn er auch, da es ein Verkauf von Wissen ist, mit diesem Geschäft irgendwie verschwistert ist.

Th: Ja doch.

F: Von diesem Wissenshandel ist der eine Teil, der des Wissens der übrigen Künste, mit einem bestimmten Na-
c men zu bezeichnen, der andere Teil, der sich auf die Tugend bezieht, dagegen mit einem anderen.

Th: Sicher.

F: Kunstverkauf dürfte wohl auf den Teil der übrigen Künste passen. Für den anderen aber, der sich auf die Tugend bezieht, bemühe du dich, den Namen zu bestimmen.

Θεαι: Καὶ τί τις ἂν ἄλλο ὄνομα εἰπὼν οὐκ ἂν πλημμελοίη πλὴν τὸ νῦν ζητούμενον αὐτὸ εἶναι τὸ σοφιστικὸν γένος;

Ξε: Οὐδὲν ἄλλο. ἴθι δὴ νῦν συναγάγωμεν αὐτὸ λέγοντες ὡς τὸ τῆς κτητικῆς, μεταβλητικῆς, ἀγοραστικῆς, ἐμπορικῆς, ψυχεμπορικῆς περὶ λόγους καὶ μαθήματα ἀρετῆς d
πωλητικὸν δεύτερον ἀνεφάνη σοφιστική.

Θεαι: Μάλα γε.

Ξε: Τρίτον δέ γ' οἶμαί σε, κἂν εἴ τις αὐτοῦ καθιδρυμένος ἐν πόλει, τὰ μὲν ὠνούμενος, τὰ δὲ καὶ τεκταινόμενος αὐτὸς μαθήματα περὶ τὰ αὐτὰ ταῦτα καὶ πωλῶν, ἐκ τούτου τὸ ζῆν προυτάξατο, καλεῖν οὐδὲν ἄλλο πλὴν ὅπερ νυνδή.

Θεαι: Τί δ' οὐ μέλλω;

Ξε: Καὶ τὸ κτητικῆς ἄρα μεταβλητικόν, ἀγοραστικόν, e
καπηλικὸν εἴτε αὐτοπωλικόν, ἀμφοτέρως, ὅτιπερ ἂν ᾖ περὶ τὰ τοιαῦτα μαθηματοπωλικὸν γένος, ἀεὶ σὺ προσερεῖς, ὡς φαίνῃ, σοφιστικόν.

Θεαι: Ἀνάγκη· τῷ γὰρ λόγῳ δεῖ συνακολουθεῖν.

Ξε: Ἔτι δὴ σκοπῶμεν εἴ τινι τοιῷδε προσέοικεν ἄρα τὸ νῦν μεταδιωκόμενον γένος.

Θεαι: Ποίῳ δή; 22

Ξε: Τῆς κτητικῆς ἀγωνιστική τι μέρος ἡμῖν ἦν.

Θεαι: Ἦν γὰρ οὖν.

Ξε: Οὐκ ἀπὸ τρόπου τοίνυν ἐστὶ διαιρεῖν αὐτὴν δίχα.

Θεαι: Καθ' ὁποῖα λέγε.

Ξε: Τὸ μὲν ἁμιλλητικὸν αὐτῆς τιθέντας, τὸ δὲ μαχητικόν.

Θεαι: Ἔστιν.

Ξε: Τῆς τοίνυν μαχητικῆς τῷ μὲν σώματι πρὸς σώματα

Th: Und welchen anderen Namen könnte man ohne falschen Klang nennen, wenn nicht, daß es die eben jetzt gesuchte sophistische Kunst ist.

F: Keinen anderen. Komm also und laß es uns zusammenfassen, indem wir sagen: daß als der erwerbenden
d Kunst umsetzender, handeltreibender, großkaufmännischer, Seelenwaren verkaufender Teil von Reden und Wissen in Sachen der Tugend uns zum zweitenmal die sophistische Kunst erschienen ist.

Th: Wahrhaftig.

F: Und drittens glaube ich, wirst du auch, wenn jemand sich in einer Stadt fest niederläßt und Wissen von derselben Art teils aufkauft, teils selbst zurechtzimmert und verkauft, um sich daraus seinen Lebensunterhalt zu schaffen, ihn mit keinem anderen Namen als dem ebengenannten bezeichnen.

Th: Wie sollte ich!

e F: Also auch den Teil der erwerbenden Kunst, die umsetzende, handelnde, die des Kleinhandels wie des Selbstverkaufs, beide zusammen, wirst du, sofern sie derartige Wissensware verkauft, immer, wie es scheint, die sophistische nennen.

Th: Notwendig. Denn der Gedanke läßt nichts anderes zu.

12. F: Ferner wollen wir also zusehen, ob die gerade jetzt von uns verfolgte Gattung Ähnlichkeit mit folgendem hat.

Th: Womit denn?

225 F: Ein Teil der erwerbenden Kunst war uns doch die Kunst des Kampfes.

Th: So war es.

F: Wir fallen nicht aus der Art, wenn wir sie in zwei Teile teilen.

Th: Sag, wonach wir teilen.

F: Indem wir den einen als Kunst des Wettkampfes, den anderen als Gefechtskunst setzen[22]).

Th: Gut.

F: Für den Teil der Gefechtskunst, wo Körper gegen

γιγνομένῳ σχεδὸν εἰκὸς καὶ πρέπον ὄνομα λέγειν τι τοιοῦτον τιθεμένους οἷον βιαστικόν.

Θεαι: Ναί.

Ξε: Τῷ δὲ λόγοις πρὸς λόγους τί τις, ὦ Θεαίτητε, ἄλλο εἴπῃ πλὴν ἀμφισβητητικόν; b

Θεαι: Οὐδέν.

Ξε: Τὸ δέ γε περὶ τὰς ἀμφισβητήσεις θετέον διττόν.

Θεαι: Πῇ;

Ξε: Καθ' ὅσον μὲν γὰρ γίγνεται μήκεσί τε πρὸς ἐναντία μήκη λόγων καὶ περὶ [τὰ] δίκαια καὶ ἄδικα δημοσίᾳ, δικανικόν.

Θεαι: Ναί.

Ξε: Τὸ δ' ἐν ἰδίοις αὖ καὶ κατακεκερματισμένον ἐρωτήσεσι πρὸς ἀποκρίσεις μῶν εἰθίσμεθα καλεῖν ἄλλο πλὴν ἀντιλογικόν;

Θεαι: Οὐδέν.

Ξε: Τοῦ δὲ ἀντιλογικοῦ τὸ μὲν ὅσον περὶ τὰ συμβόλαια ἀμφισβητεῖται μέν, εἰκῇ δὲ καὶ ἀτέχνως περὶ αὐτὸ πράτ- c
τεται, ταῦτα θετέον μὲν εἶδος, ἐπείπερ αὐτὸ διέγνωκεν ὡς ἕτερον ὂν ὁ λόγος, ἀτὰρ ἐπωνυμίας οὔθ' ὑπὸ τῶν ἔμπροσθεν ἔτυχεν οὔτε νῦν ὑφ' ἡμῶν τυχεῖν ἄξιον.

Θεαι: Ἀληθῆ· κατὰ σμικρὰ γὰρ λίαν καὶ παντοδαπὰ διῄρηται.

Ξε: Τὸ δέ γε ἔντεχνον, καὶ περὶ δικαίων αὐτῶν καὶ ἀδίκων καὶ περὶ τῶν ἄλλων ὅλως ἀμφισβητοῦν, ἆρ' οὐκ ἐριστικὸν αὖ λέγειν εἰθίσμεθα;

Θεαι: Πῶς γὰρ οὔ;

Ξε: Τοῦ μὴν ἐριστικοῦ τὸ μὲν χρηματοφθορικόν, τὸ δὲ d
χρηματιστικὸν ὂν τυγχάνει.

Θεαι: Παντάπασί γε.

Ξε: Τὴν ἐπωνυμίαν τοίνυν ἣν ἑκάτερον δεῖ καλεῖν αὐτῶν πειραθῶμεν εἰπεῖν.

Θεαι: Οὐκοῦν χρή.

Ξε: Δοκῶ μὴν τό γε δι' ἡδονὴν τῆς περὶ ταῦτα διατριβῆς

Körper kämpft, ist es ein fast natürlicher und passender Name, daß wir ihn gewaltsam nennen.

Th: Ja.

F: Für den aber, wo Rede gegen Rede steht, spricht
b man da von etwas anderem als von Wortstreit?

Th: Nein.

F: Das Gebiet des Wortstreites ist aber wieder als ein zweifaches zu setzen.

Th: Und zwar wie?

F: Soweit er nämlich vorkommt in langen Reden gegen lange Gegenreden und über Recht und Unrecht in der Öffentlichkeit, ist er der Rechtsstreit.

Th: Ja.

F: Den Streit dagegen im Privatleben und wenn er in Fragen und Antworten stückweise wechselt, pflegen wir den anders zu nennen als Wortwechsel?

Th: Nein.

F: Vom Wortwechsel muß man nun, soweit über Ge-
c schäftangelegenheiten gestritten wird, dabei aber nur so
aufs Geratewohl und kunstlos[23]) zu Werke gegangen wird, dies zwar als eine Art setzen, da der Gedanke sie als eine gesonderte erkennt, allein eine besondere Bezeichnung dafür hat er weder von den Früheren erhalten, noch wird er von uns deren für wert gehalten.

Th: Sehr richtig. Er ist ja auch allzusehr in Unbedeutendes und Mannigfaltiges geteilt.

F: Die andere Art aber, von der Art der Kunst, die sowohl über das, was gerecht und ungerecht ist, wie auch über anderes im allgemeinen streitet, pflegen wir die nicht wiederum Eristik[24]) zu nennen?

Th: Gewiß.

d F: Von der Eristik aber ist der eine Teil für das Vermö-
gen abträglich, der andere einträglich.

Th: Allerdings.

F: Laß uns also versuchen, für jeden von ihnen den richtigen Namen zu finden.

Th: Das muß man verlangen.

F: Meine Ansicht geht dahin, daß die eine Art, die aus Wohlgefallen an dergleichen Zeitvertreib das eigene

ἀμελὲς τῶν οἰκείων γιγνόμενον, περὶ δὲ τὴν λέξιν τοῖς πολλοῖς τῶν ἀκουόντων οὐ μεθ᾽ ἡδονῆς ἀκουόμενον καλεῖσθαι κατὰ γνώμην τὴν ἐμὴν οὐχ ἕτερον ἀδολεσχικοῦ.

Θεαι: Λέγεται γὰρ οὖν οὕτω πως.

Ξε: Τούτου τοίνυν τοὐναντίον, ἀπὸ τῶν ἰδιωτικῶν ἐρί- e
δων χρηματιζόμενον, ἐν τῷ μέρει σὺ πειρῶ νῦν εἰπεῖν.

Θεαι: Καὶ ⟨τί⟩ τις ἂν αὖ εἰπὼν ἕτερον οὐκ ἐξαμάρτοι πλήν γε τὸν θαυμαστὸν πάλιν ἐκεῖνον ἥκειν αὖ νῦν τέταρτον τὸν μεταδιωκόμενον ὑφ᾽ ἡμῶν σοφιστήν;

Ξε: Οὐδὲν ἀλλ᾽ ἢ τὸ χρηματιστικὸν γένος, ὡς ἔοικεν, 226
ἐριστικῆς ὂν τέχνης, τῆς ἀντιλογικῆς, τῆς ἀμφισβητητικῆς, τῆς μαχητικῆς, τῆς ἀγωνιστικῆς, τῆς κτητικῆς ἔστιν, ὡς ὁ λόγος αὖ μεμήνυκε νῦν, ὁ σοφιστής.

Θεαι: Κομιδῇ μὲν οὖν.

Ξε: Ὁρᾷς οὖν ὡς ἀληθῆ λέγεται τὸ ποικίλον εἶναι τοῦτο τὸ θηρίον καὶ τὸ λεγόμενον οὐ τῇ ἑτέρᾳ ληπτόν;

Θεαι: Οὐκοῦν ἀμφοῖν χρή.

Ξε: Χρὴ γὰρ οὖν, καὶ κατὰ δύναμίν γε οὕτω ποιητέον, b
τοιόνδε τι μεταθέοντας ἴχνος αὐτοῦ. καί μοι λέγε· τῶν οἰκετικῶν ὀνομάτων καλοῦμεν ἄττα που;

Θεαι: Καὶ πολλά· ἀτὰρ ποῖα δὴ τῶν πολλῶν πυνθάνῃ;

Ξε: Τὰ τοιάδε, οἷον διηθεῖν τε λέγομεν καὶ διαττᾶν καὶ βράττειν καὶ †διακρίνειν.†

Θεαι: Τί μήν;

Ξε: Καὶ πρός γε τούτοις ἔτι ξαίνειν, κατάγειν, κερκίζειν, καὶ μυρία ἐν ταῖς τέχναις ἄλλα τοιαῦτα ἐνόντα ἐπιστάμεθα. ἦ γάρ;

Θεαι: Τὸ ποῖον αὐτῶν πέρι βουληθεὶς δηλῶσαι παρα- c
δείγματα προθεὶς ταῦτα κατὰ πάντων ἤρου;

Ξε: Διαιρετικά που τὰ λεχθέντα εἴρηται σύμπαντα.

Hauswesen vernachlässigt, in der Art ihrer Rede aber bei der Menge der Zuhörer wenig Wohlgefallen erweckt, nicht anders genannt wird als Geschwätz.

Th: Das ist wohl der übliche Name dafür.

e F: Für das Gegenstück dazu, die sich aus dem Streitigkeiten im Privatleben Gewinn verschafft, versuche du nun deinerseits die Bezeichnung anzugeben.

Th: Dürfte man nicht auch diesmal fehlgehen, wenn man etwas anderes sagt, als daß dieser wundersame, von uns verfolgte Sophist wiederum, nun zum vierten Mal zum Vorschein kommt?

226 F: Nichts anderes als die einträgliche Art, wie es scheint, der eristischen Kunst, der des Wortwechsels, des Wortstreites, des Gefechtes, des Kampfes, des Erwerbs bezeichnet, wie jetzt wiederum die Rede verrät, den Sophisten.

Th: Durchaus.

13. F: Du siehst also, wie richtig es ist, hier von einem vielgestaltigen und wie es im Sprichwort heißt, nicht mit einer Hand zu fangenden Wild zu sprechen.

Th: Es gilt also, es mit beiden zu fassen.

b F: Ja gewiß, und wir müssen alles Können daran setzen, es zu erreichen, indem wir folgender Spur desselben nachgehen. Sage mir also: gibt es gewisse Bezeichnungen für häusliche Dienstverrichtungen?

Th: Und zwar viele. Aber nach welchen von den vielen fragst du?

F: Nach solchen, wie wir vom Durchseihen und Durchsieben und vom Worfeln und Auslesen sprechen.[25])

Th: Ach so.

F: Und außerdem weiter Krempeln, Spinnen, das Weberschiffchen Werfen und tausenderlei anderes Derartiges kennen wir, was bei den kunstvollen Tätigkeiten vorkommt. Nicht wahr?

c Th: Was wolltest du über sie klarmachen, wenn du sie als Beispiele nanntest und nach ihnen im Hinblick auf eine Gesamtheit fragtest?

F: All das Genannte ist doch wohl, was man Aussonderndes[26]) nennt?

Θεαι: Ναί.

Ξε: Κατὰ τὸν ἐμὸν τοίνυν λόγον ὡς περὶ ταῦτα μίαν οὖσαν ἐν ἅπασι τέχνην ἑνὸς ὀνόματος ἀξιώσομεν αὐτήν.

Θεαι: Τίνα προσειπόντες;

Ξε: Διακριτικήν.

Θεαι: Ἔστω.

Ξε: Σκόπει δὴ ταύτης αὖ δύο ἄν πη δυνώμεθα κατιδεῖν εἴδη.

Θεαι: Ταχεῖαν ὡς ἐμοὶ σκέψιν ἐπιτάττεις.

Ξε: Καὶ μὴν ἔν γε ταῖς εἰρημέναις διακρίσεσι τὸ μὲν d χεῖρον ἀπὸ βελτίονος ἀποχωρίζειν ἦν, τὸ δ' ὅμοιον ἀφ' ὁμοίου.

Θεαι: Σχεδὸν οὕτω νῦν λεχθὲν φαίνεται.

Ξε: Τῆς μὲν τοίνυν ὄνομα οὐκ ἔχω λεγόμενον· τῆς δὲ καταλειπούσης μὲν τὸ βέλτιον διακρίσεως, τὸ δὲ χεῖρον ἀποβαλλούσης ἔχω.

Θεαι: Λέγε τί.

Ξε: Πᾶσα ἡ τοιαύτη διάκρισις, ὡς ἐγὼ συννοῶ, λέγεται παρὰ πάντων καθαρμός τις.

Θεαι: Λέγεται γὰρ οὖν.

Ξε: Οὐκοῦν τό γε καθαρτικὸν εἶδος αὖ διπλοῦν ὂν πᾶς e ἂν ἴδοι;

Θεαι: Ναί, κατὰ σχολήν γε ἴσως· οὐ μὴν ἔγωγε καθορῶ νῦν.

Ξε: Καὶ μὴν τά γε περὶ τὰ σώματα πολλὰ εἴδη καθάρσεων ἑνὶ περιλαβεῖν ὀνόματι προσήκει.

Θεαι: Ποῖα καὶ τίνι;

Ξε: Τά τε τῶν ζῴων, ὅσα ἐντὸς σωμάτων ὑπὸ γυμναστικῆς ἰατρικῆς τε ὀρθῶς διακρινόμενα καθαίρεται καὶ περὶ 227 τἀκτός, εἰπεῖν μὲν φαῦλα, ὅσα βαλανευτικὴ παρέχεται· καὶ τῶν ἀψύχων σωμάτων, ὧν γναφευτικὴ καὶ σύμπασα κοσμητικὴ τὴν ἐπιμέλειαν παρεχομένη κατὰ σμικρὰ πολλὰ καὶ γελοῖα δοκοῦντα ὀνόματα ἔσχεν.

Θεαι: Μάλα γε.

Th: Ja.

F: Meiner Meinung nach werden wir, da in ihnen allen diesbezüglich eine Kunst steckt, diese auch eines Namens für wert halten.

Th: Welchen meinst du?

F: Sonderungskunst.

Th: Gut.

F: Schau also, ob wir von ihr wiederum irgendwie zwei Arten erblicken können.

Th: Einen schnellen Blick verlangst du von mir.

d F: Bei den genannten Sonderungen war doch die eine die Trennung des Schlechteren vom Besseren, die andere die des Gleichen vom Gleichen.

Th: Fast scheint es mir jetzt auch so.

F: Für die eine habe ich nun aber keinen gebräuchlichen Namen, für die andere aber, die das Bessere behält, das Schlechtere dagegen wegwirft, habe ich einen.

Th: Sage, welchen.

F: Alle derartige Sonderung wird, wie ich denke, von allen Reinigung genannt.

Th: Ja, so heißt sie.

e F: Sieht nun nicht ein jeder, daß die Reinigung wiederum zweifacher Art ist?

Th: Ja, wenn man reichlich Zeit hat, vielleicht; aber so im Augenblick kann ich wenigstens es nicht sehen.

14. F: Es kommt nun zunächst darauf an, die vielen Arten von Reinigungen im Bereich des Körperlichen in einem Namen zusammenzufassen.

Th: Welche Arten und mit welchem Namen?

F: Einerseits bei den Lebewesen, was bei ihren Kör-
227 pern innerlich durch Gymnastik und Heilkunst, durch richtige Aussonderung gereinigt wird, so wie äußerlich, was, kaum der Rede wert, die Badekunst leistet; andererseits bei den unbelebten Körpern all das, dessen sich die Walkerei und die ganze Schmuckkunst annimmt und ihren Kleinigkeiten entsprechend zahlreiche, lächerlich klingende Namen besitzt.

Th: Ja, in der Tat.

Ξε: Παντάπασι μὲν οὖν, ὦ Θεαίτητε. ἀλλὰ γὰρ τῇ τῶν λόγων μεθόδῳ σπογγιστικῆς ἢ φαρμακοποσίας οὐδὲν ἧττον οὐδέ τι μᾶλλον τυγχάνει μέλον εἰ τὸ μὲν σμικρά, τὸ δὲ μεγάλα ἡμᾶς ὠφελεῖ καθαῖρον. τοῦ κτήσασθαι γὰρ ἕνεκα νοῦν πασῶν τεχνῶν τὸ συγγενὲς καὶ τὸ μὴ συγγενὲς b
κατανοεῖν πειρωμένη τιμᾷ πρὸς τοῦτο ἐξ ἴσου πάσας, καὶ θάτερα τῶν ἑτέρων κατὰ τὴν ὁμοιότητα οὐδὲν ἡγεῖται γελοιότερα, σεμνότερον δέ τι τὸν διὰ στρατηγικῆς ἢ φθειριστικῆς δηλοῦντα θηρευτικὴν οὐδὲν νενόμικεν, ἀλλ' ὡς τὸ πολὺ χαυνότερον. καὶ δὴ καὶ νῦν, ὅπερ ἤρου, τί προσεροῦμεν ὄνομα συμπάσας δυνάμεις ὅσαι σῶμα εἴτε ἔμψυχον εἴτε ἄψυχον εἰλήχασι καθαίρειν, οὐδὲν αὐτῇ c
διοίσει ποῖόν τι λεχθὲν εὐπρεπέστατον εἶναι δόξει· μόνον ἐχέτω χωρὶς τῶν τῆς ψυχῆς καθάρσεων πάντα συνδῆσαν ὅσα ἄλλο τι καθαίρει. τὸν γὰρ περὶ τὴν διάνοιαν καθαρμὸν ἀπὸ τῶν ἄλλων ἐπικεχείρηκεν ἀφορίσασθαι τὰ νῦν, εἴ γε ὅπερ βούλεται μανθάνομεν.

Θεαι: Ἀλλὰ μεμάθηκα, καὶ συγχωρῶ δύο μὲν εἴδη καθάρσεως, ἓν δὲ τὸ περὶ τὴν ψυχὴν εἶδος εἶναι, τοῦ περὶ τὸ σῶμα χωρὶς ὄν.

Ξε: Πάντων κάλλιστα. καί μοι τὸ μετὰ τοῦτο ἐπάκουε πειρώμενος αὖ τὸ λεχθὲν διχῇ τέμνειν. d

Θεαι: Καθ' ὁποῖ' ἂν ὑφηγῇ πειράσομαί σοι συντέμνειν.

Ξε: Πονηρίαν ἕτερον ἀρετῆς ἐν ψυχῇ λέγομέν τι;

Θεαι: Πῶς γὰρ οὔ;

Ξε: Καὶ μὴν καθαρμός γ' ἦν τὸ λείπειν μὲν θάτερον, ἐκβάλλειν δὲ ὅσον ἂν ᾖ πού τι φλαῦρον.

Θεαι: Ἦν γὰρ οὖν.

Ξε: Καὶ ψυχῆς ἄρα, καθ' ὅσον ἂν εὑρίσκωμεν κακίας

F: Allerdings, Theaitet. Aber für das Verfahren der
Begriffserörterung steht das Waschen mit dem Schwamm
nicht tiefer und nicht höher als der Arzeneitrank, wenn
uns auch die eine Reinigung nur einen geringen, die andere
großen Nutzen bringt. Denn um Einsicht zu gewinnen,
b sucht sie von allen Künsten das Verwandte und Nichtver-
wandte zu erkennen, gibt zu dem Ende allen die gleiche
Ehre und erachtet rücksichtlich der Ähnlichkeit nicht das
eine für lächerlicher als das andere; ja, sie hält es nicht für
würdevoller, wenn einer die Jagdkunst lieber durch die
Feldherrnkunst erläutert als durch den Läusefang, son-
dern meistenteils nur für aufgeblasener. Und so wird es
ihr auch jetzt bei deiner Frage, welchen Namen wir allen
diesen Fertigkeiten geben sollen, die dazu da sind, einen
Körper, sei er beseelt oder unbeseelt, zu reinigen, über-
c haupt keinen Unterschied machen, welche Bezeichnung
am stattlichsten klingt; nur die allein soll einer festhalten,
welche abgesehen von den Reinigungen der Seele, alles
zusammenfaßt, was sonst irgendwas reinigt. Denn die
Reinigung im Bereich des Denkens von den anderen Rei-
nigungen abzusondern, hat sie sich im jetzigen Falle zur
Aufgabe gemacht, wenn wir ihre Absicht recht verstehen[27]).

Th: Ja, ich verstehe und gebe zwei Arten von Reinigung zu, davon die eine im Bereich der Seele, abgetrennt von der anderen im Bereich des Körperlichen.

F: Ganz vortrefflich. Folge mir denn nun auch weiter und versuche wiederum, das Gesagte in zwei Teile zu zerlegen.

Th: Nach deiner Anleitung will ich es versuchen und
d mit dir zusammen den Schnitt tun.

15. F: Wir bezeichnen doch die Schlechtigkeit in der Seele als verschieden von der Tugend?

Th: Selbstverständlich.

F: Nun hieß aber doch Reinigung, das eine zurückzubehalten, alles irgendwie Minderwertige aber herauszuwerfen.

Th: So war es.

F: Also auch bei der Seele werden wir, soweit wir ir-

ἀφαίρεσίν τινα, καθαρμὸν αὐτὸν λέγοντες ἐν μέλει φθεγξόμεθα.

Θεαι: Καὶ μάλα γε.

Ξε: Δύο μὲν εἴδη κακίας περὶ ψυχὴν ῥητέον.

Θεαι: Ποῖα;

Ξε: Τὸ μὲν οἷον νόσον ἐν σώματι, τὸ δ' οἷον αἶσχος 228
ἐγγιγνόμενον.

Θεαι: Οὐκ ἔμαθον.

Ξε: Νόσον ἴσως καὶ στάσιν οὐ ταὐτὸν νενόμικας;

Θεαι: Οὐδ' αὖ πρὸς τοῦτο ἔχω τί χρή με ἀποκρίνασθαι.

Ξε: Πότερον ἄλλο τι στάσιν ἡγούμενος ἢ τὴν τοῦ φύσει συγγενοῦς ἔκ τινος διαφθορᾶς διαφοράν;

Θεαι: Οὐδέν.

Ξε: Ἀλλ' αἶσχος ἄλλο τι πλὴν τὸ τῆς ἀμετρίας πανταχοῦ δυσειδὲς ἐνὸν γένος;

Θεαι: Οὐδαμῶς ἄλλο. b

Ξε: Τί δέ; ἐν ψυχῇ δόξας ἐπιθυμίαις καὶ θυμὸν ἡδοναῖς καὶ λόγον λύπαις καὶ πάντα ἀλλήλοις ταῦτα τῶν φλαύρως ἐχόντων οὐκ ᾐσθήμεθα διαφερόμενα;

Θεαι: Καὶ σφόδρα γε.

Ξε: Συγγενῆ γε μὴν ἐξ ἀνάγκης σύμπαντα γέγονεν.

Θεαι: Πῶς γὰρ οὔ;

Ξε: Στάσιν ἄρα καὶ νόσον τῆς ψυχῆς πονηρίαν λέγοντες ὀρθῶς ἐροῦμεν.

Θεαι: Ὀρθότατα μὲν οὖν.

Ξε: Τί δ'; ὅσ' ⟨ἂν⟩ κινήσεως μετασχόντα καὶ σκοπόν c
τινα θέμενα πειρώμενα τούτου τυγχάνειν καθ' ἑκάστην ὁρμὴν παράφορα αὐτοῦ γίγνηται καὶ ἀποτυγχάνῃ, πότερον αὐτὰ φήσομεν ὑπὸ συμμετρίας τῆς πρὸς ἄλληλα ἢ τοὐναντίον ὑπὸ ἀμετρίας αὐτὰ πάσχειν;

Θεαι: Δῆλον ὡς ὑπὸ ἀμετρίας.

gendeine Abtrennung des Bösen bei ihr wahrnehmen, mit der Bezeichnung der Reinigung das richtige Wort gefunden haben.

Th: Ganz gewiß.

F: Nun sind zwei Arten der Schlechtigkeit bei der Seele anzugeben.

Th: Welche?

28 F: Die eine kommt in ihr vor wie die Krankheit im Körper, die andere wie die Häßlichkeit[28]).

Th: Das habe ich nicht verstanden.

F: Krankheit und Aufruhr ist vielleicht in deinen Augen nicht dasselbe?

Th: Auch darauf weiß ich keine rechte Antwort zu geben.

F: Hältst du Aufruhr[29]) für etwas anderes als die Entzweiung des von Natur Verwandten durch irgendein Verderben?

Th: Nein.

F: Und Häßlichkeit für etwas anderes als das überall vorkommende ungestalte Geschlecht der Maßlosigkeit?

b Th: Nein, keineswegs.

F: Wie weiter? Sehen wir nicht, wie in der Seele Ansichten mit Wünschen, Entschlossenheit mit Lust, Überlegung mit Unlust und was sonst noch alles bei einer schlechten Verfassung miteinander im Widerstreit liegen?

Th: Und wie sehr!

F: Und doch ist dies alles notwendig untereinander verwandt.

Th: Ja, gewiß.

F: Wenn wir also Zwietracht und Krankheit als Verdorbenheit der Seele bezeichnen, so wird es damit seine Richtigkeit haben.

Th: Sehr wahr.

c F: Nun weiter. Alles, was mit Bewegung begabt ist und sich ein Ziel setzt und versucht, es zu erreichen, aber bei jedem Anlauf daneben gerät und es verfehlt, — werden wir von dem etwa sagen, daß ihm dies aufgrund einer gegenseitigen Wohlangemessenheit widerfahre oder nicht vielmehr im Gegenteil aufgrund eines fehlenden Maßes[30])?

Th: Offenbar aufgrund eines fehlenden Maßes.

Ξε: Ἀλλὰ μὴν ψυχήν γε ἴσμεν ἄκουσαν πᾶσαν πᾶν ἀγνοοῦσαν.

Θεαι: Σφόδρα γε.

Ξε: Τό γε μὴν ἀγνοεῖν ἐστιν ἐπ' ἀλήθειαν ὁρμωμένης ψυχῆς, παραφόρου συνέσεως γιγνομένης, οὐδὲν ἄλλο πλὴν d
παραφροσύνη.

Θεαι: Πάνυ μὲν οὖν.

Ξε: Ψυχὴν ἄρα ἀνόητον αἰσχρὰν καὶ ἄμετρον θετέον.

Θεαι: Ἔοικεν.

Ξε: Ἔστι δὴ δύο ταῦτα, ὡς φαίνεται, κακῶν ἐν αὐτῇ γένη, τὸ μὲν πονηρία καλούμενον ὑπὸ τῶν πολλῶν, νόσος αὐτῆς σαφέστατα ὄν.

Θεαι: Ναί.

Ξε: Τὸ δέ γε ἄγνοιαν μὲν καλοῦσι, κακίαν δὲ αὐτὸ ἐν ψυχῇ μόνον γιγνόμενον οὐκ ἐθέλουσιν ὁμολογεῖν.

Θεαι: Κομιδῇ συγχωρητέον, ὃ νυνδὴ λέξαντος ἠμφε- e
γνόησά σου, τὸ δύο εἶναι γένη κακίας ἐν ψυχῇ, καὶ δειλίαν μὲν καὶ ἀκολασίαν καὶ ἀδικίαν σύμπαντα ἡγητέον νόσον ἐν ἡμῖν, τὸ δὲ τῆς πολλῆς καὶ παντοδαπῆς ἀγνοίας πάθος αἶσχος θετέον.

Ξε: Οὐκοῦν ἔν γε σώματι περὶ δύο παθήματε τούτω δύο τέχνα τινὲ ἐγενέσθην;

Θεαι: Τίνε τούτω;

Ξε: Περὶ μὲν αἶσχος γυμναστική, περὶ δὲ νόσον ἰατρική. 229

Θεαι: Φαίνεσθον.

Ξε: Οὐκοῦν καὶ περὶ μὲν ὕβριν καὶ ἀδικίαν καὶ δειλίαν ἡ κολαστικὴ πέφυκε τεχνῶν μάλιστα δὴ πασῶν προσήκουσα Δίκῃ.

Θεαι: Τὸ γοῦν εἰκός, ὡς εἰπεῖν κατὰ τὴν ἀνθρωπίνην δόξαν.

Ξε: Τί δέ; περὶ σύμπασαν ἄγνοιαν μῶν ἄλλην τινὰ ἢ

F: Aber unwissend ist doch, wie wir wissen, jede Seele überhaupt nur unabsichtlich[31]).

Th: Gewiß.

F: Die Unwissenheit ist aber doch nichts anderes als ein
d Vorbeidenken der auf die Wahrheit sich hin bewegenden Seele, wenn die Einsicht vom Weg abkommt.

Th: Sicher.

F: Eine unverständige Seele ist daher als häßlich und des rechten Maßes entbehrend anzusehen.

Th: So scheint es.

F: Es gibt also, wie sich zeigt, zwei Arten von Schlechtigkeit in ihr: die eine, die von den meisten Verdorbenheit genannt wird und ganz offensichtlich eine Krankheit derselben ist.

Th: Ja.

F: Die andere nennen sie Unwissenheit, wollen aber nicht zugestehen, daß diese schon für sich allein in der Seele eine Schlechtigkeit sei.

e Th: Ich muß nun allerdings zugeben, worüber ich eben noch unschlüssig war, als du davon sprachst, daß es zwei Arten der Schlechtigkeit in der Seele gibt, und daß Feigheit, Zügellosigkeit und Ungerechtigkeit insgesamt als Krankheit in uns zu betrachten sind, daß aber der Zustand zahlreicher und mannigfacher Unwissenheit als Häßlichkeit aufzufassen ist[32]).

16. F: Gibt es nun nicht für den Körper diesen beiden Leiden entsprechend auch zwei Künste?

Th: Welche sind dies?

229 F: Für die Häßlichkeit die Gymnastik, für die Krankheit aber die Heilkunst.

Th: Offenbar.

F: Und ist nicht von Natur gegen Unbändigkeit und Ungerechtigkeit und Feigheit die Kunst der Bestrafung von allen Künsten der Gerechtigkeit am nächsten stehend[33])?

Th: Wahrscheinlich, wenigstens nach menschlichem Ermessen.

F: Und nun gegen die Unwissenheit insgesamt, kann

διδασκαλικὴν ὀρθότερον εἴποι τις ἄν;

Θεαι: Οὐδεμίαν.

Ξε: Φέρε δή· διδασκαλικῆς δὲ ἆρα ἓν μόνον γένος b
φατέον [εἶναι] ἢ πλείω, δύο δέ τινε αὐτῆς εἶναι μεγίστω; σκόπει.

Θεαι: Σκοπῶ.

Ξε: Καί μοι δοκοῦμεν τῇδε ἄν πῃ τάχιστα εὑρεῖν.

Θεαι: Πῇ;

Ξε: Τὴν ἄγνοιαν ἰδόντες εἴ πῃ κατὰ μέσον αὑτῆς τομὴν ἔχει τινά. διπλῆ γὰρ αὕτη γιγνομένη δῆλον ὅτι καὶ τὴν διδασκαλικὴν δύο ἀναγκάζει μόρια ἔχειν, ἓν ἐφ' ἑνὶ [γένει] τῶν αὑτῆς ἑκατέρῳ.

Θεαι: Τί οὖν; καταφανές πῄ σοι τὸ νῦν ζητούμενον;

Ξε: 'Αγνοίας γοῦν μέγα τί μοι δοκῶ καὶ χαλεπὸν ἀφω- c
ρισμένον ὁρᾶν εἶδος, πᾶσι τοῖς ἄλλοις αὐτῆς ἀντίσταθμον μέρεσιν.

Θεαι: Ποῖον δή;

Ξε: Τὸ μὴ κατειδότα τι δοκεῖν εἰδέναι· δι' οὗ κινδυνεύει πάντα ὅσα διανοίᾳ σφαλλόμεθα γίγνεσθαι πᾶσιν.

Θεαι: 'Αληθῆ.

Ξε: Καὶ δὴ καὶ τούτῳ γε οἶμαι μόνῳ τῆς ἀγνοίας ἀμαθίαν τοὔνομα προσρηθῆναι.

Θεαι: Πάνυ γε.

Ξε: Τί δὲ δὴ τῷ τῆς διδασκαλικῆς ἄρα μέρει τῷ τοῦτο ἀπαλλάττοντι λεκτέον;

Θεαι: Οἶμαι μὲν [οὖν], ὦ ξένε, τὸ μὲν ἄλλο δημιουρ- d
γικὰς διδασκαλίας, τοῦτο δὲ ἐνθάδε γε παιδείαν δι' ἡμῶν κεκλῆσθαι.

Ξε: Καὶ γὰρ σχεδόν, ὦ Θεαίτητε, ἐν πᾶσιν Ἕλλησιν. ἀλλὰ γὰρ ἡμῖν ἔτι καὶ τοῦτο σκεπτέον, ἆρ' ἄτομον ἤδη ἐστὶ πᾶν ἤ τινα ἔχον διαίρεσιν ἀξίαν ἐπωνυμίας.

Θεαι: Οὐκοῦν χρὴ σκοπεῖν.

man da mit Recht eine andere Kunst nennen als die der Belehrung?

Th: Nein, keine.

b F: Gut, weiter. Ist nun von der Kunst der Belehrung zu sagen, daß es eine Art von ihr gibt oder mehrere, zwei aber hauptsächlich? Überlege!

Th: Das tue ich.

F: Auf folgende Weise finden wir sie vielleicht am schnellsten.

Th: Auf welche?

F: Indem wir die Unwissenheit daraufhin ansehen, ob sie vielleicht in der Mitte einen Einschnitt enthält. Denn wenn sie eine zweifache ist, dann muß offensichtlich auch die Kunst der Belehrung zwei Teile haben, je einen für jeden Teil von ihr.

Th: Wie? Wird dir das von uns Gesuchte schon sichtbar?

c F: Ja, ich glaube von der Unwissenheit eine große und schwer abzugrenzende Art zu erkennen, die allen ihren anderen Teilen die Waage hält.

Th: Und welche wäre das?

F: Daß man, was man nicht weiß, zu wissen glaubt; denn darauf beruhen wohl unsere Irrwege im Nachdenken[34]).

Th: Das ist wahr.

F: Und diesem Teil der Unwissenheit allein ist meiner Meinung nach der Name Unverstand zuzusprechen.

Th: Ja, gewiß.

F: Welchen Namen also muß man dem Teil der Belehrungskunst geben, der davon befreit?

d Th: Ich glaube, alles andere, lieber Gast, ist handwerkliche Ausbildung, dieses aber wird, hier bei uns wenigstens, Erziehung genannt.

F: Auch sonst fast überall, wo Griechen sind, Theaitet. Doch müssen wir nun noch weiter darauf achten, ob es ein nicht weiter teilbares Ganzes ist oder noch eine Teilung zuläßt, die einer Bezeichnung wert ist.

Th: Ja, darauf müssen wir achten.

Ξε: Δοκεῖ τοίνυν μοι καὶ τοῦτο ἔτι πῃ σχίζεσθαι.

Θεαι: Κατὰ τί;

Ξε: Τῆς ἐν τοῖς λόγοις διδασκαλικῆς ἡ μὲν τραχυτέρα e
τις ἔοικεν ὁδὸς εἶναι, τὸ δ' ἕτερον αὐτῆς μόριον λειότερον.

Θεαι: Τὸ ποῖον δὴ τούτων ἑκάτερον λέγομεν;

Ξε: Τὸ μὲν ἀρχαιοπρεπές τι πάτριον, ᾧ πρὸς τοὺς ὑεῖς
μάλιστ' ἐχρῶντό τε καὶ ἔτι πολλοὶ χρῶνται τὰ νῦν, ὅταν
αὐτοῖς ἐξαμαρτάνωσί τι, τὰ μὲν χαλεπαίνοντες, τὰ δὲ 230
μαλθακωτέρως παραμυθούμενοι· τὸ δ' οὖν σύμπαν αὐτὸ ὀρθότατα εἴποι τις ἂν νουθετητικήν.

Θεαι: Ἔστιν οὕτως.

Ξε: Τὸ δέ γε, εἴξασί τινες αὖ λόγον ἑαυτοῖς δόντες ἡγήσασθαι πᾶσαν ἀκούσιον ἀμαθίαν εἶναι, καὶ μαθεῖν οὐδέν ποτ' ἂν ἐθέλειν τὸν οἰόμενον εἶναι σοφὸν τούτων ὧν οἴοιτο πέρι δεινὸς εἶναι, μετὰ δὲ πολλοῦ πόνου τὸ νουθετητικὸν εἶδος τῆς παιδείας σμικρὸν ἀνύτειν.

Θεαι: Ὀρθῶς γε νομίζοντες.

Ξε: Τῷ τοι ταύτης τῆς δόξης ἐπὶ ἐκβολὴν ἄλλῳ τρόπῳ b
στέλλονται.

Θεαι: Τίνι δή;

Ξε: Διερωτῶσιν ὧν ἂν οἴηταί τίς τι πέρι λέγειν λέγων μηδέν· εἶθ' ἅτε πλανωμένων τὰς δόξας ῥᾳδίως ἐξετάζουσι, καὶ συνάγοντες δὴ τοῖς λόγοις εἰς ταὐτὸν τιθέασι παρ' ἀλλήλας, τιθέντες δὲ ἐπιδεικνύουσιν αὐτὰς αὑταῖς ἅμα περὶ τῶν αὐτῶν πρὸς τὰ αὐτὰ κατὰ ταὐτὰ ἐναντίας. οἱ δ' ὁρῶντες ἑαυτοῖς μὲν χαλεπαίνουσι, πρὸς δὲ τοὺς ἄλλους
ἡμεροῦνται, καὶ τούτῳ δὴ τῷ τρόπῳ τῶν περὶ αὑτοὺς c
μεγάλων καὶ σκληρῶν δοξῶν ἀπαλλάττονται πασῶν [τε] ἀπαλλαγῶν ἀκούειν τε ἡδίστην καὶ τῷ πάσχοντι βεβαιό-

17. F: Mir scheint jetzt auch dies noch irgendwie gespalten zu sein.

Th: In welcher Hinsicht?

e F: Bei der durch Worte belehrenden Kunst scheint der eine Weg rauher zu sein, die andere Seite weniger uneben.

Th: Wie wollen wir nun einen jeden der beiden nennen?

F: Das eine ist die altehrwürdige, väterliche Art, die sie gegen die Söhne vorzüglich anwandten und viele auch noch heute anwenden, wenn diese ihnen etwas nicht
230 recht machen; teils lassen sie diese hart an, teils reden sie ihnen mit größerer Nachsicht zu. Dies kann man wohl insgesamt am richtigsten als Kunst der Ermahnung bezeichnen.

Th: Richtig so.

F: Über den anderen Teil aber scheinen einige nach reiflicher Prüfung zu der Überzeugung gelangt zu sein, alle Unvernunft sei unbeabsichtigt, und wer sich einbilde, weise zu sein, der habe wenig Lust, da noch etwas zu lernen, wo er sich für stark halte, und auch mit viel Mühe richte die ermahnende Art der Erziehung nur sehr wenig aus.

Th: Und diese Überzeugung ist auch sehr berechtigt.

b F: Um jene Einbildung auszutreiben, gehen sie daher auf andere Weise vor.

Th: Auf was für eine denn?

F: Indem sie ihre Fragen stellen da, wo einer glaubt etwas Rechtes zu sagen, dabei aber nur in den Tag hinein redet. Dabei wird es ihnen nicht schwer, das Schwankende solcher Ansichten zu durchschauen, die sie durch ihre Begriffserörterung auf ein und dasselbe hinführen und unmittelbar einander gegenüberstellen. Indem sie diese so nebeneinanderstellen, gelingt es ihnen zu zeigen, daß diese zugleich auf dasselbe bezogen, in ein und derselben Hinsicht und Entsprechung miteinander in Widerspruch stehen. Wenn jene das sehen, werden sie zwar wütend über sich selbst, gegen die anderen aber ganz zahm, und
c auf diese Weise werden sie von den großen und hartnäckigen Einbildungen über sich selbst befreit, von allen Befreiungen die angenehmste zu vernehmen und für den,

τατα γιγνομένην. νομίζοντες γάρ, ὦ παῖ φίλε, οἱ καθαί-
ροντες αὐτούς, ὥσπερ οἱ περὶ τὰ σώματα ἰατροὶ νενομίκασι
μὴ πρότερον ἂν τῆς προσφερομένης τροφῆς ἀπολαύειν
δύνασθαι σῶμα, πρὶν ἂν τὰ ἐμποδίζοντα ἐντός τις ἐκβάλῃ,
ταὐτὸν καὶ περὶ ψυχῆς διενοήθησαν ἐκεῖνοι, μὴ πρότερον
αὐτὴν ἕξειν τῶν προσφερομένων μαθημάτων ὄνησιν, πρὶν
ἂν ἐλέγχων τις τὸν ἐλεγχόμενον εἰς αἰσχύνην καταστήσας, d
τὰς τοῖς μαθήμασιν ἐμποδίους δόξας ἐξελών, καθαρὸν
ἀποφήνῃ καὶ ταῦτα ἡγούμενον ἅπερ οἶδεν εἰδέναι μόνα,
πλείω δὲ μή.

Θεαι: Βελτίστη γοῦν καὶ σωφρονεστάτη τῶν ἕξεων
αὕτη.

Ξε: Διὰ ταῦτα δὴ πάντα ἡμῖν, ὦ Θεαίτητε, καὶ τὸν
ἔλεγχον λεκτέον ὡς ἄρα μεγίστη καὶ κυριωτάτη τῶν καθάρ-
σεών ἐστι, καὶ τὸν ἀνέλεγκτον αὖ νομιστέον, ἂν καὶ
τυγχάνῃ βασιλεὺς ὁ μέγας ὤν, τὰ μέγιστα ἀκάθαρτον e
ὄντα, ἀπαίδευτόν τε καὶ αἰσχρὸν γεγονέναι ταῦτα ἃ
καθαρώτατον καὶ κάλλιστον ἔπρεπε τὸν ὄντως ἐσόμενον
εὐδαίμονα εἶναι.

Θεαι: Παντάπασι μὲν οὖν.

Ξε: Τί δέ; τοὺς ταύτῃ χρωμένους τῇ τέχνῃ τίνας
φήσομεν; ἐγὼ μὲν γὰρ φοβοῦμαι σοφιστὰς φάναι. 231

Θεαι: Τί δή;

Ξε: Μὴ μεῖζον αὐτοῖς προσάπτωμεν γέρας.

Θεαι: Ἀλλὰ μὴν προσέοικέ γε τοιούτῳ τινὶ τὰ νῦν
εἰρημένα.

Ξε: Καὶ γὰρ κυνὶ λύκος, ἀγριώτατον ἡμερωτάτῳ. τὸν
δὲ ἀσφαλῆ δεῖ πάντων μάλιστα περὶ τὰς ὁμοιότητας ἀεὶ
ποιεῖσθαι τὴν φυλακήν· ὀλισθηρότατον γὰρ τὸ γένος. ὅμως
δὲ ἔστω· οὐ γὰρ περὶ σμικρῶν ὅρων τὴν ἀμφισβήτησιν b
οἴομαι γενήσεσθαι τότε ὁπόταν ἱκανῶς φυλάττωσιν.

Θεαι: Οὔκουν τό γε εἰκός.

der sie an sich erfährt, die beständigste. Denn diejenigen, welche die Reinigung an ihnen vornehmen, mein Bester, denken darüber geradeso wie die Ärzte des Leibes; wie diese nämlich überzeugt sind, der Körper könne nicht eher die ihm gereichte Nahrung mit Nutzen in sich aufnehmen, bis man das Störende weggeräumt habe, so denken auch jene von der Seele, daß diese nicht eher Nutzen
d haben werde von dem ihr gereichten Wissen, bis der Prüfer den Prüfling beschämt habe, indem er die dem Wissen im Wege stehenden Einbildungen beseitige und ihn gereinigt erscheinen lasse, als einen, der nur das zu wissen glaubt, was er weiß, mehr aber nicht[35]).

Th: Ja, das ist wohl die beste und besonnenste Verhaltensweise.

F: Wegen alledem müssen wir auch von der prüfenden Widerlegung sagen, daß sie die höchste und vornehmste
e Reinigung ist, andererseits müssen wir den Ungeprüften, mag er auch der Großkönig selbst sein, da er der höchsten Reinigung entbehrt, für ungebildet und häßlich ansehen da, wo am reinsten und schönsten sein muß, wer wahrhaft glücklich sein will.

Th: Ganz gewiß.

18. F: Wie aber nun? Welche Leute sind das, die
231 sich dieser Kunst bedienen? Denn ich habe Angst, sie Sophisten zu nennen.

Th: Warum denn?

F: Wir wollen diesen nicht allzu große Ehre antun.

Th: Aber einem solchen scheint doch das jetzt Gesagte sehr ähnlich.

F: Ja. Ähnlichkeit hat auch der Wolf mit dem Hund, mit dem zahmsten das wildeste Tier. Wer aber sicher gehen will, der muß vor allem vor Ähnlichkeiten auf der Hut sein; denn das ist eine besonders schlüpfrige Gattung[36]). Gleichwohl mag er es sein; denn über die kleinen
b Unterschiede wird sich bei genügender Vorsicht kein Streit ergeben, glaube ich.

Th: Nein, das ist nicht wahrscheinlich.

Ξε: Ἔστω δὴ διακριτικῆς τέχνης καθαρτική, καθαρτικῆς δὲ τὸ περὶ ψυχὴν μέρος ἀφωρίσθω, τούτου δὲ διδασκαλική, διδασκαλικῆς δὲ παιδευτική· τῆς δὲ παιδευτικῆς ὁ περὶ τὴν μάταιον δοξοσοφίαν γιγνόμενος ἔλεγχος ἐν τῷ νῦν λόγῳ παραφανέντι μηδὲν ἄλλ' ἡμῖν εἶναι λεγέσθω πλὴν ἡ γένει γενναία σοφιστική.

Θεαι: Λεγέσθω μέν· ἀπορῶ δὲ ἔγωγε ἤδη διὰ τὸ πολλὰ πεφάνθαι, τί χρή ποτε ὡς ἀληθῆ λέγοντα καὶ διισχυριζόμενον εἰπεῖν ὄντως εἶναι τὸν σοφιστήν. c

Ξε: Εἰκότως γε σὺ ἀπορῶν. ἀλλά τοι κἀκεῖνον ἡγεῖσθαι χρὴ νῦν ἤδη σφόδρα ἀπορεῖν ὅπῃ ποτὲ ἔτι διαδύσεται τὸν λόγον· ὀρθὴ γὰρ ἡ παροιμία, τὸ τὰς ἁπάσας μὴ ῥᾴδιον εἶναι διαφεύγειν. νῦν οὖν καὶ μάλιστα ἐπιθετέον αὐτῷ.

Θεαι: Καλῶς λέγεις.

Ξε: Πρῶτον δὴ στάντες οἷον ἐξαναπνεύσωμεν, καὶ πρὸς ἡμᾶς αὐτοὺς διαλογισώμεθα ἅμα ἀναπαυόμενοι, φέρε, d ὁπόσα ἡμῖν ὁ σοφιστὴς πέφανται. δοκῶ μὲν γάρ, τὸ πρῶτον ηὑρέθη νέων καὶ πλουσίων ἔμμισθος θηρευτής.

Θεαι: Ναί.

Ξε: Τὸ δέ γε δεύτερον ἔμπορός τις περὶ τὰ τῆς ψυχῆς μαθήματα.

Θεαι: Πάνυ γε.

Ξε: Τρίτον δὲ ἆρα οὐ περὶ αὐτὰ ταῦτα κάπηλος ἀνεφάνη;

Θεαι: Ναί, καὶ τέταρτόν γε αὐτοπώλης περὶ τὰ μαθήματα ἡμῖν ⟨ἦν⟩.

Ξε: Ὀρθῶς ἐμνημόνευσας. πέμπτον δ' ἐγὼ πειράσομαι μνημονεύειν· τῆς γὰρ ἀγωνιστικῆς περὶ λόγους ἦν τις e ἀθλητής, τὴν ἐριστικὴν τέχνην ἀφωρισμένος.

Θεαι: Ἦν γὰρ οὖν.

Ξε: Τό γε μὴν ἕκτον ἀμφισβητήσιμον μέν, ὅμως δ'

F: Es sei also von der Kunst der Aussonderung die Reinigungskunst, von der Reinigungskunst der Teil, der die Seele betrifft, abgetrennt, von diesem die Kunst der Belehrung, von der der Belehrung die der Erziehung; von der Erziehungskunst aber soll uns die gegen die törichte Scheinweisheit gerichtete Prüfung in der jetzt zutage getretenen Begriffsbestimmung nichts anderes sein als die Sophistik aus edlem Geschlecht.

Th: Gut, so soll sie bestimmt sein. Doch weiß ich nun
c gar nicht, angesichts der vielen Gestalten, in denen sich
der Sophist gezeigt hat, wie man nun wahrhaft bestimmen
und bezeichnen soll, was er tatsächlich ist.

F: Deine Verlegenheit ist ganz natürlich. Aber auch von ihm muß man annehmen, daß er jetzt in größter Verlegenheit ist, wie er noch dem Begriff sich entziehen kann. Denn recht hat das Sprichwort: Allen zu entgehen, ist schwer. Jetzt gilt es also, ihm erst recht zuzusetzen.

Th: Recht so.

19. F: Erst laß uns denn ein wenig stehenbleiben, um
d gleichsam Atem zu schöpfen, und laß uns, damit wir uns
zugleich erholen, miteinander besprechen, in wie vielen
Gestalten sich uns der Sophist gezeigt hat. Denn irre ich
nicht, so erwies er sich zuerst als gewinnsuchender Jäger
auf reiche junge Leute.

Th: Ja.

F: Zweitens aber als Großhändler für Wissensschätze der Seele.

Th: Ja, gewiß.

F: Erschien er uns aber nicht drittens in bezug auf dasselbe als Kleinhändler?

Th: Ja, und viertens war er uns ein Selbstverkäufer seines Wissens.

F: Recht erinnert. Das fünfte aber will ich versuchen
e in Erinnerung zu bringen: Er war doch ein Kämpfer im
Streit der Reden, der sich die eristische Kunst als sein
Teil bestimmt hatte.

Th: So war es.

F: Die sechste Bestimmung[37]) aber war umstritten,

ἔθεμεν αὐτῷ συγχωρήσαντες δοξῶν ἐμποδίων μαθήμασιν περὶ ψυχὴν καθαρτὴν αὐτὸν εἶναι.

Θεαι: Παντάπασι μὲν οὖν.

Ξε: Ἆρ' οὖν ἐννοεῖς, ὅταν ἐπιστήμων τις πολλῶν φαί- 23
νηται, μιᾶς δὲ τέχνης ὀνόματι προσαγορεύηται, τὸ φάντασμα τοῦτο ὡς οὐκ ἔσθ' ὑγιές, ἀλλὰ δῆλον ὡς ὁ πάσχων αὐτὸ πρός τινα τέχνην οὐ δύναται κατιδεῖν ἐκεῖνο αὐτῆς εἰς ὃ πάντα τὰ μαθήματα ταῦτα βλέπει, διὸ καὶ πολλοῖς ὀνόμασιν ἀνθ' ἑνὸς τὸν ἔχοντα αὐτὰ προσαγορεύει;

Θεαι: Κινδυνεύει τοῦτο ταύτῃ πῃ μάλιστα πεφυκέναι.

Ξε: Μὴ τοίνυν ἡμεῖς γε αὐτὸ ἐν τῇ ζητήσει δι' ἀργίαν b
πάσχωμεν, ἀλλ' ἀναλάβωμεν ⟨ἓν⟩ πρῶτον τῶν περὶ τὸν σοφιστὴν εἰρημένων. ἓν γάρ τί μοι μάλιστα κατεφάνη αὐτὸν μηνῦον.

Θεαι: Τὸ ποῖον;

Ξε: Ἀντιλογικὸν αὐτὸν ἔφαμεν εἶναί που.

Θεαι: Ναί.

Ξε: Τί δ'; οὐ καὶ τῶν ἄλλων αὐτοῦ τούτου διδάσκαλον γίγνεσθαι;

Θεαι: Τί μήν;

Ξε: Σκοπῶμεν δή, περὶ τίνος ἄρα καί φασιν οἱ τοιοῦτοι ποιεῖν ἀντιλογικούς. ἡ δὲ σκέψις ἡμῖν ἐξ ἀρχῆς ἔστω τῇδέ
πῃ. φέρε, περὶ τῶν θείων, ὅσ' ἀφανῆ τοῖς πολλοῖς, ἆρ' c
ἱκανοὺς ποιοῦσι τοῦτο δρᾶν;

Θεαι: Λέγεται γοῦν δὴ περὶ αὐτῶν ταῦτα.

Ξε: Τί δ' ὅσα φανερὰ γῆς τε καὶ οὐρανοῦ καὶ τῶν περὶ τὰ τοιαῦτα;

Θεαι: Τί γάρ;

Ξε: Ἀλλὰ μὴν ἔν γε ταῖς ἰδίαις συνουσίαις, ὁπόταν γενέσεώς τε καὶ οὐσίας πέρι κατὰ πάντων λέγηταί τι,

doch haben wir ihm einiges zugute gehalten und gesetzt, daß er ein Reiniger ist von Ansichten, die dem Wissen in der Seele im Wege stehen.

Th: Ganz gewiß.

232 F: Merkst du nun wohl, daß, wenn einer sich vieler Dinge kundig zeigt, dabei aber durch den Namen einer Kunst benannt wird, dies geradezu eine ungesunde Erscheinung ist? Vielmehr ist doch klar, daß der, dem dies bei irgendeiner Kunst widerfährt, nicht das an ihr zu sehen imstande ist, worauf all dieses Wissen hinzielt, weshalb er denn auch den, der sie besitzt, statt mit einem mit vielen Namen bezeichnet.

Th: So scheinen die Dinge ganz besonders hierbei zu liegen.

b 20. F: Hüten wir uns also, daß uns bei unserer Untersuchung nicht etwa aus Trägheit dasselbe widerfahre, sondern laß uns wieder aufnehmen, was wir in Beziehung auf den Sophisten zuerst gesagt haben. Denn das eine schien mir für ihn besonders bezeichnend.

Th: Was denn?

F: Wir nannten ihn doch einen Meister im Widerspruch[38]).

Th: Ja.

F: Ferner aber: behaupteten wir nicht, daß er auch für andere ein Lehrer dessen sei?

Th: Ja, allerdings.

F: Sehen wir also zu, worin denn zu Widerspruchskünstlern zu bilden sie behaupten. Die Betrachtung soll
c uns aber ungefähr folgenden Anfang nehmen: nun, in Beziehung auf die göttlichen Dinge, die der Menge verborgen sind, machen sie da die anderen fähig zu widersprechen?

Th: Es wird wenigstens von ihnen behauptet.

F: Und in Beziehung auf das, was sichtbar ist auf der Erde und am Himmel und dergleichen?

Th: Auch da.

F: Aber nun in ihren privaten Zusammenkünften, wenn über Werden und Sein im allgemeinen gesprochen

σύνισμεν ὡς αὐτοί τε ἀντειπεῖν δεινοὶ τούς τε ἄλλους ὅτι
ποιοῦσιν ἅπερ αὐτοὶ δυνατούς;

Θεαι: Παντάπασί γε.

Ξε: Τί δ' αὖ περὶ νόμων καὶ συμπάντων τῶν πολιτικῶν, d
ἆρ' οὐχ ὑπισχνοῦνται ποιεῖν ἀμφισβητητικούς;

Θεαι: Οὐδεὶς γὰρ ἂν αὐτοῖς ὡς ἔπος εἰπεῖν διελέγετο
μὴ τοῦτο ὑπισχνουμένοις.

Ξε: Τά γε μὴν περὶ πασῶν τε καὶ κατὰ μίαν ἑκάστην
τέχνην, ἃ δεῖ πρὸς ἕκαστον αὐτὸν τὸν δημιουργὸν ἀντειπεῖν,
δεδημοσιωμένα που καταβέβληται γεγραμμένα τῷ βουλο-
μένῳ μαθεῖν.

Θεαι: Τὰ Πρωταγόρειά μοι φαίνῃ περί τε πάλης καὶ
τῶν ἄλλων τεχνῶν εἰρηκέναι. e

Ξε: Καὶ πολλῶν γε, ὦ μακάριε, ἑτέρων. ἀτὰρ δὴ τὸ
τῆς ἀντιλογικῆς τέχνης ἆρ' οὐκ ἐν κεφαλαίῳ περὶ πάντων
πρὸς ἀμφισβήτησιν ἱκανή τις δύναμις ἔοικ' εἶναι;

Θεαι: Φαίνεται γοῦν δὴ σχεδὸν οὐδὲν ὑπολιπεῖν.

Ξε: Σὺ δὴ πρὸς θεῶν, ὦ παῖ, δυνατὸν ἡγῇ τοῦτο; τάχα
γὰρ ἂν ὑμεῖς μὲν ὀξύτερον οἱ νέοι πρὸς αὐτὸ βλέποιτε,
ἡμεῖς δὲ ἀμβλύτερον.

Θεαι: Τὸ ποῖον, καὶ πρὸς τί μάλιστα λέγεις; οὐ γάρ που 233
κατανοῶ τὸ νῦν ἐρωτώμενον.

Ξε: Εἰ πάντα ἐπίστασθαί τινα ἀνθρώπων ἐστὶ δυνατόν.

Θεαι: Μακάριον μεντἂν ἡμῶν, ὦ ξένε, ἦν τὸ γένος.

Ξε: Πῶς οὖν ἄν ποτέ τις πρός γε τὸν ἐπιστάμενον αὐτὸς
ἀνεπιστήμων ὢν δύναιτ' ἂν ὑγιές τι λέγων ἀντειπεῖν;

Θεαι: Οὐδαμῶς.

Ξε: Τί ποτ' οὖν ἂν εἴη τὸ τῆς σοφιστικῆς δυνάμεως
θαῦμα;

Θεαι: Τοῦ δὴ πέρι;

Ξε: Καθ' ὄντινα τρόπον ποτὲ δυνατοὶ τοῖς νέοις δόξαν b
παρασκευάζειν ὡς εἰσὶ πάντα πάντων αὐτοὶ σοφώτατοι.

wird, wissen sie auch da, selbst schlagfertig im Widerspruch, den anderen ihr eigenes Können beizubringen[39]?

Th: Zweifellos.

d F: Weiter aber, in Beziehung auf Gesetze und politische Angelegenheiten insgesamt, versprechen sie da nicht auch in der Kunst des Bestreitens Könner heranzubilden?

Th: Wenn sie das nicht versprächen, würde sich kein Mensch, um es direkt zu sagen, in eine Unterhaltung mit ihnen einlassen.

F: Was aber in allem Wissen und bei jeder einzelnen Kunst der Meister hier gegen jeden einwenden kann, das liegt doch in Buchform der Öffentlichkeit vor, und jeder, der Lust hat, kann sich darüber belehren.

Th: Damit spielst du wohl auf die Sachen des Protago-
e ras über die Ringkunst und die anderen Künste an.

F: Und auf die von vielen anderen, mein Bester. Aber scheint demnach die Widerspruchskunst nicht in der Hauptsache eine hinreichend starke Macht gegen jeden Einwand auf allen Gebieten?

Th: Wenigstens wüßte ich kaum etwas, was ihr entginge.

F: Und du, mein Sohn, bei den Göttern, hältst das für möglich? Nun, ihr jungen Leute habt vielleicht dafür schärfere Augen, die unsrigen sind wohl zu unempfindlich dafür.

233 Th: Was und wofür meinst du? Wonach du jetzt fragst, verstehe ich nicht.

F: Nun, ob ein Mensch imstande ist, alles zu wissen[40].

Th: Wahrhaftig, lieber Gast, da wäre ja unser Geschlecht selig zu preisen.

F: Wie kann also dann einer, der selbst unkundig ist, gegen den Sachverständigen irgendeinen gesunden Einwand vorbringen?

Th: Auf keinen Fall.

F: Warum herrscht dann eigentlich ein solches Staunen über das sophistische Können?

Th: Worüber?

b F: Auf welche Weise es ihnen gelingt, bei den jungen Leuten die Ansicht zu erwecken, daß sie, die Sophisten,

δῆλον γὰρ ὡς εἰ μήτε ἀντέλεγον ὀρθῶς μήτε ἐκείνοις ἐφαίνοντο, φαινόμενοί τε εἰ μηδὲν αὖ μᾶλλον ἐδόκουν διὰ τὴν ἀμφισβήτησιν εἶναι φρόνιμοι, τὸ σὸν δὴ τοῦτο, σχολῇ ποτ' ἂν αὐτοῖς τις χρήματα διδοὺς ἤθελεν ἂν τούτων αὐτῶν μαθητὴς γίγνεσθαι.

Θεαι: Σχολῇ μεντἄν.

Ξε: Νῦν δέ γ' ἐθέλουσιν;

Θεαι: Καὶ μάλα.

Ξε: Δοκοῦσι γὰρ οἶμαι πρὸς ταῦτα ἐπιστημόνως ἔχειν c
αὐτοὶ πρὸς ἅπερ ἀντιλέγουσιν.

Θεαι: Πῶς γὰρ οὔ;

Ξε: Δρῶσι δέ γε τοῦτο πρὸς ἅπαντα, φαμέν;

Θεαι: Ναί.

Ξε: Πάντα ἄρα σοφοὶ τοῖς μαθηταῖς φαίνονται.

Θεαι: Τί μήν;

Ξε: Οὐκ ὄντες γε· ἀδύνατον γὰρ τοῦτό γε ἐφάνη.

Θεαι: Πῶς γὰρ οὐκ ἀδύνατον;

Ξε: Δοξαστικὴν ἄρα τινὰ περὶ πάντων ἐπιστήμην ὁ σοφιστὴς ἡμῖν ἀλλ' οὐκ ἀλήθειαν ἔχων ἀναπέφανται.

Θεαι: Παντάπασι μὲν οὖν, καὶ κινδυνεύει γε τὸ νῦν d
εἰρημένον ὀρθότατα περὶ αὐτῶν εἰρῆσθαι.

Ξε: Λάβωμεν τοίνυν σαφέστερόν τι παράδειγμα περὶ τούτων.

Θεαι: Τὸ ποῖον δή;

Ξε: Τόδε. καί μοι πειρῶ προσέχων τὸν νοῦν εὖ μάλα ἀποκρίνασθαι.

Θεαι: Τὸ ποῖον;

Ξε: Εἴ τις φαίη μὴ λέγειν μηδ' ἀντιλέγειν, ἀλλὰ ποιεῖν καὶ δρᾶν μιᾷ τέχνῃ συνάπαντα ἐπίστασθαι πράγματα —

Θεαι: Πῶς πάντα εἶπες; e

Ξε: Τὴν ἀρχὴν τοῦ ῥηθέντος σύ γ' ἡμῖν εὐθὺς ἀγνοεῖς· τὰ γὰρ σύμπαντα, ὡς ἔοικας, οὐ μανθάνεις.

in allem am meisten wüßten. Denn so viel ist doch klar: wenn sie weder richtige Einwände machten, noch diesen Schein hervorriefen oder aber trotz dieses Scheines durch ihren Einwand um nichts für vernünftiger angesehen würden, dann wäre wohl, ganz deiner Meinung entsprechend, kaum jemand bereit, ihnen Honorar zu zahlen, um so etwas bei ihnen zu lernen.

Th: Allerdings kaum.

F: Nun sind die Leute aber bereit?

Th: Ja, allerdings.

c F: Wie ich glaube wohl deswegen, weil jene davon etwas zu verstehen scheinen, worin sie widersprechen.

Th: Ohne Zweifel.

F: Gegenüber allem aber, behaupten wir, tun sie das?

Th: Ja.

F: In allem erscheinen sie also ihren Schülern als wissend?

Th: Ja, gewiß.

F: Und dabei sind sie es gar nicht. Denn das hatte sich als unmöglich gezeigt[41]).

21. Th: Ja, ganz unmöglich.

F: Ein Scheinwissen in allem, nicht aber die Wahrheit zu besitzen, hat sich uns jetzt der Sophist gezeigt.

d Th: Unzweifelhaft. Und was jetzt darüber gesagt wurde, ist wohl am richtigsten.

F: Nehmen wir uns doch im Hinblick darauf ein deutlicheres Beispiel.

Th: Was für eins?

F: Folgendes. Sei aber ganz bei der Sache und versuche gut zu antworten.

Th: Also, was für eines?

F: Wenn einer behauptete, alles insgesamt nicht etwa bloß darüber zu reden oder dagegen, sondern es durch eine Kunst herzustellen und zu machen, verstehe er.

e Th: Wie meinst du dieses alles?

F: Gleich den Anfang der Behauptung begreifst du wohl nicht. Denn das „alles insgesamt“ verstehst du anscheinend nicht.

Θεαι: Οὐ γὰρ οὖν.

Ξε: Λέγω τοίνυν σὲ καὶ ἐμὲ τῶν πάντων καὶ πρὸς ἡμῖν τἆλλα ζῷα καὶ δένδρα.

Θεαι: Πῶς λέγεις;

Ξε: Εἴ τις ἐμὲ καὶ σὲ καὶ τἆλλα φυτὰ πάντα ποιήσειν φαίη —

Θεαι: Τίνα δὴ λέγων τὴν ποίησιν; οὐ γὰρ δὴ γεωργόν 234
γε ἐρεῖς τινα· καὶ γὰρ ζῴων αὐτὸν εἶπες ποιητήν.

Ξε: Φημί, καὶ πρός γε θαλάττης καὶ γῆς καὶ οὐρανοῦ καὶ θεῶν καὶ τῶν ἄλλων συμπάντων· καὶ τοίνυν καὶ ταχὺ ποιήσας αὐτῶν ἕκαστα πάνυ σμικροῦ νομίσματος ἀποδίδοται.

Θεαι: Παιδιὰν λέγεις τινά.

Ξε: Τί δέ; τὴν τοῦ λέγοντος ὅτι πάντα οἶδε καὶ ταῦτα ἕτερον ἂν διδάξειεν ὀλίγου καὶ ἐν ὀλίγῳ χρόνῳ, μῶν οὐ παιδιὰν νομιστέον;

Θεαι: Πάντως που.

Ξε: Παιδιᾶς δὲ ἔχεις ἤ τι τεχνικώτερον ἢ καὶ χαριέστε- b
ρον εἶδος ἢ τὸ μιμητικόν;

Θεαι: Οὐδαμῶς· πάμπολυ γὰρ εἴρηκας εἶδος εἰς ἓν πάντα συλλαβὼν καὶ σχεδὸν ποικιλώτατον.

Ξε: Οὐκοῦν τόν γ' ὑπισχνούμενον δυνατὸν εἶναι μιᾷ τέχνῃ πάντα ποιεῖν γιγνώσκομέν που τοῦτο, ὅτι μιμήματα καὶ ὁμώνυμα τῶν ὄντων ἀπεργαζόμενος τῇ γραφικῇ τέχνῃ δυνατὸς ἔσται τοὺς ἀνοήτους τῶν νέων παίδων, πόρρωθεν τὰ γεγραμμένα ἐπιδεικνύς, λανθάνειν ὡς ὅτιπερ ἂν βουληθῇ δρᾶν, τοῦτο ἱκανώτατος ὢν ἀποτελεῖν ἔργῳ.

Θεαι: Πῶς γὰρ οὔ; c

Ξε: Τί δὲ δή; περὶ τοὺς λόγους ἆρ' οὐ προσδοκῶμεν εἶναί τινα ἄλλην τέχνην, ᾗ αὖ δυνατὸν ⟨ὂν⟩ [αὖ] τυγχάνει

Th: Nein.

F: Ich meine also dich und mich mit diesen allen, und die anderen Lebewesen und Bäume bei uns.

Th: Wie meinst du das?

F: Wenn einer behauptete, mich und dich und alles sonst in der Natur hervorbringen zu wollen.

234 Th: Von was für einem Hervorbringen ist da die Rede? Denn du sprichst doch wohl nicht von einem Landwirt. Und du nanntest ihn ja auch einen, der Lebewesen hervorbringt.

F: Ja, das tue ich, und zwar die zu Wasser und auf der Erde und am Himmel und Götter und alles andere insgesamt. Und schnell bringt er also ein jedes von diesen hervor, um es für ganz geringes Geld wegzugeben.

Th: Das ist doch ein Scherz.

F: So? Wenn aber einer behauptet, er wisse alles und könne es einem anderen um geringe Belohnung und in geringer Zeit lehren, soll das etwa kein Scherz sein[42])?

Th: Doch, allerdings.

b F: Weißt du aber eine kunstvollere oder auch anmutigere Art scherzenden Spiels als die Nachahmungskunst[43])?

Th: Nein, keinerlei; denn du hast da, alles in eins zusammenfassend, eine überaus vielfältige und fast verfänglich buntgescheckte Art genannt.

22. F: Wenn also einer verspricht, imstande zu sein, durch eine Kunst alles hervorzubringen, so ist uns doch klar, daß es Nachahmungen des Seienden sind und nur mit diesen gleichen Namens, was er mit Hilfe der Zeichenkunst herstellt, und so vor geistig noch unreifen jungen Leuten, denen er von Ferne seine Malereien zeigt, den Schein zu erwecken vermag, als sei er der Fähigste darin, alles, was er Lust hat, auszuführen, tatsächlich zu vollbringen.

c Th: Ja, sicherlich.

F: Wie nun also? Müssen wir nicht erwarten, daß es auf dem Gebiet der Reden eine andere Kunst gibt, durch welche es andererseits möglich ist, die von der wahren

τοὺς νέους καὶ ἔτι πόρρω τῶν πραγμάτων τῆς ἀληθείας
ἀφεστῶτας διὰ τῶν ὤτων τοῖς λόγοις γοητεύειν, δεικνύντας
εἴδωλα λεγόμενα περὶ πάντων, ὥστε ποιεῖν ἀληθῆ δοκεῖν
λέγεσθαι καὶ τὸν λέγοντα δὴ σοφώτατον πάντων ἅπαντ'
εἶναι;

Θεαι: Τί γὰρ οὐκ ἂν εἴη ἄλλη τις τοιαύτη τέχνη; d

Ξε: Τοὺς πολλοὺς οὖν, ὦ Θεαίτητε, τῶν τότε ἀκουόν-
των ἆρ' οὐκ ἀνάγκη χρόνου τε ἐπελθόντος αὐτοῖς ἱκανοῦ
καὶ προϊούσης ἡλικίας τοῖς τε οὖσι προσπίπτοντας ἐγγύθεν
καὶ διὰ παθημάτων ἀναγκαζομένους ἐναργῶς ἐφάπτεσθαι
τῶν ὄντων, μεταβάλλειν τὰς τότε γενομένας δόξας, ὥστε
σμικρὰ μὲν φαίνεσθαι τὰ μεγάλα, χαλεπὰ δὲ τὰ ῥᾴδια, καὶ
πάντα πάντῃ ἀνατετράφθαι τὰ ἐν τοῖς λόγοις φαντάσματα e
ὑπὸ τῶν ἐν ταῖς πράξεσιν ἔργων παραγενομένων;

Θεαι: Ὡς γοῦν ἐμοὶ τηλικῷδε ὄντι κρῖναι. οἶμαι δὲ καὶ
ἐμὲ τῶν ἔτι πόρρωθεν ἀφεστηκότων εἶναι.

Ξε: Τοιγαροῦν ἡμεῖς σε οἵδε πάντες πειρασόμεθα καὶ
νῦν πειρώμεθα ὡς ἐγγύτατα ἄνευ τῶν παθημάτων προσά-
γειν. περὶ δ' οὖν τοῦ σοφιστοῦ τόδε μοι λέγε· πότερον
ἤδη τοῦτο σαφές, ὅτι τῶν γοήτων ἐστί τις, μιμητὴς ὢν 235
τῶν ὄντων, ἢ διστάζομεν ἔτι μὴ περὶ ὅσωνπερ ἀντιλέγειν
δοκεῖ δυνατὸς εἶναι, περὶ τοσούτων καὶ τὰς ἐπιστήμας
ἀληθῶς ἔχων τυγχάνει;

Θεαι: Καὶ πῶς ἄν, ὦ ξένε; ἀλλὰ σχεδὸν ἤδη σαφὲς ἐκ
τῶν εἰρημένων, ὅτι τῶν τῆς παιδιᾶς μετεχόντων ἐστί τις
† μερῶν † εἷς.

Ξε: Γόητα μὲν δὴ καὶ μιμητὴν ἄρα θετέον αὐτόν τινα.

Θεαι: Πῶς γὰρ οὐ θετέον;

Ξε: Ἄγε δή, νῦν ἡμέτερον ἔργον ἤδη τὸν θῆρα μηκέτ'
ἀνεῖναι· σχεδὸν γὰρ αὐτὸν περιειλήφαμεν ἐν ἀμφιβληστρικῷ b
τινι τῶν ἐν τοῖς λόγοις περὶ τὰ τοιαῦτα ὀργάνων, ὥστε

Wirklichkeit noch weit entfernten jungen Leute mittels des Gehörs durch Reden ganz zu verzaubern, indem man ihnen gesprochene Bilder von allem vorführt und dadurch den Schein hervorbringt, als wäre das Gesagte das Wahre und der Redende unter allen der allerweiseste Mann?

d Th: Ja, warum sollte es nicht eine andere solche Kunst geben?

F: Ist es nun nicht unausbleiblich, Theaitet, daß die vielen, die einmal zugehört haben, wenn sie nach genügend fortschrittener Zeit und bei vorrückendem Alter dem Seienden ganz nahe kommen und durch ihre Erfahrungen gezwungen werden, sich allein an das wahrhaft Seiende zu halten, ihre früheren Ansichten umwerfen, so daß das Große ihnen klein und das Leichte nun schwer erscheint, und alle jene Scheingebilde der Rede
e ganz und gar durcheinander geraten infolge der Tatsachen, die im praktischen Tun zutage treten?

Th: Ja, soweit ich bei meiner Jugend zu einem Urteil fähig bin. Ich glaube aber, auch ich bin einer von denen, die noch weit entfernt sind.

F: Deswegen wollen wir ja auch alle hier es versuchen und versuchen es nunmehr, dich ohne jene Schule der Erfahrung schon so nahe wie möglich an die Dinge heranzuführen[44]. Über den Sophisten sage mir nun folgendes: ist dies ganz deutlich, daß er, ein Nachahmer des
235 Seienden, einer von den Gauklern ist, oder sind wir noch ungewiß, ob er nicht von alledem, wogegen er zu widersprechen imstande scheint, wahrhaft Wissen besitzt?

Th: Das wäre noch schöner, lieber Gast. Nein, nach dem Gesagten ist es doch so gut wie gewiß, daß er einer von der Art derer ist, die am scherzenden Spiel teilhaben.

F: Als Gaukler und Nachahmer also muß man ihn ansehen.

Th: Ohne Zweifel.

23. F: Nun denn, jetzt müssen wir alles daransetzen,
b das Wild uns nicht wieder entgehen zu lassen; denn fast haben wir es schon mit dem Netz umfaßt, einem von den Hilfsgeräten bei den Erörterungen über Derartiges,

οὐκέτ' ἐκφεύξεται τόδε γε.

Θεαι: Τὸ ποῖον;

Ξε: Τὸ μὴ οὐ τοῦ γένους εἶναι τοῦ τῶν θαυματοποιῶν τις εἷς.

Θεαι: Κἀμοὶ τοῦτό γε οὕτω περὶ αὐτοῦ συνδοκεῖ.

Ξε: Δέδοκται τοίνυν ὅτι τάχιστα διαιρεῖν τὴν εἰδωλοποιικὴν τέχνην, καὶ καταβάντας εἰς αὐτήν, ἐὰν μὲν ἡμᾶς εὐθὺς ὁ σοφιστὴς ὑπομείνῃ, συλλαβεῖν αὐτὸν κατὰ τὰ ἐπεσταλμένα ὑπὸ τοῦ βασιλικοῦ λόγου, κἀκείνῳ παρα- c
δόντας ἀποφῆναι τὴν ἄγραν· ἐὰν δ' ἄρα κατὰ μέρη τῆς μιμητικῆς δύηταί πῃ, συνακολουθεῖν αὐτῷ διαιροῦντας ἀεὶ τὴν ὑποδεχομένην αὐτὸν μοῖραν, ἕωσπερ ἂν ληφθῇ. πάντως οὔτε οὗτος οὔτε ἄλλο γένος οὐδὲν μή ποτε ἐκφυγὸν ἐπεύξηται τὴν τῶν οὕτω δυναμένων μετιέναι καθ' ἕκαστά τε καὶ ἐπὶ πάντα μέθοδον.

Θεαι: Λέγεις εὖ, καὶ ταῦτα ταύτῃ ποιητέον.

Ξε: Κατὰ δὴ τὸν παρεληλυθότα τρόπον τῆς διαιρέσεως ἔγωγέ μοι καὶ νῦν φαίνομαι δύο καθορᾶν εἴδη τῆς μιμητι- d
κῆς· τὴν δὲ ζητουμένην ἰδέαν, ἐν ὁποτέρῳ ποθ' ἡμῖν οὖσα τυγχάνει, καταμαθεῖν οὐδέπω μοι δοκῶ νῦν δυνατὸς εἶναι.

Θεαι: Σὺ δ' ἀλλ' εἰπὲ πρῶτον καὶ δίελε ἡμῖν τίνε τὼ δύο λέγεις.

Ξε: Μίαν μὲν τὴν εἰκαστικὴν ὁρῶν ἐν αὐτῇ τέχνην. ἔστι δ' αὕτη μάλιστα ὁπόταν κατὰ τὰς τοῦ παραδείγματος συμμετρίας τις ἐν μήκει καὶ πλάτει καὶ βάθει, καὶ πρὸς τούτοις ἔτι χρώματα ἀποδιδοὺς τὰ προσήκοντα ἑκάστοις, e
τὴν τοῦ μιμήματος γένεσιν ἀπεργάζηται.

Θεαι: Τί δ'; οὐ πάντες οἱ μιμούμενοί τι τοῦτ' ἐπιχειροῦσι δρᾶν;

Ξε: Οὔκουν ὅσοι γε τῶν μεγάλων πού τι πλάττουσιν ἔργων ἢ γράφουσιν. εἰ γὰρ ἀποδιδοῖεν τὴν τῶν καλῶν ἀληθινὴν συμμετρίαν, οἶσθ' ὅτι σμικρότερα μὲν τοῦ δέοντος

so daß er um eines wenigstens nicht mehr herumkommen wird.

Th: Um was?

F: Daß er einer aus dem Geschlecht der Wundermacher ist.

Th: Damit bin auch ich ganz einverstanden.

F: Wir sind also einig darin, unverzüglich die bilderhervorbringende Kunst einzuteilen, und wenn uns bei unserem Eintritt in ihr Gebiet sich der Sophist nicht
c weiter davonmacht, gemäß dem Gesetz des Königs, den Fang vorzuweisen[45]) und ihm diesen zu übergeben; wenn er sich aber irgendwie in die weiteren Teile der Nachahmungskunst verkriecht, ihm zu folgen und immer wieder denjenigen Teil, der ihm Unterschlupf bietet, zu teilen, bis er in unserer Gewalt ist. Auf keinen Fall soll er und ebensowenig irgendeine andere Gattung sich rühmen dürfen, dem Verfahren derer entgangen zu sein, die derart der Sache bis ins Einzelne und aufs Ganze hin nachzugehen wissen[46]).

Th: Wohl gesprochen; das ist der Weg, den wir einschlagen müssen.

F: Nach der bisher befolgten Weise der Einteilung
d glaube ich jetzt auch zwei Arten der Nachahmungskunst zu sehen. In welcher von beiden sich aber die gesuchte Idee[47]) glücklich aufhält, das vermag ich anscheinend noch nicht genau zu erkennen.

Th: Sage nur erst und gib uns an, welche beiden du meinst.

F: Die eine, die ich in ihr sehe, ist die abbildende Kunst. Sie besteht vor allem darin, daß man die Nachbildung nach den Maßen des Vorbildes, seiner Länge,
e Breite und Tiefe entsprechend, herstellt und zu diesen noch die jeweils passenden Farben hinzugibt.

Th: Wie? Bemühen sich nicht alle, die etwas nachahmen, dies zu tun?

F: Nein, wenigstens die nicht, die ein Werk von großen Ausmaßen schaffen, sei es in der Plastik oder in der Malerei. Denn wenn sie das wahre Ebenmaß der schönen Vorbilder wiedergeben wollten, so würden, wie du weißt,

τὰ ἄνω, μείζω δὲ τὰ κάτω φαίνοιτ' ἂν διὰ τὸ τὰ μὲν πόρρωθεν, τὰ δ' ἐγγύθεν ὑφ' ἡμῶν ὁρᾶσθαι. 236

Θεαι: Πάνυ μὲν οὖν.

Ξε: Ἆρ' οὖν οὐ χαίρειν τὸ ἀληθὲς ἐάσαντες οἱ δημιουργοὶ νῦν οὐ τὰς οὔσας συμμετρίας ἀλλὰ τὰς δοξούσας εἶναι καλὰς τοῖς εἰδώλοις ἐναπεργάζονται;

Θεαι: Παντάπασί γε.

Ξε: Τὸ μὲν ἄρα ἕτερον οὐ δίκαιον, εἰκός γε ὄν, εἰκόνα καλεῖν;

Θεαι: Ναί.

Ξε: Καὶ τῆς γε μιμητικῆς τὸ ἐπὶ τούτῳ μέρος κλητέον b
ὅπερ εἴπομεν ἐν τῷ πρόσθεν, εἰκαστικήν;

Θεαι: Κλητέον.

Ξε: Τί δέ; τὸ φαινόμενον μὲν διὰ τὴν οὐκ ἐκ καλοῦ θέαν ἐοικέναι τῷ καλῷ, δύναμιν δὲ εἴ τις λάβοι τὰ τηλικαῦτα ἱκανῶς ὁρᾶν, μηδ' εἰκὸς ᾧ φησιν ἐοικέναι, τί καλοῦμεν; ἆρ' οὐκ, ἐπείπερ φαίνεται μέν, ἔοικε δὲ οὔ, φάντασμα;

Θεαι: Τί μήν;

Ξε: Οὐκοῦν πάμπολυ καὶ κατὰ τὴν ζωγραφίαν τοῦτο τὸ μέρος ἐστὶ καὶ κατὰ σύμπασαν μιμητικήν; c

Θεαι: Πῶς δ' οὔ;

Ξε: Τὴν δὴ φάντασμα ἀλλ' οὐκ εἰκόνα ἀπεργαζομένην τέχνην ἆρ' οὐ φανταστικὴν ὀρθότατ' ἂν προσαγορεύοιμεν;

Θεαι: Πολύ γε.

Ξε: Τούτω τοίνυν τὼ δύο ἔλεγον εἴδη τῆς εἰδωλοποιικῆς, εἰκαστικὴν καὶ φανταστικήν.

Θεαι: Ὀρθῶς.

Ξε: Ὃ δέ γε καὶ τότ' ἠμφεγνόουν, ⟨ἐν⟩ ποτέρᾳ τὸν σοφιστὴν θετέον, οὐδὲ νῦν πω δύναμαι θεάσασθαι σαφῶς,

die oberen Partien zu klein, die unteren zu groß er-
236 scheinen, weil wir die einen aus größerer Entfernung, die anderen aus der Nähe sehen[48]).

Th: Allerdings.

F: Lassen nicht darum die Künstler das Wahre auf sich beruhen, indem sie in ihren Bildwerken nicht die wahren Maße anbringen, sondern die schön aussehenden?

Th: Ganz gewiß.

F: Nennt man das eine nicht mit Recht wegen seiner Ähnlichkeit mit dem Vorbild ein Abbild?

Th: Ja.

b F: Und muß man also nicht den Teil der Nachahmungskunst, der hier seinen Ort hat, mit dem vorhergenannten Namen, dem der abbildenden Kunst bezeichnen?

Th: Ja.

F: Weiter aber dasjenige, von dem sich zeigt, daß sein Anblick nicht vom Schönen her dem Schönen ähnelt, sondern wenn einer die Macht erhielte, etwas Derartiges genau zu betrachten, dem nicht gliche, dem es zu gleichen beansprucht, wie sollen wir das nennen? Nicht etwa, da es zwar den Schein der Gleichheit hat, aber nicht gleich ist, ein Scheinbild?

Th: Gewiß.

F: Ist dieser Teil nicht vielfältig vertreten, sowohl in
c der Malerei wie in der ganzen Nachahmungskunst überhaupt?

Th: Allerdings.

F: Diejenige Kunst also, welche ein Scheinbild, aber kein Abbild herstellt, dürften wir die nicht wohl am richtigsten als scheinbildende bezeichnen?

Th: Sicherlich.

F: Diese beiden Arten der bilderhervorbringenden Kunst meinte ich also: die abbildende und die scheinbildende.

Th: Richtig.

F: Aber worin ich damals schon unschlüssig war, in welche der Sophist zu setzen sei, das vermag ich noch

ἀλλ' ὄντως θαυμαστὸς ἀνὴρ καὶ κατιδεῖν παγχάλεπος, ἐπεὶ d
καὶ νῦν μάλα εὖ καὶ κομψῶς εἰς ἄπορον εἶδος διερευνήσασθαι καταπέφευγεν.

Θεαι: Ἔοικεν.

Ξε: Ἆρ' οὖν αὐτὸ γιγνώσκων σύμφης, ἤ σε οἷον ῥύμη τις ὑπὸ τοῦ λόγου συνειθισμένον συνεπεσπάσατο πρὸς τὸ ταχὺ συμφῆσαι;

Θεαι: Πῶς καὶ πρὸς τί τοῦτο εἴρηκας;

Ξε: Ὄντως, ὦ μακάριε, ἐσμὲν ἐν παντάπασι χαλεπῇ
σκέψει. τὸ γὰρ φαίνεσθαι τοῦτο καὶ τὸ δοκεῖν, εἶναι δὲ μή, e
καὶ τὸ λέγειν μὲν ἄττα, ἀληθῆ δὲ μή, πάντα ταῦτά ἐστι μεστὰ ἀπορίας ἀεὶ ἐν τῷ πρόσθεν χρόνῳ καὶ νῦν. ὅπως γὰρ εἰπόντα χρὴ ψευδῆ λέγειν ἢ δοξάζειν ὄντως εἶναι, καὶ τοῦτο φθεγξάμενον ἐναντιολογίᾳ μὴ συνέχεσθαι, παντάπασιν, ὦ
Θεαίτητε, χαλεπόν. 237

Θεαι: Τί δή;

Ξε: Τετόλμηκεν ὁ λόγος οὗτος ὑποθέσθαι τὸ μὴ ὂν εἶναι· ψεῦδος γὰρ οὐκ ἂν ἄλλως ἐγίγνετο ὄν. Παρμενίδης δὲ ὁ μέγας, ὦ παῖ, παισὶν ἡμῖν οὖσιν ἀρχόμενός τε καὶ διὰ τέλους τοῦτο ἀπεμαρτύρατο, πεζῇ τε ὧδε ἑκάστοτε λέγων καὶ μετὰ μέτρων —

Οὐ γὰρ μή ποτε τοῦτο δαμῇ, φησίν, εἶναι μὴ ἐόντα·
ἀλλὰ σὺ τῆσδ' ἀφ' ὁδοῦ διζήμενος εἶργε νόημα.

παρ' ἐκείνου τε οὖν μαρτυρεῖται, καὶ μάλιστά γε δὴ πάντων b
ὁ λόγος αὐτὸς ἂν δηλώσειε μέτρια βασανισθείς. τοῦτο οὖν αὐτὸ πρῶτον θεασώμεθα, εἰ μή τί σοι διαφέρει.

Θεαι: Τὸ μὲν ἐμὸν ὅπῃ βούλει τίθεσο, τὸν δὲ λόγον ᾗ βέλτιστα διέξεισι σκοπῶν αὐτός τε ἴθι κἀμὲ κατὰ ταύτην

d immer nicht deutlich zu sehen; vielmehr ist er ein wahrer
Wundermann und ein ganz schwieriger, denn auch jetzt wieder hat er sich mit viel Geschick und Schlauheit in ein unwegsames, kaum zu durchforschendes Gebiet geflüchtet.

Th: So scheint es.

F: Stimmst du zu, weil du es einsiehst, oder hat dich nur die Macht der Rede gleichsam in einem Schwung, wie du es schon gewohnt bist, fortgerissen, so schnell deine Zustimmung zu geben?

Th: Wie und in welcher Beziehung meinst du das?

24. F: Wir stehen, mein Bester, tatsächlich mitten
e in einer äußerst schwierigen Untersuchung. Denn dieses
Sichzeigen und Scheinen, aber nicht Sein, und dieses etwas Sagen, und doch nicht das Wahre, all das ist voll von Schwierigkeiten, immer schon in früheren Zeiten und auch jetzt; denn wie jemand behaupten kann, es gebe in Wahrheit ein Sein unwahrer Reden und Ansichten, ohne sich schon durch das bloße Aussprechen dessen in Widerspruch zu verwickeln, das ist auf jeden
237 Fall schwer einzusehen, Theaitet.

Th: Inwiefern?

F: Diese Behauptung beruht auf der kühnen Voraussetzung, daß das Nichtseiende sei[49]). Denn auf andere Weise wird die Unwahrheit nicht seiend. Der große Parmenides aber, mein Sohn, versicherte uns, als wir noch jung waren, immer wieder von vorne, indem er jedesmal betonte, nicht nur in Prosa, sondern auch in seinem Gedicht[50]):

„Nimmermehr wirst du erzwingen, daß Nichtseiendes ist; du aber bewahre das Denken vor solchem forschenden
b Wege.“ Von jenem also ist es bezeugt, vor allem aber
dürfte es wohl der Gedanke selbst zeigen bei gehöriger Prüfung. Darauf wollen wir also zunächst unser Augenmerk richten, wenn es dir nichts ausmacht.

Th: Mit mir kannst du es halten, wie du willst. Aber wie die Erörterung am besten ihren Gang nimmt, das

τὴν ὁδὸν ἄγε.

Ξε: Ἀλλὰ χρὴ δρᾶν ταῦτα. καί μοι λέγε· τὸ μηδαμῶς ὂν τολμῶμέν που φθέγγεσθαι;

Θεαι: Πῶς γὰρ οὔ;

Ξε: Μὴ τοίνυν ἔριδος ἕνεκα μηδὲ παιδιᾶς, ἀλλ' εἰ σπουδῇ δέοι συννοήσαντά τινα ἀποκρίνασθαι τῶν ἀκροατῶν ποῖ c χρὴ τοὔνομ' ἐπιφέρειν τοῦτο, τὸ μὴ ὄν, τί δοκοῦμεν ἂν εἰς τί καὶ ἐπὶ ποῖον αὐτόν τε καταχρήσασθαι καὶ τῷ πυνθανομένῳ δεικνύναι;

Θεαι: Χαλεπὸν ἤρου καὶ σχεδὸν εἰπεῖν οἵῳ γε ἐμοὶ παντάπασιν ἄπορον.

Ξε: Ἀλλ' οὖν τοῦτό γε δῆλον, ὅτι τῶν ὄντων ἐπί ⟨τι⟩ τὸ μὴ ὂν οὐκ οἰστέον.

Θεαι: Πῶς γὰρ ἄν;

Ξε: Οὐκοῦν ἐπείπερ οὐκ ἐπὶ τὸ ὄν, οὐδ' ἐπὶ τὸ τὶ φέρων ὀρθῶς ἄν τις φέροι.

Θεαι: Πῶς δή;

Ξε: Καὶ τοῦτο ἡμῖν που φανερόν, ὡς καὶ τὸ "τὶ" τοῦτο d [ῥῆμα] ἐπ' ὄντι λέγομεν ἑκάστοτε· μόνον γὰρ αὐτὸ λέγειν, ὥσπερ γυμνὸν καὶ ἀπηρημωμένον ἀπὸ τῶν ὄντων ἁπάντων, ἀδύνατον· ἢ γάρ;

Θεαι: Ἀδύνατον.

Ξε: Ἆρα τῇδε σκοπῶν σύμφῃς, ὡς ἀνάγκη τόν τι λέγοντα ἕν γέ τι λέγειν;

Θεαι: Οὕτως.

Ξε: Ἑνὸς γὰρ δὴ τό γε "τὶ" φήσεις σημεῖον εἶναι, τὸ δὲ "τινὲ" δυοῖν, τὸ δὲ "τινὲς" πολλῶν.

Θεαι: Πῶς γὰρ οὔ;

Ξε: Τὸν δὲ δὴ μὴ τὶ λέγοντα ἀναγκαιότατον, ὡς ἔοικε, e παντάπασι μηδὲν λέγειν.

siehe du; und wenn du selbst diesen Weg gehst, dann nimm auch mich dabei mit.

25. F: Ja, so müssen wir die Sache angreifen. So sage mir also: Was auf keinerlei Weise ist, wagen wir das irgendwie auszusprechen?

Th: Wie sollten wir nicht?

F: Wenn nun aber nicht etwa des Streites, auch nicht
c des Scherzes wegen, sondern in vollem Ernst einer unserer Zuhörer, der mit uns die Frage erwägt, darauf antworten sollte, wo denn dieser Name, das Nichtseiende, anzubringen sei, was meinst du wohl, worin und wobei er davon Gebrauch macht und es dem Fragenden vorweist?

Th: Schwieriges fragst du und ganz und gar ausweglos zu beantworten für einen wie mich.

F: Aber das wenigstens ist doch wohl klar, daß das Nichtsein nicht bei dem Seienden angebracht werden darf?

Th: Ja, wie sollte es denn?

F: Und wenn nicht bei dem Seienden, dann dürfte es auch nicht richtig bei dem Etwas angebracht sein?

Th: Wie denn das?

d F: Nun, auch von diesem „Etwas“ ist uns klar, daß wir dieses Wort stets auf etwas Seiendes beziehen. Denn es allein für sich in der Rede zu gebrauchen, gleichsam nackt und losgelöst von allem Seienden, ist unmöglich. Nicht wahr?

Th: Ja, unmöglich.

F: Stimmst du zu, weil du darauf achtest, daß wer etwas sagt, notwendig ein Etwas meint?

Th: Ja, genau so.

F: Denn „Etwas“ sagst du doch als Zeichen der Eins, „Beide“ als Zeichen der Zwei und „Einige“ als Zeichen der Vielen.

Th: Gewiß.

e F: Wer aber nicht etwas sagt, der sagt doch mit größter Notwendigkeit anscheinend überhaupt nichts[51]).

Θεαι: Ἀναγκαιότατον μὲν οὖν.

Ξε: Ἆρ' οὖν οὐδὲ τοῦτο συγχωρητέον, τὸ τὸν τοιοῦτον λέγειν μέν [τι], λέγειν μέντοι μηδέν, ἀλλ' οὐδὲ λέγειν φατέον, ὅς γ' ἂν ἐπιχειρῇ μὴ ὂν φθέγγεσθαι;

Θεαι: Τέλος γοῦν ἂν ἀπορίας ὁ λόγος ἔχοι.

Ξε: Μήπω μέγ' εἴπῃς· ἔτι γάρ, ὦ μακάριε, ἔστι, 238 καὶ ταῦτά γε τῶν ἀποριῶν ἡ μεγίστη καὶ πρώτη. περὶ γὰρ αὐτὴν αὐτοῦ τὴν ἀρχὴν οὖσα τυγχάνει.

Θεαι: Πῶς φῄς; λέγε καὶ μηδὲν ἀποκνήσῃς.

Ξε: Τῷ μὲν ὄντι που προσγένοιτ' ἄν τι τῶν ὄντων ἕτερον.

Θεαι: Πῶς γὰρ οὔ;

Ξε: Μὴ ὄντι δέ τι τῶν ὄντων ἆρά ποτε προσγίγνεσθαι φήσομεν δυνατὸν εἶναι;

Θεαι: Καὶ πῶς;

Ξε: Ἀριθμὸν δὴ τὸν σύμπαντα τῶν ὄντων τίθεμεν.

Θεαι: Εἴπερ γε καὶ ἄλλο τι θετέον ὡς ὄν. b

Ξε: Μὴ τοίνυν μηδ' ἐπιχειρῶμεν ἀριθμοῦ μήτε πλῆθος μήτε ἓν πρὸς τὸ μὴ ὂν προσφέρειν.

Θεαι: Οὔκουν ἂν ὀρθῶς γε, ὡς ἔοικεν, ἐπιχειροῖμεν, ὥς φησιν ὁ λόγος.

Ξε: Πῶς οὖν ἂν ἢ διὰ τοῦ στόματος φθέγξαιτο ἄν τις ἢ καὶ τῇ διανοίᾳ τὸ παράπαν λάβοι τὰ μὴ ὄντα ἢ τὸ μὴ ὂν χωρὶς ἀριθμοῦ;

Θεαι: Λέγε πῇ;

Ξε: Μὴ ὄντα μὲν ἐπειδὰν λέγωμεν, ἆρα οὐ πλῆθος ἐπιχειροῦμεν ἀριθμοῦ προστιθέναι; c

Θεαι: Τί μήν;

Ξε: Μὴ ὂν δέ, ἆρα οὐ τὸ ἓν αὖ;

Θεαι: Σαφέστατά γε.

Ξε: Καὶ μὴν οὔτε δίκαιόν γε οὔτε ὀρθόν φαμεν ὂν

Th: Mit größter Notwendigkeit.

F: Auch nicht einmal das dürfen wir zugeben, daß der Betreffende zwar redet, aber nichts sagt, sondern wir müssen vielmehr sagen: Wer versucht, Nichtseiendes durch Rede kundzugeben, der redet überhaupt nicht.

Th: Damit hat doch der Gedanke wohl den Gipfel der Schwierigkeit erreicht.

38 26. F: Noch triumphiere nicht. Denn noch gibt es Schwierigkeiten, mein Lieber, und gerade die größte und erste von ihnen steht noch aus. Denn sie betrifft gerade seinen Anfang und Grund.

Th: Wie meinst du? Sprich ohne Zögern.

F: Mit dem Seienden kann sich doch wohl ein anderes Seiendes verbinden?

Th: Warum denn nicht?

F: Wollen wir es aber als möglich aussprechen, daß sich mit dem Nichtseienden jemals ein Seiendes verbindet?

Th: Wie das?

F: Die Zahl aber setzen wir doch als Inbegriff des Seienden[52])?

b Th: So wahr irgend etwas als seiend zu setzen ist.

F: Also müssen wir jeden Versuch vermeiden, von der Zahl die Vielheit oder die Eins mit dem Nichtseienden zu verbinden.

Th: Wenigstens dürfte, wie der Gedanke sagt, ein solcher Versuch offensichtlich verfehlt sein.

F: Wie kann also wohl jemand die Nichtseienden oder das Nichtseiende von der Zahl getrennt überhaupt über die Lippen bringen oder auch durch das Nachdenken im Ganzen erfassen?

Th: Sag, wie?

F: Wenn wir von *den* Nichtseienden sprechen, ver-
c suchen wir da nicht, eine Vielzahl zuzuteilen?

Th: Sicherlich.

F: Wenn aber von *dem* Nichtseienden, dann andererseits die Eins?

Th: Ganz klar.

F: Nun erklären wir aber doch jeden Versuch, Sei-

ἐπιχειρεῖν μὴ ὄντι προσαρμόττειν.

Θεαι: Λέγεις ἀληθέστατα.

Ξε: Συννοεῖς οὖν ὡς οὔτε φθέγξασθαι δυνατὸν ὀρθῶς οὔτ' εἰπεῖν οὔτε διανοηθῆναι τὸ μὴ ὂν αὐτὸ καθ' αὑτό, ἀλλ' ἔστιν ἀδιανόητόν τε καὶ ἄρρητον καὶ ἄφθεγκτον καὶ ἄλογον;

Θεαι: Παντάπασι μὲν οὖν.

Ξε: Ἆρ' οὖν ἐψευσάμην ἄρτι λέγων τὴν μεγίστην d
ἀπορίαν ἐρεῖν αὐτοῦ πέρι, τὸ δὲ ἔτι μείζω τινὰ λέγειν ἄλλην ἔχομεν;

Θεαι: Τίνα δή;

Ξε: Ὦ θαυμάσιε, οὐκ ἐννοεῖς αὐτοῖς τοῖς λεχθεῖσιν ὅτι καὶ τὸν ἐλέγχοντα εἰς ἀπορίαν καθίστησι τὸ μὴ ὂν οὕτως, ὥστε, ὁπόταν αὐτὸ ἐπιχειρῇ τις ἐλέγχειν, ἐναντία αὐτὸν αὑτῷ περὶ ἐκεῖνο ἀναγκάζεσθαι λέγειν;

Θεαι: Πῶς φῄς; εἰπὲ ἔτι σαφέστερον.

Ξε: Οὐδὲν δεῖ τὸ σαφέστερον ἐν ἐμοὶ σκοπεῖν. ἐγὼ μὲν
γὰρ ὑποθέμενος οὔτε ἑνὸς οὔτε τῶν πολλῶν τὸ μὴ ὂν δεῖν e
μετέχειν, ἄρτι τε καὶ νῦν οὕτως ἓν αὐτὸ εἴρηκα· τὸ μὴ ὂν γάρ φημι. συνίῃς τοι.

Θεαι: Ναί.

Ξε: Καὶ μὴν αὖ καὶ σμικρὸν ἔμπροσθεν ἄφθεγκτόν τε αὐτὸ καὶ ἄρρητον καὶ ἄλογον ἔφην εἶναι. συνέπῃ;

Θεαι: Συνέπομαι. πῶς γὰρ οὔ;

Ξε: Οὐκοῦν τό γε εἶναι προσάπτειν πειρώμενος ἐναντία
τοῖς πρόσθεν ἔλεγον; 239

Θεαι: Φαίνῃ.

Ξε: Τί δέ; τοῦτο προσάπτων οὐχ ὡς ἑνὶ διελεγόμην;

Θεαι: Ναί.

Ξε: Καὶ μὴν ἄλογόν γε λέγων καὶ ἄρρητον καὶ ἄφθεγκ-

endes Nichtseiendem zuzufügen, für unzulässig und unrichtig.

Th: Sehr wahr ist, was du sagst.

F: Begreifst du nun, daß es auf rechte Weise gar nicht möglich ist, das Nichtseiende für sich selbst auszusprechen oder davon zu reden oder es zu durchdenken, daß es vielmehr undenkbar und unsagbar und unaussprechbar und unerklärlich ist[53])?

Th: Allerdings nun.

d F: Hatte ich also unrecht, als ich vorhin die größte von ihm zu nennende Schwierigkeit erwähnte? Kennen wir aber noch eine andere, größere[54])?

Th: Welche meinst du denn?

F: Wie, du Wunderlicher? Merkst du nicht eben an dem, was jetzt gesagt wurde, daß das Nichtseiende genauso auch den, der es bestreitet, in Schwierigkeit bringt, so daß, wenn er es zu widerlegen versucht, er gezwungen wird, sich mit sich selbst über jenes in Widerspruch zu verwickeln?

Th: Wie meinst du das? Sag das noch deutlicher.

F: Nicht bei mir darfst du die größere Deutlichkeit zu
e finden hoffen. Denn ich machte doch die Voraussetzung, weder an der Eins noch an dem Vielen dürfe das Nichtseiende teilhaben, und trotzdem sprach ich vorhin und eben jetzt wieder von ihm als von einem; denn ich sprach von *dem* Nichtseienden. Du verstehst doch.

Th: Ja.

F: Und kurz vorher wieder sagte ich doch von ihm, es sei unaussprechbar und unsagbar und unerklärbar. Du folgst doch?

Th: Ja, ich folge. Warum auch nicht?

F: Wenn ich also das Sein damit zu verknüpfen suchte,
239 so sagte ich doch Entgegengesetztes gegenüber dem Früheren?

Th: Offenbar.

F: Wie aber? Wenn ich es mit diesem verknüpfte, sprach ich da nicht wie von einem?

Th: Ja.

F: Und wenn ich es unerklärlich nannte und unsagbar

τον ὥς γε πρὸς ἓν τὸν λόγον ἐποιούμην.

Θεαι: Πῶς δ' οὔ;

Ξε: Φαμὲν δέ γε δεῖν, εἴπερ ὀρθῶς τις λέξει, μήτε ὡς ἓν μήτε ὡς πολλὰ διορίζειν αὐτό, μηδὲ τὸ παράπαν αὐτὸ καλεῖν· ἑνὸς γὰρ εἴδει καὶ κατὰ ταύτην ἂν τὴν πρόσρησιν προσαγορεύοιτο.

Θεαι: Παντάπασί γε.

Ξε: Τὸν μὲν τοίνυν ἐμέ γε τί τις ἂν λέγοι; καὶ γὰρ πάλαι b καὶ τὰ νῦν ἡττημένον ἂν εὕροι περὶ τὸν τοῦ μὴ ὄντος ἔλεγχον. ὥστε ἐν ἔμοιγε λέγοντι, καθάπερ εἶπον, μὴ σκοπῶμεν τὴν ὀρθολογίαν περὶ τὸ μὴ ὄν, ἀλλ' εἶα δὴ νῦν ἐν σοὶ σκεψώμεθα.

Θεαι: Πῶς φῄς;

Ξε: Ἴθι ἡμῖν εὖ καὶ γενναίως, ἅτε νέος ὤν, ὅτι μάλιστα δύνασαι συντείνας πειράθητι, μήτε οὐσίαν μήτε τὸ ἓν μήτε πλῆθος ἀριθμοῦ προστιθεὶς τῷ μὴ ὄντι, κατὰ τὸ ὀρθὸν φθέγξασθαί τι περὶ αὐτοῦ.

Θεαι: Πολλὴ μεντἄν με καὶ ἄτοπος ἔχοι προθυμία τῆς c ἐπιχειρήσεως, εἰ σὲ τοιαῦθ' ὁρῶν πάσχοντα αὐτὸς ἐπιχειροίην.

Ξε: Ἀλλ' εἰ δοκεῖ, σὲ μὲν καὶ ἐμὲ χαίρειν ἐῶμεν· ἕως δ' ἄν τινι δυναμένῳ δρᾶν τοῦτο ἐντυγχάνωμεν, μέχρι τούτου λέγωμεν ὡς παντὸς μᾶλλον πανούργως εἰς ἄπορον ὁ σοφιστὴς τόπον καταδέδυκεν.

Θεαι: Καὶ μάλα δὴ φαίνεται.

Ξε: Τοιγαροῦν εἴ τινα φήσομεν αὐτὸν ἔχειν φανταστικὴν τέχνην, ῥᾳδίως ἐκ ταύτης τῆς χρείας τῶν λόγων ἀντιλαμβανόμενος ἡμῶν εἰς τοὐναντίον ἀποστρέψει τοὺς λόγους, ὅταν d εἰδωλοποιὸν αὐτὸν καλῶμεν, ἀνερωτῶν τί ποτε τὸ παράπαν

und unaussprechbar, so machte ich doch von ihm als von einem die Aussage.

Th: Allerdings.

F: Wir erklären aber doch, wenn man nicht fehlerhaft reden will, für notwendig, es weder als Eines noch als Vieles zu bestimmen noch überhaupt nur es[55]) zu nennen. Denn auch nach einer solchen Benennung würde es wohl schon durch den Begriff der Eins bestimmt.

Th: Ja, ganz gewiß.

b 27. F: Was aber wird man wohl in Beziehung auf mich nun sagen? Längst schon, wie auch jetzt eben erst wieder, stellt sich meine Niederlage in der Widerlegung des Nichtseienden klar heraus. Daher, wie gesagt: in meinen Worten dürfen wir nicht die richtige Aussage über das Nichtseiende erwarten, darum wollen wir sie jetzt bei dir suchen.

Th: Wie soll ich das verstehen?

F: Nur zu, mit Geschick und Tüchtigkeit, denn du bist ja jung. Versuche, dich so weit es geht anzustrengen, und ohne dem Nichtseienden Sein oder die Eins oder die Vielzahl zuzufügen, dem Rechten gemäß etwas darüber auszusagen.

c Th: Das wäre doch eine starke und unbegreifliche Verwegenheit von mir, wenn ich dich in solcher Verlegenheit sehe und nun selbst den Versuch machen wollte.

F: Nun gut denn, so wollen wir von dir und von mir ganz absehen. Solange uns aber niemand über den Weg läuft, der imstande wäre, dies zu tun, müssen wir bei der Behauptung bleiben, daß der Sophist mit unvergleichlicher Verschlagenheit an einem unzugänglichen Ort untergetaucht ist.

Th: Ja, das scheint gar sehr so.

F: Wenn wir also von ihm sagen, daß er eine schein-
d bildnerische Kunst besitze, so wird er uns unschwer bei
diesem Gebrauch der Worte packen und die Gedanken
in ihr Gegenteil verkehren.

Wenn wir ihn nämlich einen Bildermacher nennen, so

εἴδωλον λέγομεν. σκοπεῖν οὖν, ὦ Θεαίτητε, χρὴ τί τις τῷ νεανίᾳ πρὸς τὸ ἐρωτώμενον ἀποκρινεῖται.

Θεαι: Δῆλον ὅτι φήσομεν τά τε ἐν τοῖς ὕδασι καὶ κατόπτροις εἴδωλα, ἔτι καὶ τὰ γεγραμμένα καὶ τὰ τετυπωμένα καὶ τἆλλα ὅσα που τοιαῦτ' ἔσθ' ἕτερα.

Ξε: Φανερός, ὦ Θεαίτητε, εἶ σοφιστὴν οὐχ ἑωρακώς. e

Θεαι: Τί δή;

Ξε: Δόξει σοι μύειν ἢ παντάπασιν οὐκ ἔχειν ὄμματα.

Θεαι: Πῶς;

Ξε: Τὴν ἀπόκρισιν ὅταν οὕτως αὐτῷ διδῷς ἐὰν ἐν κατόπτροις ἢ πλάσμασι λέγῃς τι, καταγελάσεταί σου τῶν λόγων, ὅταν ὡς βλέποντι λέγῃς αὐτῷ, προσποιούμενος οὔτε κάτοπτρα οὔτε ὕδατα γιγνώσκειν οὔτε τὸ παράπαν 240
ὄψιν, τὸ δ' ἐκ τῶν λόγων ἐρωτήσει σε μόνον.

Θεαι: Ποῖον;

Ξε: Τὸ διὰ πάντων τούτων ἃ πολλὰ εἰπὼν ἠξίωσας ἑνὶ προσειπεῖν ὀνόματι φθεγξάμενος εἴδωλον ἐπὶ πᾶσιν ὡς ἓν ὄν. λέγε οὖν καὶ ἀμύνου μηδὲν ὑποχωρῶν τὸν ἄνδρα.

Θεαι: Τί δῆτα, ὦ ξένε, εἴδωλον ἂν φαῖμεν, εἶναι πλήν γε τὸ πρὸς τἀληθινὸν ἀφωμοιωμένον ἕτερον τοιοῦτον;

Ξε: Ἕτερον δὲ λέγεις τοιοῦτον ἀληθινόν, ἢ ἐπὶ τίνι τὸ τοιοῦτον εἶπες; b

Θεαι: Οὐδαμῶς ἀληθινόν γε, ἀλλ' ἐοικὸς μέν.

Ξε: Ἆρα τὸ ἀληθινὸν ὄντως ὂν λέγων;

Θεαι: Οὕτως.

Ξε: Τί δέ; τὸ μὴ ἀληθινὸν ἆρ' ἐναντίον ἀληθοῦς;

Θεαι: Τί μήν;

richtet er an uns die Frage, was wir denn überhaupt unter einem Bild denken. Wir müssen uns also umsehen, mein Theaitet, was man dem jungen Mann auf seine Frage antworten kann[56]).

Th: Offenbar folgendes: Die Bilder im Wasser und in den Spiegeln, ferner auch Gemälde und Statuen und was es sonst noch alles dergleichen gibt.

e 28. F: Es ist ganz klar, mein Theaitet: du hast noch nie einen Sophisten gesehen.

Th: Wieso?

F: Er wird sich anstellen, als wären ihm die Augen zugefallen oder als wäre er überhaupt ganz blind.

Th: Wie?

F: Wenn du ihm in dieser Weise antwortest, indem du da von etwas in Spiegeln oder in anderen Bildungen sprichst, wird er dich wegen deiner Worte auslachen, und wenn du zu ihm redest wie zu einem, der Augen im Kopfe hat, wird er so tun, als wisse er weder von Spiegeln, noch von Wasser, noch überhaupt vom Sehen. Er wird
240 dich allein nach der Bedeutung der Worte fragen[57]).

Th: Und was wäre das?

F: Das was du für wert hältst, in alle dem vielen, das du aufzählst, mit einem Namen zu bezeichnen, indem du bei alle diesem von einem Bild als von *einem* Seienden sprichst. Das erkläre nun und setze dich ohne zu wanken und zu weichen gegen den Mann zur Wehr.

Th: Was könnten wir denn also, lieber Gast, unter Bild verstehen, wenn nicht ein anderes auf das Wahre hin angeglichenes Gleichartiges?

F: Meinst du ein anderes gleichartig Wahres oder
b worauf beziehst du das Gleichartige?

Th: Nein, keineswegs ein Wahres, sondern ein Ähnliches.

F: Meinst du mit dem Wahren ein wahrhaft Seiendes?

Th: Ja, so.

F: Wie nun? Mit dem Nichtwahren doch ein Gegenteil des Wahren?

Th: Selbstverständlich.

Ξε: Οὐκ ὄντως [οὐκ] ὂν ἄρα λέγεις τὸ ἐοικός, εἴπερ αὐτό γε μὴ ἀληθινὸν ἐρεῖς.

Θεαι: Ἀλλ' ἔστι γε μήν πως.

Ξε: Οὔκουν ἀληθῶς γε, φῄς.

Θεαι: Οὐ γὰρ οὖν· πλήν γ' εἰκὼν ὄντως.

Ξε: Οὐκ ὂν ἄρα [οὐκ] ὄντως ἐστὶν ὄντως ἣν λέγομεν εἰκόνα;

Θεαι: Κινδυνεύει τοιαύτην τινὰ πεπλέχθαι συμπλοκὴν c τὸ μὴ ὂν τῷ ὄντι, καὶ μάλα ἄτοπον.

Ξε: Πῶς γὰρ οὐκ ἄτοπον; ὁρᾷς γοῦν ὅτι καὶ νῦν διὰ τῆς ἐπαλλάξεως ταύτης ὁ πολυκέφαλος σοφιστὴς ἠνάγκακεν ἡμᾶς τὸ μὴ ὂν οὐχ ἑκόντας ὁμολογεῖν εἶναί πως.

Θεαι: Ὁρῶ καὶ μάλα.

Ξε: Τί δὲ δή; τὴν τέχνην αὐτοῦ τίνα ἀφορίσαντες ἡμῖν αὐτοῖς συμφωνεῖν οἷοί τε ἐσόμεθα;

Θεαι: Πῇ καὶ τὸ ποῖόν τι φοβούμενος οὕτω λέγεις;

Ξε: Ὅταν περὶ τὸ φάντασμα αὐτὸν ἀπατᾶν φῶμεν καὶ d τὴν τέχνην εἶναί τινα ἀπατητικὴν αὐτοῦ, τότε πότερον ψευδῆ δοξάζειν τὴν ψυχὴν ἡμῶν φήσομεν ὑπὸ τῆς ἐκείνου τέχνης, ἢ τί ποτ' ἐροῦμεν;

Θεαι: Τοῦτο· τί γὰρ ἂν ἄλλο εἴπαιμεν;

Ξε: Ψευδὴς δ' αὖ δόξα ἔσται τἀναντία τοῖς οὖσι δοξάζουσα, ἢ πῶς;

Θεαι: Οὕτως· τἀναντία.

Ξε: Λέγεις ἄρα τὰ μὴ ὄντα δοξάζειν τὴν ψευδῆ δόξαν;

Θεαι: Ἀνάγκη.

Ξε: Πότερον μὴ εἶναι τὰ μὴ ὄντα δοξάζουσαν, ἤ πως e εἶναι τὰ μηδαμῶς ὄντα;.

Θεαι: Εἶναί πως τὰ μὴ ὄντα δεῖ γε, εἴπερ ψεύσεταί ποτέ τίς τι καὶ κατὰ βραχύ.

Ξε: Τί δ'; οὐ καὶ μηδαμῶς εἶναι τὰ πάντως ὄντα δοξάζεται;

F: Als nicht in Wahrheit seiend bezeichnest du also das Ähnliche, wenn du es nicht wahrhaft nennst[58]).

Th: Aber irgendwie ist es doch.

F: Aber wenigstens nicht wahrhaft, deiner Meinung nach.

Th: Nein, das nicht; nur in Wahrheit ein Bild.

F: Ist es also nicht nichtseiend seiend, was wir als Bild bezeichnen?

c Th: Ja, dieser Art scheint die Verbindung zu sein, in der das Nichtseiende mit dem Seienden verflochten ist; in der Tat schwer zu begreifen.

F: Ja, wirklich schwer zu begreifen. Du siehst also, daß auch jetzt[59]) durch diese wechselseitige Verflechtung der vielköpfige Sophist uns gezwungen hat, wider Willen anzuerkennen, daß das Nichtseiende in gewisser Hinsicht doch sei.

Th: Ja, sehr deutlich sehe ich das.

F: Also sage, als was sollen wir seine Kunst bestimmen, um mit uns selbst in Einklang zu bleiben?

Th: Wie meinst du das und was befürchtest du dabei?

d F: Wenn wir von ihm sagen, er täusche mit seinem Scheinbild und seine Kunst sei eine Trugkunst, soll damit gesagt sein, daß unsere Seele durch seine Kunst Falsches vorstelle, oder was können wir sonst vorbringen?

Th: Eben dies. Was sollen wir sonst sagen?

F: Eine falsche Vorstellung ist aber doch eine solche, welche das Gegenteil des Seienden vorstellt. Oder wie?

Th: Ja, das Gegenteil.

F: Du verstehst also unter einer falschen Vorstellung, das Nichtseiende vorstellen?

Th: Notwendig.

e F: Und zwar eine, die das Nichtseiende vorstellt als nicht seiend oder das keinesfalls Seiende doch als auf irgendeine Weise seiend?

Th: Irgendwie muß doch das Nichtseiende sein; sonst könnte sich ja nie jemand in etwas, und sei es auch im geringsten, irren.

F: Weiter nun. Wird nicht auch, was jedenfalls ist, für keinesfalls seiend gehalten?

Θεαι: Ναί.

Ξε: Καὶ τοῦτο δὴ ψεῦδος;

Θεαι: Καὶ τοῦτο.

Ξε: Καὶ λόγος οἶμαι ψευδὴς οὕτω κατὰ ταὐτὰ νομισθήσεται τά τε ὄντα λέγων μὴ εἶναι καὶ τὰ μὴ ὄντα εἶναι. 24

Θεαι: Πῶς γὰρ ἂν ἄλλως τοιοῦτος γένοιτο;

Ξε: Σχεδὸν οὐδαμῶς· ἀλλὰ ταῦτα ὁ σοφιστὴς οὐ φήσει. ἢ τίς μηχανὴ συγχωρεῖν τινα τῶν εὖ φρονούντων, ὅταν [ἄφθεγκτα καὶ ἄρρητα καὶ ἄλογα καὶ ἀδιανόητα] προσδιωμολογημένα ᾖ τὰ πρὸ τούτων ὁμολογηθέντα; μανθάνομεν, ὦ Θεαίτητε, ἃ λέγει;

Θεαι: Πῶς γὰρ οὐ μανθάνομεν ὅτι τἀναντία φήσει λέγειν ἡμᾶς τοῖς νυνδή, ψευδῆ τολμήσαντας εἰπεῖν ὡς ἔστιν ἐν δόξαις τε καὶ κατὰ λόγους; τῷ γὰρ μὴ ὄντι τὸ ὂν προσ- b
άπτειν ἡμᾶς πολλάκις ἀναγκάζεσθαι, διομολογησαμένους νυνδὴ τοῦτο εἶναι πάντων ἀδυνατώτατον.

Ξε: Ὀρθῶς ἀπεμνημόνευσας. ἀλλ᾽ ὅρα δὴ [βουλεύεσθαι] τί χρὴ δρᾶν τοῦ σοφιστοῦ πέρι· τὰς γὰρ ἀντιλήψεις καὶ ἀπορίας, ἐὰν αὐτὸν διερευνῶμεν ἐν τῇ τῶν ψευδουργῶν καὶ γοήτων τέχνῃ τιθέντες, ὁρᾷς ὡς εὔποροι καὶ πολλαί.

Θεαι: Καὶ μάλα.

Ξε: Μικρὸν μέρος τοίνυν αὐτῶν διεληλύθαμεν, οὐσῶν ὡς ἔπος εἰπεῖν ἀπεράντων. c

Θεαι: Ἀδύνατόν γ᾽ ἄν, ὡς ἔοικεν, εἴη τὸν σοφιστὴν ἑλεῖν, εἰ ταῦτα οὕτως ἔχει.

Ξε: Τί οὖν; οὕτως ἀποστησόμεθα νῦν μαλθακισθέντες;

Θεαι: Οὔκουν ἔγωγέ φημι δεῖν, εἰ καὶ κατὰ σμικρὸν

Th: Ja.

F: Auch[60]) das ist Irrtum?

Th: Auch das.

F: Und so ist, meine ich, die Rede nach demselben
241 Gesichtspunkt für falsch zu halten, die das Seiende als nichtseiend und das Nichtseiende als seiend aussagt?

Th: Wie könnte eine solche auf andere Weise entstehen?

F: Kaum anders. Aber das wird der Sophist nicht zugeben. Oder welcher Kunstgriff bringt einen, der wohl bei Verstande ist, dahin, hier zuzustimmen, wenn das zuvor Zugestandene das ist, was wir uns gegenseitig als unaussprechbar, unsagbar, unerklärbar und undurchdenkbar zugestanden haben[61])? Merken wir, mein Theaitet, was er da sagt[62])?

Th: Wie sollten wir nicht merken, daß er behaupten wird, wir sagten das Gegenteil von dem gerade Gesag-
b ten, als wir so kühn waren zu behaupten, das Unwahre habe ein Sein in den Ansichten und Reden. Denn dann wären wir gezwungen, in mannigfacher Weise mit dem Nichtseienden das Seiende zu verknüpfen, nachdem wir uns gerade dahin geeinigt hätten, daß dies das Allerunmöglichste sei.

29. F: Richtig erinnert. Doch ist es Zeit, uns schlüssig zu werden, wie wir es mit dem Sophisten halten sollen. Denn wenn wir ihn der Kunst der Trugbildner und Gaukler zuweisen, um ihn da aufzuspüren, so siehst du, wie leicht und in welcher Fülle ihm da die Einwendungen und Schikanen zur Hand sind.

Th: Ja, gewiß.

F: Einen kleinen Teil davon haben wir erst durchge-
c nommen, während es ihrer geradezu unzählige gibt.

Th: So dürfte es wohl, wie es scheint, unmöglich sein, den Sophisten zu fassen, wenn es sich so verhält.

F: Wie nun? Wollen wir jetzt entmutigt die Sache aufgeben?

Th: Nein, ich meine, das dürfen wir nicht, wenn wir

οἷοί τ' ἐπιλαβέσθαι πῃ τἀνδρός ἐσμεν.

Ξε: Ἕξεις οὖν συγγνώμην καὶ καθάπερ νῦν εἶπες ἀγαπήσεις ἐάν πῃ καὶ κατὰ βραχὺ παρασπασώμεθα οὕτως ἰσχυροῦ λόγου;

Θεαι: Πῶς γὰρ οὐχ ἕξω;

Ξε: Τόδε τοίνυν ἔτι μᾶλλον παραιτοῦμαί σε. d

Θεαι: Τὸ ποῖον;

Ξε: Μή με οἷον πατραλοίαν ὑπολάβῃς γίγνεσθαί τινα.

Θεαι: Τί δή;

Ξε: Τὸν τοῦ πατρὸς Παρμενίδου λόγον ἀναγκαῖον ἡμῖν ἀμυνομένοις ἔσται βασανίζειν, καὶ βιάζεσθαι τό τε μὴ ὂν ὡς ἔστι κατά τι καὶ τὸ ὂν αὖ πάλιν ὡς οὐκ ἔστι πῃ.

Θεαι: Φαίνεται τὸ τοιοῦτον διαμαχετέον ἐν τοῖς λόγοις.

Ξε: Πῶς γὰρ οὐ φαίνεται καὶ τὸ λεγόμενον δὴ τοῦτο τυφλῷ; τούτων γὰρ μήτ' ἐλεγχθέντων μήτε ὁμολογηθέντων e σχολῇ ποτέ τις οἷός τε ἔσται περὶ λόγων ψευδῶν λέγων ἢ δόξης, εἴτε εἰδώλων εἴτε εἰκόνων εἴτε μιμημάτων εἴτε φαντασμάτων αὐτῶν, ἢ καὶ περὶ τεχνῶν τῶν ὅσαι περὶ ταῦτά εἰσι, μὴ καταγέλαστος εἶναι τά ⟨γ'⟩ ἐναντία ἀναγκαζόμενος αὑτῷ λέγειν.

Θεαι: Ἀληθέστατα.

Ξε: Διὰ ταῦτα μέντοι τολμητέον ἐπιτίθεσθαι τῷ πα- 242
τρικῷ λόγῳ νῦν, ἢ τὸ παράπαν ἐατέον, εἰ τοῦτό τις εἴργει δρᾶν ὄκνος.

Θεαι: Ἀλλ' ἡμᾶς τοῦτό γε μηδὲν μηδαμῇ εἴρξῃ.

Ξε: Τρίτον τοίνυν ἔτι σε σμικρόν τι παραιτήσομαι.

Θεαι: Λέγε μόνον.

Ξε: Εἶπόν που νυνδὴ λέγων ὡς πρὸς τὸν περὶ ταῦτ'

auch nur die geringste Hoffnung haben, den Mann auf irgendeine Weise fassen zu können.

F: Wirst du es mir also nachsehen und dich, wie du eben sagtest, zufrieden geben, wenn wir irgendwie und auch nur ein kleines Stück von einem so gewaltigen Gedanken auf unsere Seite ziehen können[63])?

Th: Wie sollte ich nicht?

d F: So bitte ich dich denn noch dringender um folgendes.

Th: Um was denn?

F: Mir nicht etwa zu unterstellen, ich wollte eine Art Vatermörder werden.

Th: Warum denn das?

F: Es kann uns zum Zwecke der Verteidigung nicht erspart werden, den Satz unseres Vaters Parmenides genau zu prüfen, und das Nichtseiende zu zwingen, daß es in gewisser Hinsicht ist und andererseits das Seiende, daß es irgendwie nicht ist.

Th: Es scheint so, daß wir das in der Erörterung durchfechten müssen.

F: Ja, so deutlich, daß es, mit dem Sprichwort zu reden,
e auch ein Blinder sehen kann. Denn solange diese beiden Sätze nicht entweder widerlegt oder bestätigt sind, wird schwerlich jemand imstande sein, über falsche Behauptungen oder Vorstellungen zu reden, ob es nun Bilder oder Abbilder oder Nachahmungen oder Scheinbilder selbst sind, oder aber über die Künste, die es mit ihnen zu tun haben — ohne daß er sich dabei lächerlich macht, indem er gezwungen wird, sich selbst zu widersprechen.

Th: Das ist sehr wahr.

242 F: Deshalb müssen wir jetzt den Mut haben, der väterlichen Rede hart zuzusetzen oder die Sache überhaupt aufzugeben, falls gewisse Bedenken von solchem Unternehmen abhalten.

Th: Nein, nichts soll uns in irgendeiner Weise davon abhalten.

F: So möchte ich denn noch eine dritte kleine Bitte an dich richten.

Th: Sprich nur.

F: Ich sagte doch gerade vorher, daß ich einer solchen

ἔλεγχον ἀεί τε ἀπειρηκὼς ἐγὼ τυγχάνω καὶ δὴ καὶ τὰ νῦν.

Θεαι: Εἶπες.

Ξε: Φοβοῦμαι δὴ τὰ εἰρημένα, μή ποτε διὰ ταῦτά σοι
μανικὸς εἶναι δόξω παρὰ πόδα μεταβαλὼν ἐμαυτὸν ἄνω
καὶ κάτω. σὴν γὰρ δὴ χάριν ἐλέγχειν τὸν λόγον ἐπιθησό- b
μεθα, ἐάνπερ ἐλέγχωμεν.

Θεαι: Ὡς τοίνυν ἔμοιγε μηδαμῇ δόξων μηδὲν πλημ-
μελεῖν, ἂν ἐπὶ τὸν ἔλεγχον τοῦτον καὶ τὴν ἀπόδειξιν ἴῃς,
θαρρῶν ἴθι τούτου γε ἕνεκα.

Ξε: Φέρε δή, τίνα ἀρχήν τις ἂν ἄρξαιτο παρακινδυνευ-
τικοῦ λόγου; δοκῶ μὲν γὰρ τήνδ᾽, ὦ παῖ, τὴν ὁδὸν ἀναγ-
καιοτάτην ἡμῖν εἶναι τρέπεσθαι.

Θεαι: Ποίαν δή;

Ξε: Τὰ δοκοῦντα νῦν ἐναργῶς ἔχειν ἐπισκέψασθαι πρῶ-
τον μή πῃ τεταραγμένοι μὲν ὦμεν περὶ ταῦτα, ῥᾳδίως δ᾽ c
ἀλλήλοις ὁμολογῶμεν ὡς εὐκρινῶς ἔχοντες.

Θεαι: Λέγε σαφέστερον ὃ λέγεις.

Ξε: Εὐκόλως μοι δοκεῖ Παρμενίδης ἡμῖν διειλέχθαι καὶ
πᾶς ὅστις πώποτε ἐπὶ κρίσιν ὥρμησε τοῦ τὰ ὄντα διορίσασ-
θαι πόσα τε καὶ ποῖά ἐστιν.

Θεαι: Πῇ;

Ξε: Μῦθόν τινα ἕκαστος φαίνεταί μοι διηγεῖσθαι παισὶν
ὡς οὖσιν ἡμῖν, ὁ μὲν ὡς τρία τὰ ὄντα, πολεμεῖ δὲ ἀλλήλοις
ἐνίοτε αὐτῶν ἄττα πῃ, τοτὲ δὲ καὶ φίλα γιγνόμενα γάμους d
τε καὶ τόκους καὶ τροφὰς τῶν ἐκγόνων παρέχεται· δύο δὲ
ἕτερος εἰπών, ὑγρὸν καὶ ξηρὸν ἢ θερμὸν καὶ ψυχρόν, συνοι-
κίζει τε αὐτὰ καὶ ἐκδίδωσι· τὸ δὲ παρ᾽ ἡμῖν Ἐλεατικὸν
ἔθνος, ἀπὸ Ξενοφάνους τε καὶ ἔτι πρόσθεν ἀρξάμενον, ὡς
ἑνὸς ὄντος τῶν πάντων καλουμένων οὕτω διεξέρχεται τοῖς
μύθοις. Ἰάδες δὲ καὶ Σικελαί τινες ὕστερον Μοῦσαι συνε-

Widerlegung immer habe entsagen müssen und so auch jetzt.

Th: Das sagtest du.

F: Nun habe ich aber daraufhin Angst, daß ich dir deswegen wie ein Verrückter vorkomme, wenn ich mich im
b Handumdrehen hin- und zurückwende. Dir zu Gefallen
also wollen wir die Widerlegung des Satzes in Angriff nehmen, wenn überhaupt eine Widerlegung[64]).

Th: Da du, nach meiner Ansicht wenigstens, kein Unrecht begehst, wenn du dich an diese Widerlegung und den Beweis machst, so gehe ruhig mit Zuversicht vor.

30. F: Nun gut, mit welchem Anfang soll man wohl beginnen bei einem so gewagten Gedankengang? Ich glaube, mein Junge, folgender Weg ist am ehesten einzuschlagen.

Th: Welcher denn nun?

F: Zuerst das, was uns zunächst ganz deutlich scheint,
c zu prüfen, ob wir darüber nicht irgendwie im unklaren
sind und uns nur leichthin miteinander verständigen, als ob wir darüber im reinen wären.

Th: Erkläre deutlicher, was du meinst.

F: Leichthin, scheint mir, hat Parmenides zu uns gesprochen, sowie überhaupt alle, die sich je an die Teilung des Seienden gewagt haben, es nach Zahl und Art zu bestimmen[65]).

Th: Wieso?

F: Wie eine Geschichte kommt mir vor, was jeder von ihnen uns erzählt, als wären wir Kinder. Der eine sagt, es gebe des Seienden drei, von denen einiges zu Zeiten
d miteinander im Kampfe liege, dann aber auch wieder
einander lieb habe, so daß es Hochzeiten gebe und Zeugungen und Großziehen der Sprößlinge. Ein anderer wieder sagt[66]), es gebe nur zwei, Nasses und Trockenes oder Warmes und Kaltes, und er verheiratet sie und stattet sie aus. Unsere Eleaten aber, von Xenophanes[67]) an oder von noch früher her, erzählen in ihren Geschichten von dem, was man gemeinhin das All der Dinge nennt, wie von *einem* Seienden. Ionische oder sizilische Musen[68])

νόησαν ὅτι συμπλέκειν ἀσφαλέστατον ἀμφότερα καὶ λέγειν e
ὡς τὸ ὂν πολλά τε καὶ ἕν ἐστιν, ἔχθρᾳ δὲ καὶ φιλίᾳ συνέχεται.
διαφερόμενον γὰρ ἀεὶ συμφέρεται, φασὶν αἱ συντονώτεραι
τῶν Μουσῶν· αἱ δὲ μαλακώτεραι τὸ μὲν ἀεὶ ταῦτα οὕτως
ἔχειν ἐχάλασαν, ἐν μέρει δὲ τοτὲ μὲν ἓν εἶναί φασι τὸ πᾶν
καὶ φίλον ὑπ' Ἀφροδίτης, τοτὲ δὲ πολλὰ καὶ πολέμιον αὐτὸ 243
αὐτῷ διὰ νεῖκός τι. ταῦτα δὲ πάντα εἰ μὲν ἀληθῶς τις ἢ μὴ
τούτων εἴρηκε, χαλεπὸν καὶ πλημμελὲς οὕτω μεγάλα
κλεινοῖς καὶ παλαιοῖς ἀνδράσιν ἐπιτιμᾶν· ἐκεῖνο δὲ ἀνε-
πίφθονον ἀποφήνασθαι —

Θεαι: Τὸ ποῖον;

Ξε: Ὅτι λίαν τῶν πολλῶν ἡμῶν ὑπεριδόντες ὠλιγώρη-
σαν· οὐδὲν γὰρ φροντίσαντες εἴτ' ἐπακολουθοῦμεν αὐτοῖς
λέγουσιν εἴτε ἀπολειπόμεθα, περαίνουσι τὸ σφέτερον
αὐτῶν ἕκαστοι. b

Θεαι: Πῶς λέγεις;

Ξε: Ὅταν τις αὐτῶν φθέγξηται λέγων ὡς ἔστιν ἢ
γέγονεν ἢ γίγνεται πολλὰ ἢ ἓν ἢ δύο, καὶ θερμὸν αὖ ψυχρῷ
συγκεραννύμενον, ἄλλοθί πῃ διακρίσεις καὶ συγκρίσεις
ὑποτιθείς, τούτων, ὦ Θεαίτητε, ἑκάστοτε σύ τι πρὸς θεῶν
συνίῃς ὅτι λέγουσιν; ἐγὼ μὲν γὰρ ὅτε μὲν ἦν νεώτερος,
τοῦτό τε τὸ νῦν ἀπορούμενον ὁπότε τις εἴποι, τὸ μὴ ὄν,
ἀκριβῶς ᾤμην συνιέναι. νῦν δὲ ὁρᾷς ἵν' ἐσμὲν αὐτοῦ πέρι
τῆς ἀπορίας.

Θεαι: Ὁρῶ. c

Ξε: Τάχα τοίνυν ἴσως οὐχ ἧττον κατὰ τὸ ὂν ταὐτὸν
τοῦτο πάθος εἰληφότες ἐν τῇ ψυχῇ περὶ μὲν τοῦτο εὐπορεῖν
φαμεν καὶ μανθάνειν ὁπόταν τις αὐτὸ φθέγξηται, περὶ δὲ

e kamen aber später auf den Gedanken, es sei am sichersten, beides zu verknüpfen und zu sagen, das Seiende sei sowohl Vieles wie Eines und werde durch Feindschaft und Liebe zusammengehalten. Denn sich trennend wird es doch beständig wieder zusammengeführt, so sagen die gestrengeren Musen. Die nachgiebigeren aber sahen von dem Gebot, daß dies sich beständig so verhalten solle, ab und behaupten, daß abwechselnd das All bald Eines sei und einander befreundet durch die Macht der Aphrodite,
243 bald wieder Vieles und miteinander befeindet durch einen Streit. Ob nun mit alledem einer von ihnen Wahres gesprochen habe oder nicht, ist schwer zu entscheiden, und es scheint wenig am Platze zu sein, mit so berühmten und altehrwürdigen Männern über so große Fragen zu rechten. Das aber darf man, ohne Anstoß zu erregen, aussprechen —

Th: Was?

F: Daß sie uns viele einfach übersehen und allzu wenig Rücksicht auf uns genommen haben. Denn ohne sich da-
b rum zu kümmern, ob wir ihren Worten auch folgen oder zurückbleiben, führt ein jeder seine eigene Sache zu Ende[69]).

Th: Wie meinst du das?

F: Wenn einer von ihnen sich mit den Worten hören läßt, es sei oder es sei geworden oder es werde Vieles oder Eines oder Zwei, und wiederum Warmes mit Kaltem gemischt, und irgendwo anders legt einer Trennungen und Verbindungen zugrunde, kannst du, Theaitet, bei den Göttern, davon jeweils etwas verstehen, was gemeint ist? Ich jedenfalls glaubte damals, als ich noch jünger war, dieses Nichtseiende, das uns jetzt so in Schwierigkeiten bringt, wenn man es ausspricht, genau zu verstehen; jetzt aber siehst du, in welcher Ratlosigkeit wir über es sind.

c Th: Ja, ich sehe es.

F: Vielleicht aber machen wir bald nicht weniger über das Seiende dieselbe Erfahrung in unserer Seele. Wir sagen zwar, daß wir bei diesem keine Schwierigkeiten haben und daß wir verstehen, wenn einer es ausspricht,

θάτερον οὔ, πρὸς ἀμφότερα ὁμοίως ἔχοντες.

Θεαι: Ἴσως.

Ξε: Καὶ περὶ τῶν ἄλλων δὴ τῶν προειρημένων ἡμῖν ταὐτὸν τοῦτο εἰρήσθω.

Θεαι: Πάνυ γε.

Ξε: Τῶν μὲν τοίνυν πολλῶν πέρι καὶ μετὰ τοῦτο σκεψόμεθ', ἂν δόξῃ, περὶ δὲ τοῦ μεγίστου τε καὶ ἀρχηγοῦ πρώτου d
νῦν σκεπτέον.

Θεαι: Τίνος δὴ λέγεις; ἢ δῆλον ὅτι τὸ ὂν φῂς πρῶτον δεῖν διερευνήσασθαι τί ποθ' οἱ λέγοντες αὐτὸ δηλοῦν ἡγοῦνται;

Ξε: Κατὰ πόδα γε, ὦ Θεαίτητε, ὑπέλαβες. λέγω γὰρ δὴ ταύτῃ δεῖν ποιεῖσθαι τὴν μέθοδον ἡμᾶς, οἷον αὐτῶν παρόντων ἀναπυνθανομένους ὧδε· "Φέρε, ὁπόσοι θερμὸν καὶ ψυχρὸν ἤ τινε δύο τοιούτω τὰ πάντ' εἶναί φατε, τί ποτε ἄρα τοῦτ' ἐπ' ἀμφοῖν φθέγγεσθε, λέγοντες ἄμφω καὶ ἑκάτερον εἶναι; τί τὸ εἶναι τοῦτο ὑπολάβωμεν ὑμῶν; πότερον e
τρίτον παρὰ τὰ δύο ἐκεῖνα, καὶ τρία τὸ πᾶν ἀλλὰ μὴ δύο ἔτι καθ' ὑμᾶς τιθῶμεν; οὐ γάρ που τοῖν γε δυοῖν καλοῦντες θάτερον ὂν ἀμφότερα ὁμοίως εἶναι λέγετε· σχεδὸν γὰρ ἂν ἀμφοτέρως ἕν, ἀλλ' οὐ δύο εἴτην."

Θεαι: Ἀληθῆ λέγεις.

Ξε: "Ἀλλ' ἆρά γε τὰ ἄμφω βούλεσθε καλεῖν ὄν;"

Θεαι: Ἴσως.

Ξε: "Ἀλλ', ὦ φίλοι," φήσομεν, "κἂν οὕτω τὰ δύο 244
λέγοιτ' ἂν σαφέστατα ἕν."

Θεαι: Ὀρθότατα εἴρηκας.

Ξε: "Ἐπειδὴ τοίνυν ἡμεῖς ἠπορήκαμεν, ὑμεῖς αὐτὰ ἡμῖν ἐμφανίζετε ἱκανῶς, τί ποτε βούλεσθε σημαίνειν ὁπό-

im Unterschied zu jenem, obwohl wir doch bei beiden in einer ganz ähnlichen Lage sind.

Th: Vielleicht.

F: Auch von den anderen vorherigen Bestimmungen müssen wir uns dasselbe sagen.

Th: Gewiß.

31. F: Diese vielen Bestimmungen wollen wir auch
d später in Betracht ziehen, wenn es dir recht ist. Zuvor aber müssen wir das Höchste und erste Ursprüngliche betrachten[70]).

Th: Wovon sprichst du nun? Oder ist klar, daß du meinst, wir müssen zuerst das Seiende daraufhin prüfen, was eigentlich diejenigen, die von ihm sprechen, darüber zu offenbaren glauben?

F: Du hast die Sache am richtigen Punkt erfaßt, mein Theaitet. Denn ich denke, wir verfahren nun notwendig so, als wären sie selbst zugegen und wir forschten sie folgendermaßen aus: Nun wohl, ihr alle, die ihr erklärt, das All sei das Warme und Kalte oder irgendeine ähnliche Zweiheit, was meint ihr damit von beiden, wenn ihr sagt,
e es seien beide und jedes von beiden[71])? Was sollen wir uns unter diesem eurem Sein denken? Etwa ein Drittes, neben jenen zweien, und sollen wir also nach euch das Ganze als Drei und nicht mehr als Zwei setzen? Denn wenn ihr von den beiden das eine als seiend denkt, könnt ihr doch nicht sagen, daß beide gleichermaßen sind. Denn auf beide Weise sind die dann eins, aber nicht zwei.

Th: Allerdings.

F: Aber vielleicht wollt ihr die beiden als seiend bezeichnen?

Th: Mag sein.

244 F: „Aber, meine Freunde", sagen wir dann, „auch so dürften wohl die Zwei durch eure Rede offensichtlich Eines werden."

Th: Das hast du sehr richtig gesagt.

F: Da wir also nicht weiterwissen, so müßt ihr uns genügend klar machen, was ihr eigentlich damit bezeichnen wollt, wenn ihr euch des Ausdrucks seiend bedient.

ταν ὂν φθέγγησθε. δῆλον γὰρ ὡς ὑμεῖς μὲν ταῦτα πάλαι γιγνώσκετε, ἡμεῖς δὲ πρὸ τοῦ μὲν ᾠόμεθα, νῦν δ' ἠπορήκαμεν. διδάσκετε οὖν πρῶτον τοῦτ' αὐτὸ ἡμᾶς, ἵνα μὴ δοξάζωμεν μανθάνειν μὲν τὰ λεγόμενα παρ' ὑμῶν, τὸ δὲ τούτου γίγνηται πᾶν τοὐναντίον." ταῦτα δὴ λέγοντές τε b
καὶ ἀξιοῦντες παρά τε τούτων καὶ παρὰ τῶν ἄλλων ὅσοι πλεῖον ἑνὸς λέγουσι τὸ πᾶν εἶναι, μῶν, ὦ παῖ, τὶ πλημμελήσομεν;

Θεαι: Ἥκιστά γε.

Ξε: Τί δέ; παρὰ τῶν ἓν τὸ πᾶν λεγόντων ἆρ' οὐ πευστέον εἰς δύναμιν τί ποτε λέγουσι τὸ ὄν;

Θεαι: Πῶς γὰρ οὔ;

Ξε: Τόδε τοίνυν ἀποκρινέσθων. "Ἓν πού φατε μόνον εἶναι;" — "Φαμὲν γάρ," φήσουσιν. ἦ γάρ;

Θεαι: Ναί.

Ξε: "Τί δέ; ὂν καλεῖτέ τι;"

Θεαι: Ναί.

Ξε: "Πότερον ὅπερ ἕν, ἐπὶ τῷ αὐτῷ προσχρώμενοι δυοῖν c
ὀνόμασιν, ἢ πῶς;"

Θεαι: Τίς οὖν αὐτοῖς ἡ μετὰ τοῦτ', ὦ ξένε, ἀπόκρισις;

Ξε: Δῆλον, ὦ Θεαίτητε, ὅτι τῷ ταύτην τὴν ὑπόθεσιν ὑποθεμένῳ πρὸς τὸ νῦν ἐρωτηθὲν καὶ πρὸς ἄλλο δὲ ὁτιοῦν οὐ πάντων ῥᾷστον ἀποκρίνασθαι.

Θεαι: Πῶς;

Ξε: Τό τε δύο ὀνόματα ὁμολογεῖν εἶναι μηδὲν θέμενον πλὴν ἓν καταγέλαστόν που.

Θεαι: Πῶς δ' οὔ;

Ξε: Καὶ τὸ παράπαν γε ἀποδέχεσθαί του λέγοντος ὡς ἔστιν ὄνομά τι, λόγον οὐκ ἂν ἔχον. d

Θεαι: Πῇ;

Ξε: Τιθείς τε τοὔνομα τοῦ πράγματος ἕτερον δύο λέγει πού τινε.

Θεαι: Ναί.

Denn ihr wißt dies offenbar schon lange; wir glaubten dies allerdings früher auch, jetzt aber sind wir ratlos. Also belehrt uns zunächst darüber, damit wir uns nicht einbilden, wir verstünden, was ihr sagt, während doch
b ganz das Gegenteil der Fall ist. Wenn wir so mit ihnen reden und an diese ebenso wie an alle anderen, die das All mehr als Eins nennen, diese Bitte richten, so werden wir doch keine Verstimmung hervorrufen, mein Junge?

Th: Nicht im geringsten.

32. F: Was aber nun? Muß man nun nicht von denen, die das All Eins nennen, nach Möglichkeit zu erfahren suchen, was sie eigentlich unter dem Seienden verstehen?

Th: Gewiß.

F: Sie sollen also auf folgendes antworten: Ihr behauptet doch, es sei nur Eines? „Das behaupten wir", werden sie sagen. Nicht wahr?

Th: Ja.

F: Ferner: Seiendes nennt ihr doch etwas?

Th: Ja.

c F: Was Eins ist, indem ihr zwei Namen bei einem und demselben gebraucht, oder wie?

Th: Wie wird ihre Antwort darauf lauten, lieber Gast?

F: Offenbar, mein Theaitet, ist es für den, der diese Grundlage voraussetzt, nichts weniger als leicht, Antwort auf die jetzige wie auf jede beliebige weitere Frage zu geben.

Th: Wieso?

F: Einerseits ist es doch lächerlich, das Sein zweier Namen einzuräumen, wenn man überhaupt nur Eines annimmt.

Th: Gewiß.

F: Aber andererseits jemand abzunehmen, daß ein
d Name das Sein ausmacht, dürfte keinen vernünftigen Sinn haben.

Th: Inwiefern?

F: Setzt er den Namen als verschieden von der Sache, so spricht er doch schon von zweierlei?

Th: Ja.

Ξε: Καὶ μὴν ἂν ταὐτόν γε αὐτῷ τιθῇ τοὔνομα, ἢ μηδενὸς ὄνομα ἀναγκασθήσεται λέγειν, εἰ δέ τινος αὐτὸ φήσει, συμβήσεται τὸ ὄνομα ὀνόματος ὄνομα μόνον, ἄλλου δὲ οὐδενὸς ὄν.

Θεαι: Οὕτως.

Ξε: Καὶ τὸ ἕν γε, ἑνὸς ὄνομα ὂν καὶ τοῦ ὀνόματος αὖ τὸ ἓν ὄν.

Θεαι: Ἀνάγκη.

Ξε: Τί δέ; τὸ ὅλον ἕτερον τοῦ ὄντος ἑνὸς ἢ ταὐτὸν φήσουσι τούτῳ;

Θεαι: Πῶς γὰρ οὐ φήσουσί τε καὶ φασίν; e

Ξε: Εἰ τοίνυν ὅλον ἐστίν, ὥσπερ καὶ Παρμενίδης λέγει,

Πάντοθεν εὐκύκλου σφαίρης ἐναλίγκιον ὄγκῳ,
μεσσόθεν ἰσοπαλὲς πάντῃ· τὸ γὰρ οὔτε τι μεῖζον
οὔτε τι βαιότερον πελέναι χρεόν ἐστι τῇ ἢ τῇ,

τοιοῦτόν γε ὂν τὸ ὂν μέσον τε καὶ ἔσχατα ἔχει, ταῦτα δὲ ἔχον πᾶσα ἀνάγκη μέρη ἔχειν· ἢ πῶς;

Θεαι: Οὕτως.

Ξε: Ἀλλὰ μὴν τό γε μεμερισμένον πάθος μὲν τοῦ ἑνὸς 24
ἔχειν ἐπὶ τοῖς μέρεσι πᾶσιν οὐδὲν ἀποκωλύει, καὶ ταύτῃ δὴ πᾶν τε ὂν καὶ ὅλον ἓν εἶναι.

Θεαι: Τί δ' οὔ;

Ξε: Τὸ δὲ πεπονθὸς ταῦτα ἆρ' οὐκ ἀδύνατον αὐτό γε τὸ ἓν αὐτὸ εἶναι;

Θεαι: Πῶς;

Ξε: Ἀμερὲς δήπου δεῖ παντελῶς τό γε ἀληθῶς ἓν κατὰ τὸν ὀρθὸν λόγον εἰρῆσθαι.

Θεαι: Δεῖ γὰρ οὖν.

F: Wenn er aber andererseits den Namen mit ihr identisch setzt, so sieht er sich entweder gezwungen, einen Namen von einem Nichts zu gebrauchen oder aber, wenn er ihn von etwas aussagt, wird herauskommen, daß der Name nur Name eines Namens und von nichts anderem ist.

Th: Genau so.

F: Und auch das Eine, allein als das Eine des Einen, ist selbst auch das Eine des Namens[72]).

Th: Notwendig.

F: Und weiter. Werden sie das Ganze als ein anderes gegenüber dem Einsseienden denken oder als ein und dasselbe?

e Th: Als dasselbe. Und das werden sie nicht nur denken, sondern sie denken es auch.

F: Wenn es nun ein Ganzes ist, wie auch Parmenides sagt,

> Allseits gleichend der Pracht des schönstgerundeten Balles
> Gleich stark rings um die Mitte sich breitend. Nicht irgendwo darf es
> Größer sich zeigen, sei's hier oder dort, und nirgends auch schwächer.

so hat das Seiende, wenn es ein solches ist, Mitte und äußerste Grenzen, und wenn es das hat, dann auch ganz notwendig Teile, oder wie?

Th: Ja.

245 F: Aber, daß dem Geteilten wenigstens die Eins zuteil werde in allen seinen Teilen, dem steht nichts im Wege, und daß es auf diese Weise ein Ganzes sei und vollständig eines.

Th: Warum auch nicht?

F: Aber dem dies widerfährt, das kann doch unmöglich das Eine selbst sein?

Th: Wie das?

F: Vollkommen ohne Teile ist doch notwendig das wahrhafte Eine seiner richtigen Bestimmung nach?

Th: Allerdings.

Ξε: Τὸ δέ γε τοιοῦτον ἐκ πολλῶν μερῶν ὂν οὐ συμφωνήσει τῷ [ὅλῳ] λόγῳ. b

Θεαι: Μανθάνω.

Ξε: Πότερον δὴ πάθος ἔχον τὸ ὂν τοῦ ἑνὸς οὕτως ἕν τε ἔσται καὶ ὅλον, ἢ παντάπασι μὴ λέγωμεν ὅλον εἶναι τὸ ὄν;

Θεαι: Χαλεπὴν προβέβληκας αἵρεσιν.

Ξε: Ἀληθέστατα μέντοι λέγεις. πεπονθός τε γὰρ τὸ ὂν ἓν εἶναί πως οὐ ταὐτὸν ὂν τῷ ἑνὶ φανεῖται, καὶ πλέονα δὴ τὰ πάντα ἑνὸς ἔσται.

Θεαι: Ναί.

Ξε: Καὶ μὴν ἐάν γε τὸ ὂν ᾖ μὴ ὅλον διὰ τὸ πεπονθέναι c
τὸ ὑπ' ἐκείνου πάθος, ᾖ δὲ αὐτὸ τὸ ὅλον, ἐνδεὲς τὸ ὂν ἑαυτοῦ συμβαίνει.

Θεαι: Πάνυ γε.

Ξε: Καὶ κατὰ τοῦτον δὴ τὸν λόγον ἑαυτοῦ στερόμενον οὐκ ὂν ἔσται τὸ ὄν.

Θεαι: Οὕτως.

Ξε: Καὶ ἑνός γε αὖ πλείω τὰ πάντα γίγνεται, τοῦ τε ὄντος καὶ τοῦ ὅλου χωρὶς ἰδίαν ἑκατέρου φύσιν εἰληφότος.

Θεαι: Ναί.

Ξε: Μὴ ὄντος δέ γε τὸ παράπαν τοῦ ὅλου, ταὐτά τε
ταῦτα ὑπάρχει τῷ ὄντι, καὶ πρὸς τῷ μὴ εἶναι μηδ' ἂν d
γενέσθαι ποτὲ ὄν.

Θεαι: Τί δή;

Ξε: Τὸ γενόμενον ἀεὶ γέγονεν ὅλον· ὥστε οὔτε οὐσίαν οὔτε γένεσιν ὡς οὖσαν δεῖ προσαγορεύειν [τὸ ἓν ἢ] τὸ ὅλον ἐν τοῖς οὖσι μὴ τιθέντα.

Θεαι: Παντάπασιν ἔοικε ταῦθ' οὕτως ἔχειν.

Ξε: Καὶ μὴν οὐδ' ὁποσονοῦν τι δεῖ τὸ μὴ ὅλον εἶναι· ποσόν τι γὰρ ὄν, ὁπόσον ἂν ᾖ, τοσοῦτον ὅλον ἀναγκαῖον αὐτὸ εἶναι.

Θεαι: Κομιδῇ γε.

Ξε: Καὶ τοίνυν ἄλλα μυρία ἀπεράντους ἀπορίας ἕκαστον

b F: Was aber so aus vielen Teilen besteht, stimmt nicht mit der einheitlichen Bestimmung zusammen.

Th: Ich verstehe.

F: Ist nun das Seiende insofern eines und ganz, als ihm die Bestimmung des Einen zuteil wird, oder wollen wir überhaupt nicht sagen, daß das Seiende ein unversehrtes Ganzes ist?

Th: Eine schwierige Wahl, die du mir da gestellt hast.

F: Da hast du sehr recht. Denn wenn dem Seienden die Eigenschaft des Einsseins zuteil wird, wird es doch offenbar nicht identisch mit dem Einen sein, und das Seiende insgesamt wird also mehr sein als Eins.

Th: Ja.

c F: Wenn aber nun das Seiende kein unversehrtes Ganzes ist, weil es die Bestimmung von jenem Einen erleidet, andererseits aber das Ganze selbst ist, dann stellt sich das Seiende seiner selbst entbehrend heraus.

Th: Allerdings.

F: Und diesem Gedanken zufolge selbstverloren, wird das Seiende nicht seiend sein.

Th: Genau so.

F: Und wiederum wird Alles mehr als Eins, wenn das Seiende und das Ganze von einander getrennt beide ihr eigentümliches Wesen erhalten.

Th: Ja.

F: Ist aber das Ganze gänzlich nichtseiend, so wird dem
d Seienden dasselbe zuteil, und außer seinem Nichtsein ist es wohl nicht einmal geworden.

Th: Warum denn das?

F: Das Gewordene ist immer ein Ganzes geworden. Mithin darf man, wenn man das Eins oder das Ganze nicht zum Seienden rechnet, weder Sein noch Gewordensein als seiend bezeichnen.

Th: Das scheint völlig richtig.

F: Und auch nicht irgendeine Größe darf das Nichtganze haben; denn ist es so und so groß, so ist es notwendig, wie groß auch immer, ein so und so großes Ganzes.

Th: Auf jeden Fall.

F: Und tausend andere, unendliche Schwierigkeiten

εἰληφὸς φανεῖται τῷ τὸ ὂν εἴτε δύο τινὲ εἴτε ἓν μόνον εἶναι e
λέγοντι.

Θεαι: Δηλοῖ σχεδὸν καὶ τὰ νῦν ὑποφαίνοντα· συνάπτεται γὰρ ἕτερον ἐξ ἄλλου, μείζω καὶ χαλεπωτέραν φέρον περὶ τῶν ἔμπροσθεν ἀεὶ ῥηθέντων πλάνην.

Ξε: Τοὺς μὲν τοίνυν διακριβολογουμένους ὄντος τε πέρι καὶ μή, πάντας μὲν οὐ διεληλύθαμεν, ὅμως δὲ ἱκανῶς ἐχέτω· τοὺς δὲ ἄλλως λέγοντας αὖ θεατέον, ἵν' ἐκ πάντων
ἴδωμεν ὅτι τὸ ὂν τοῦ μὴ ὄντος οὐδὲν εὐπορώτερον εἰπεῖν 24
ὅτι ποτ' ἔστιν.

Θεαι: Οὐκοῦν πορεύεσθαι χρὴ καὶ ἐπὶ τούτους.

Ξε: Καὶ μὴν ἔοικέ γε ἐν αὐτοῖς οἷον γιγαντομαχία τις εἶναι διὰ τὴν ἀμφισβήτησιν περὶ τῆς οὐσίας πρὸς ἀλλήλους.

Θεαι: Πῶς;

Ξε: Οἱ μὲν εἰς γῆν ἐξ οὐρανοῦ καὶ τοῦ ἀοράτου πάντα ἕλκουσι, ταῖς χερσὶν ἀτεχνῶς πέτρας καὶ δρῦς περιλαμβάνοντες. τῶν γὰρ τοιούτων ἐφαπτόμενοι πάντων διισχυρίζονται τοῦτο εἶναι μόνον ὃ παρέχει προσβολὴν καὶ ἐπαφήν
τινα, ταὐτὸν σῶμα καὶ οὐσίαν ὁριζόμενοι, τῶν δὲ ἄλλων εἴ b
τίς ⟨τι⟩ φήσει μὴ σῶμα ἔχον εἶναι, καταφρονοῦντες τὸ παράπαν καὶ οὐδὲν ἐθέλοντες ἄλλο ἀκούειν.

Θεαι: Ἦ δεινοὺς εἴρηκας ἄνδρας· ἤδη γὰρ καὶ ἐγὼ τούτων συχνοῖς προσέτυχον.

Ξε: Τοιγαροῦν οἱ πρὸς αὐτοὺς ἀμφισβητοῦντες μάλα εὐλαβῶς ἄνωθεν ἐξ ἀοράτου ποθὲν ἀμύνονται, νοητὰ ἄττα καὶ ἀσώματα εἴδη βιαζόμενοι τὴν ἀληθινὴν οὐσίαν εἶναι· τὰ δὲ ἐκείνων σώματα καὶ τὴν λεγομένην ὑπ' αὐτῶν ἀλήθειαν κατὰ σμικρὰ διαθραύοντες ἐν τοῖς λόγοις γένεσιν c
ἀντ' οὐσίας φερομένην τινὰ προσαγορεύουσιν. ἐν μέσῳ δὲ

e scheint nun jedes für den zu bekommen, der das Seiende,
sei es als irgendwelche Zwei oder allein als Eins, denkt.
Th: Das wird schon fast an dem jetzt zutage Gekommenen sichtbar. Denn eines folgt im Zusammenhang
aus dem anderen und bringt größere und schwerere Wirrnis gegenüber dem jeweils vorher Gesagten mit sich.

33. F: Diejenigen nun, die es mit dem Seienden und
Nichtseienden ganz genau nehmen[73], haben wir zwar
nicht alle durchgesprochen, doch mag es genügen. Die
aber anders reden, dürfen wir auch nicht beiseite lassen,
damit der Überblick über alle uns zeige, daß das Seiende
246 in seinem Sein uns keineswegs leichter zu bestimmen ist
als das Nichtseiende.

Th: Auch ihnen also müssen wir uns zuwenden.

F: Und wahrhaftig! Eine wahre Riesenschlacht scheint
unter ihnen entbrannt aufgrund ihres Streites über das
Sein.

Th: Wieso?

F: Die einen ziehen alles vom Himmel und aus dem
Unsichtbaren zur Erde herab, wobei sie wahre Felsblöcke
und Eichen mit ihren Händen umklammern. Denn indem
sie sich an allem derartigen festhalten, behaupten sie
steif und fest, nur das sei, was irgendwie Zugriff oder Be-
b rührung zuläßt, und bestimmen Körper und Sein als ein
und dasselbe; und wenn von den anderen einer für seiend
erklärt, was keinen Körper besitzt, so sind sie überhaupt
voller Verachtung und wollen nichts weiter hören[74].

Th: Ja, das sind ganz fürchterliche Leute, von denen du
da sprichst. Auch ich kenne sie aus manchem Zusammentreffen.

F: Daher verteidigen sich denn auch ihre Gegner sehr
vorsichtig von oben her aus dem Unsichtbaren und
versuchen zu erzwingen, daß gewisse gedankliche und
unkörperliche Ideen das wahrhafte Sein sind[75]. Die Kör-
c per jener aber und was jene als Wahrheit ansprechen,
das zerstückeln und bezeichnen sie in ihren Reden als
ein an Stelle des Seins herumgetragenes Werden. Zwi-

περὶ ταῦτα ἄπλετος ἀμφοτέρων μάχη τις, ὦ Θεαίτητε, ἀεὶ συνέστηκεν.

Θεαι: Ἀληθῆ.

Ξε: Παρ' ἀμφοῖν τοίνυν τοῖν γενοῖν κατὰ μέρος λάβωμεν λόγον ὑπὲρ ἧς τίθενται τῆς οὐσίας.

Θεαι: Πῶς οὖν δὴ ληψόμεθα;

Ξε: Παρὰ μὲν τῶν ἐν εἴδεσιν αὐτὴν τιθεμένων ῥᾷον, ἡμερώτεροι γάρ· παρὰ δὲ τῶν εἰς σῶμα πάντα ἑλκόντων βίᾳ χαλεπώτερον, ἴσως δὲ καὶ σχεδὸν ἀδύνατον. ἀλλ' ὧδέ d
μοι δεῖν δοκεῖ περὶ αὐτῶν δρᾶν.

Θεαι: Πῶς;

Ξε: Μάλιστα μέν, εἴ πῃ δυνατὸν ἦν, ἔργῳ βελτίους αὐτοὺς ποιεῖν· εἰ δὲ τοῦτο μὴ ἐγχωρεῖ, λόγῳ ποιῶμεν, ὑποτιθέμενοι νομιμώτερον αὐτοὺς ἢ νῦν ἐθέλοντας ἂν ἀποκρίνασθαι. τὸ γὰρ ὁμολογηθὲν παρὰ βελτιόνων που κυριώτερον ἢ τὸ παρὰ χειρόνων· ἡμεῖς δὲ οὐ τούτων φροντίζομεν, ἀλλὰ τἀληθὲς ζητοῦμεν.

Θεαι: Ὀρθότατα. e

Ξε: Κέλευε δὴ τοὺς βελτίους γεγονότας ἀποκρίνασθαί σοι, καὶ τὸ λεχθὲν παρ' αὐτῶν ἀφερμήνευε.

Θεαι: Ταῦτ' ἔσται.

Ξε: Λεγόντων δὴ θνητὸν ζῷον εἴ φασιν εἶναί τι.

Θεαι: Πῶς δ' οὔ;

Ξε: Τοῦτο δὲ οὐ σῶμα ἔμψυχον ὁμολογοῦσιν;

Θεαι: Πάνυ γε.

Ξε: Τιθέντες τι τῶν ὄντων ψυχήν;

Θεαι: Ναί. 247

Ξε: Τί δέ; ψυχὴν οὐ τὴν μὲν δικαίαν, τὴν δὲ ἄδικόν φασιν εἶναι, καὶ τὴν μὲν φρόνιμον, τὴν δὲ ἄφρονα;

Θεαι: Τί μήν;

Ξε: Ἀλλ' οὐ δικαιοσύνης ἕξει καὶ παρουσίᾳ τοιαύτην

schen ihnen aber spielt sich immer eine endlose Schlacht darum ab.

Th: Sehr wahr ist das.

F: Von beiden Parteien also wollen wir nacheinander Rechenschaft fordern über das, was sie als Sein setzen.

Th: Wie wollen wir das fordern?

F: Von denen, die das Sein in die Ideen setzen, ist es leichter, denn sie sind sanfter; von denen aber, die alles mit Gewalt ins Körperliche ziehen, ist es schwerer, ja
d vielleicht so gut wie unmöglich. Aber so müssen wir, glaube ich, ihnen gegenüber vorgehen.

Th: Wie?

F: Am liebsten, wenn es irgend möglich wäre, sie tatsächlich besser zu machen; sofern dies aber nicht gelingt, wollen wir sie wenigstens in Gedanken besser machen, indem wir annehmen, sie seien gewillt, angemessener als bisher zu antworten[76]). Denn ein Zugeständnis von Besseren ist doch wohl mehr wert als ein solches von Schlechteren. Wir aber kümmern uns nicht um jene Leute, sondern wir suchen die Wahrheit.

e Th: Sehr richtig.

34. F: Wenn sie besser geworden sind, fordere sie also auf zu antworten und erkläre uns, was sie sagen.

Th: Das soll geschehen.

F: So sollen sie also sagen, ob sie das Sein eines sterblichen Lebewesens anerkennen.

Th: Wie sollten sie nicht?

F: Müssen sie dies nicht als einen beseelten Leib anerkennen?

Th: Ja, gewiß.

F: Setzen sie die Seele als ein Seiendes?

47 Th: Ja.

F: Wie aber? Erklären sie nicht die Seele teils für gerecht teils für ungerecht, und teils für vernünftig teils für unvernünftig?

Th: Sicher doch.

F: Und nicht, daß jede Seele zu solcher Eigenschaft

αὐτῶν ἑκάστην γίγνεσθαι, καὶ τῶν ἐναντίων τὴν ἐναντίαν;

Θεαι: Ναί, καὶ ταῦτα σύμφασιν.

Ξε: Ἀλλὰ μὴν τό γε δυνατόν τῳ παραγίγνεσθαι καὶ ἀπογίγνεσθαι πάντως εἶναί τι φήσουσιν.

Θεαι: Φασί μὲν οὖν.

Ξε: Οὔσης οὖν δικαιοσύνης καὶ φρονήσεως καὶ τῆς b ἄλλης ἀρετῆς καὶ τῶν ἐναντίων, καὶ δὴ καὶ ψυχῆς ἐν ᾗ ταῦτα ἐγγίγνεται, πότερον ὁρατὸν καὶ ἁπτὸν εἶναί φασί τι αὐτῶν ἢ πάντα ἀόρατα;

Θεαι: Σχεδὸν οὐδὲν τούτων γε ὁρατόν.

Ξε: Τί δὲ τῶν τοιούτων; μῶν σῶμά τι λέγουσιν ἴσχειν;

Θεαι: Τοῦτο οὐκέτι κατὰ ταὐτὰ ἀποκρίνονται πᾶν, ἀλλὰ τὴν μὲν ψυχὴν αὐτὴν δοκεῖν σφίσι σῶμά τι κεκτῆσθαι, φρόνησιν δὲ καὶ τῶν ἄλλων ἕκαστον ὧν ἠρώτηκας, αἰσχύνονται τὸ τολμᾶν ἢ μηδὲν τῶν ὄντων αὐτὰ ὁμολογεῖν ἢ c πάντ' εἶναι σώματα διισχυρίζεσθαι.

Ξε: Σαφῶς γὰρ ἡμῖν, ὦ Θεαίτητε, βελτίους γεγόνασιν ἄνδρες· ἐπεὶ τούτων οὐδ' ἂν ἓν ἐπαισχυνθεῖεν οἵ γε αὐτῶν σπαρτοί τε καὶ αὐτόχθονες, ἀλλὰ διατείνοιντ' ἂν πᾶν ὃ μὴ δυνατοὶ ταῖς χερσὶ συμπιέζειν εἰσίν, ὡς ἄρα τοῦτο οὐδὲν τὸ παράπαν ἐστίν.

Θεαι: Σχεδὸν οἷα διανοοῦνται λέγεις.

Ξε: Πάλιν τοίνυν ἀνερωτῶμεν αὐτούς· εἰ γάρ τι καὶ σμικρὸν ἐθέλουσι τῶν ὄντων συγχωρεῖν ἀσώματον, ἐξαρκεῖ. d τὸ γὰρ ἐπί τε τούτοις ἅμα καὶ ἐπ' ἐκείνοις ὅσα ἔχει σῶμα συμφυὲς γεγονός, εἰς ὃ βλέποντες ἀμφότερα εἶναι λέγουσι, τοῦτο αὐτοῖς ῥητέον. τάχ' οὖν ἴσως ἂν ἀποροῖεν· εἰ δή τι τοιοῦτον πεπόνθασι, σκόπει, προτεινομένων ἡμῶν, ἆρ' ἐθέλοιεν ἂν δέχεσθαι καὶ ὁμολογεῖν τοιόνδ' εἶναι τὸ ὄν.

Θεαι: Τὸ ποῖον δή; λέγε, καὶ τάχα εἰσόμεθα.

gelangt durch den Besitz und Beistand der Gerechtigkeit und zur entgegengesetzten durch das Gegenteil?

Th: Ja, auch das geben sie zu.

F: Was aber nun einem beistehen oder fernbleiben kann, dem werden sie doch auf jeden Fall ein Sein zugestehen?

Th: Ja, das tun sie.

b F: Wenn es also Gerechtigkeit, Einsicht und sonstige Tu-
gend und auch deren Gegensätze gibt, und also auch eine
Seele, in welcher dies alles lebt, erklären sie dann etwas
davon für sichtbar und greifbar oder alles für unsichtbar?

Th: Wohl kaum irgendetwas davon für sichtbar.

F: Was aber behaupten sie weiter von solchem? Etwa, daß es einen Körper besitze?

Th: Hier antworten sie nicht mehr für alles nach dem-
selben Gesichtspunkt, vielmehr scheint ihnen zwar die
Seele etwas Körperliches zu sein, gegenüber Einsicht aber
c und dem übrigen, wonach du fragst, scheuen sie sich so-
weit zu gehen, es nicht als Seiendes gelten zu lassen, noch
zu behaupten, daß es ganz und gar körperlich sei.

F: Offenbar haben sich die Leute gebessert, Theaitet, denn die eigentlich Saatentsprossenen und Erdgeborenen unter ihnen würden auch nicht in einem dieser Punkte die geringsten Bedenken zeigen, sondern unentwegt versichern, daß alles, was sie nicht mit ihren Händen zusammendrücken können, jeglichen Seins entbehre.

Th: Damit gibst du ziemlich ihre Denkart wieder.

F: Fragen wir sie also nochmals. Denn wenn sie bereit
d sind, irgendein Seiendes, und sei es noch so gering, als
unkörperlich zuzugeben, so genügt das; denn dann müs-
sen sie angeben, was diesem und zugleich jenem, das
einen Körper hat, von Natur gemeinsam ist, im Hinblick
worauf sie von beiden sagen, daß ihnen ein Sein zukom-
me. Da dürften sie vielleicht in Verlegenheit geraten.
Sollten sie in diese Lage kommen, so sieh zu, ob sie nicht
vielleicht geneigt sind, einen Vorschlag von uns anzu-
nehmen und zuzustimmen, daß das Seiende folgendes sei.

Th: Was denn? Sprich, dann werden wir es schon bald wissen.

Ξε: Λέγω δὴ τὸ καὶ ὁποιανοῦν [τινα] κεκτημένον δύναμιν εἴτ' εἰς τὸ ποιεῖν ἕτερον ὁτιοῦν πεφυκὸς εἴτ' εἰς τὸ e
παθεῖν καὶ σμικρότατον ὑπὸ τοῦ φαυλοτάτου, κἂν εἰ μόνον εἰς ἅπαξ, πᾶν τοῦτο ὄντως εἶναι· τίθεμαι γὰρ ὅρον [ὁρίζειν] τὰ ὄντα ὡς ἔστιν οὐκ ἄλλο τι πλὴν δύναμις.

Θεαι: Ἀλλ' ἐπείπερ αὐτοί γε οὐκ ἔχουσιν ἐν τῷ παρόντι τούτου βέλτιον λέγειν, δέχονται τοῦτο.

Ξε: Καλῶς· ἴσως γὰρ ἂν εἰς ὕστερον ἡμῖν τε καὶ τούτοις
ἕτερον ἂν φανείη. πρὸς μὲν οὖν τούτους τοῦτο ἡμῖν ἐνταῦθα 24
μενέτω συνομολογηθέν.

Θεαι: Μένει.

Ξε: Πρὸς δὴ τοὺς ἑτέρους ἴωμεν, τοὺς τῶν εἰδῶν φίλους· σὺ δ' ἡμῖν καὶ τὰ παρὰ τούτων ἀφερμήνευε.

Θεαι: Ταῦτ' ἔσται.

Ξε: Γένεσιν, τὴν δὲ οὐσίαν χωρίς που διελόμενοι λέγετε; ἢ γάρ;

Θεαι: Ναί.

Ξε: Καὶ σώματι μὲν ἡμᾶς γενέσει δι' αἰσθήσεως κοινωνεῖν, διὰ λογισμοῦ δὲ ψυχῇ πρὸς τὴν ὄντως οὐσίαν, ἣν ἀεὶ κατὰ ταὐτὰ ὡσαύτως ἔχειν φατέ, γένεσιν δὲ ἄλλοτε ἄλλως.

Θεαι: Φαμὲν γὰρ οὖν. b

Ξε: Τὸ δὲ δὴ κοινωνεῖν, ὦ πάντων ἄριστοι, τί τοῦθ' ὑμᾶς ἐπ' ἀμφοῖν λέγειν φῶμεν; ἆρ' οὐ τὸ νυνδὴ παρ' ἡμῶν ῥηθέν;

Θεαι: Τὸ ποῖον;

Ξε: Πάθημα ἢ ποίημα ἐκ δυνάμεώς τινος ἀπὸ τῶν πρὸς ἄλληλα συνιόντων γιγνόμενον. τάχ' οὖν, ὦ Θεαίτητε, αὐτῶν τὴν πρὸς ταῦτα ἀπόκρισιν σὺ μὲν οὐ κατακούεις, ἐγὼ δὲ ἴσως διὰ συνήθειαν.

Θεαι: Τίν' οὖν δὴ λέγουσι λόγον;

Ξε: Οὐ συγχωροῦσιν ἡμῖν τὸ νυνδὴ ῥηθὲν πρὸς τοὺς c
γηγενεῖς οὐσίας πέρι.

Θεαι: Τὸ ποῖον;

F: So erkläre ich denn, daß alles, was ein Können wel-
e cher Art auch immer besitzt, etwas, was es auch sei, zu einem anderen zu machen oder auch nur vom Geringsten das Kleinste zu erleiden, und sei es auch nur ein einziges Mal, daß all dies wahrhaft sei. Denn ich setze für mich die Erklärung, um das Seiende zu bestimmen, daß es nichts anderes ist als Können[77]).

Th: Nun, da sie im Augenblick nichts Besseres zu sagen wissen, nehmen sie es an.

F: Schön. Vielleicht allerdings dürfte es sich sowohl
248 uns wie jenen später anders darstellen. Jedenfalls wollen wir hier ihnen gegenüber diese Übereinkunft festhalten.

Th: Wir halten sie fest.

35. F: Wenden wir uns also den anderen zu, den Freunden der Ideen. Du aber erläutere uns auch das, was diese meinen.

Th: Das wird geschehen.

F: Ihr sprecht doch vom Werden, indem ihr das Sein scharf abtrennt[78])?

Th: Ja.

F: Und daß wir mit dem Körper durch Wahrnehmung am Werden teilnehmen, durch Nachdenken aber mit der Seele am wahren Sein, von dem ihr sagt, daß es sich immer genauso auf gleiche Weise verhält, das Werden dagegen bald so, bald so?

b Th: Ja, das sagen wir allerdings.

F: Aber dieses Teilnehmen, ihr Allerbesten, was sollen wir denken, daß ihr in beiden Fällen damit meint? Nicht, was wir eben angegeben haben?

Th: Was war das?

F: Ein Zuteil-Werden oder Zuteil-werden-Lassen aus einem Können des sich Verbindenden entspringend[79]). Vielleicht nun, mein Theaitet, verstehst du ihre Antwort darauf nicht recht, ich aber vielleicht aus Erfahrung doch.

Th: Wie lautet denn ihre Rede nun?

c F: Sie geben uns nicht zu, was wir gegen die Erdgeborenen über das Sein gesagt haben.

Th: Was nämlich?

Ξε: Ἱκανὸν ἔθεμεν ὅρον που τῶν ὄντων, ὅταν τῳ παρῇ ἡ τοῦ πάσχειν ἢ δρᾶν καὶ πρὸς τὸ σμικρότατον δύναμις;

Θεαι: Ναί.

Ξε: Πρὸς δὴ ταῦτα τόδε λέγουσιν, ὅτι γενέσει μὲν μέτεστι τοῦ πάσχειν καὶ ποιεῖν δυνάμεως, πρὸς δὲ οὐσίαν τούτων οὐδετέρου τὴν δύναμιν ἁρμόττειν φασίν.

Θεαι: Οὐκοῦν λέγουσί τι;

Ξε: Πρὸς ὅ γε λεκτέον ἡμῖν ὅτι δεόμεθα παρ' αὐτῶν ἔτι πυθέσθαι σαφέστερον εἰ προσομολογοῦσι τὴν μὲν ψυχὴν d
γιγνώσκειν, τὴν δ' οὐσίαν γιγνώσκεσθαι.

Θεαι: Φασὶ μὴν τοῦτό γε.

Ξε: Τί δέ; τὸ γιγνώσκειν ἢ τὸ γιγνώσκεσθαί φατε ποίημα ἢ πάθος ἢ ἀμφότερον; ἢ τὸ μὲν πάθημα, τὸ δὲ θάτερον; ἢ παντάπασιν οὐδέτερον οὐδετέρου τούτων μεταλαμβάνειν;

Θεαι: Δῆλον ὡς οὐδέτερον οὐδετέρου· τἀναντία γὰρ ἂν τοῖς ἔμπροσθεν λέγοιεν.

Ξε: Μανθάνω· τόδε γε, ὡς τὸ γιγνώσκειν εἴπερ ἔσται ποιεῖν τι, τὸ γιγνωσκόμενον ἀναγκαῖον αὖ συμβαίνει e
πάσχειν. τὴν οὐσίαν δὴ κατὰ τὸν λόγον τοῦτον γιγνωσκομένην ὑπὸ τῆς γνώσεως, καθ' ὅσον γιγνώσκεται, κατὰ τοσοῦτον κινεῖσθαι διὰ τὸ πάσχειν, ὃ δή φαμεν οὐκ ἂν γενέσθαι περὶ τὸ ἠρεμοῦν.

Θεαι: Ὀρθῶς.

Ξε: Τί δὲ πρὸς Διός; ὡς ἀληθῶς κίνησιν καὶ ζωὴν καὶ ψυχὴν καὶ φρόνησιν ἦ ῥᾳδίως πεισθησόμεθα τῷ παντελῶς
ὄντι μὴ παρεῖναι, μηδὲ ζῆν αὐτὸ μηδὲ φρονεῖν, ἀλλὰ σεμνὸν 24
καὶ ἅγιον, νοῦν οὐκ ἔχον, ἀκίνητον ἑστὸς εἶναι;

Θεαι: Δεινὸν μεντἂν, ὦ ξένε, λόγον συγχωροῖμεν.

Ξε: Ἀλλὰ νοῦν μὲν ἔχειν, ζωὴν δὲ μὴ φῶμεν;

Θεαι: Καὶ πῶς;

F: Wir stellten doch als brauchbare Bestimmung des Seienden auf, daß einem das Erleiden oder Tun-Können, und sei es auch des Geringsten, innewohnte?

Th: Ja.

F: Darauf erwidern sie nun, daß zwar das Werden am Tun und Leiden-Können teilhabe, zum Sein aber, sagen sie, füge sich das Können keines von diesen.

Th: Sagen sie damit etwas?

F: Wenigstens müssen wir ihnen daraufhin erklären,
d daß wir von ihnen noch genauer erfahren müssen, ob sie uns zugeben, daß die Seele erkenne, das Sein aber erkannt werde.

Th: Das geben sie wohl zu.

F: Wie aber? Wofür erklärt ihr das Erkennen und Erkanntwerden? Für ein Tun oder ein Leiden oder für beides? Oder ist das eine ein Erleiden, das andere ein Tun? Oder nimmt überhaupt keines davon Anteil an keinem?

Th: Offensichtlich keines an keinem. Denn dann würden sie dem vorher Gesagten widersprechen.

e F: Ich verstehe. Denn allerdings: wenn das Erkennen ein Tun ist, dann kommt notwendig heraus, daß das Erkannte leidet. Nach diesem Gedanken muß das Sein vollends, wenn es von der Erkenntnis erkannt wird, soweit es erkannt wird, auch aufgrund des Erleidens bewegt werden, was wir von dem Ruhenden nicht zugeben können[80]).

Th: Richtig.

F: Aber bei Zeus, wie können wir uns einfach überreden lassen, daß dem vollkommen Seienden wahrhaft
249 weder Bewegung, noch Leben, noch Seele, noch Einsicht innewohne, daß es also weder lebe, noch sich Gedanken mache, sondern unnahbar und furchtgebietend, gedankenlos, unbewegt dastehe[81])?

Th: Ja, einem furchtbaren Gedanken würden wir da ja die Zustimmung geben, Fremder.

F: Sollen wir ihm nun etwa Vernunft zugestehen, aber kein Leben?

Th: Unmöglich.

Ξε: Ἀλλὰ ταῦτα μὲν ἀμφότερα ἐνόντ' αὐτῷ λέγομεν, οὐ μὴν ἐν ψυχῇ γε φήσομεν αὐτὸ ἔχειν αὐτά;

Θεαι: Καὶ τίν' ἂν ἕτερον ἔχοι τρόπον;

Ξε: Ἀλλὰ δῆτα νοῦν μὲν καὶ ζωὴν καὶ ψυχὴν ⟨ἔχειν⟩, ἀκίνητον μέντοι τὸ παράπαν ἔμψυχον ὂν ἑστάναι;

Θεαι: Πάντα ἔμοιγε ἄλογα ταῦτ' εἶναι φαίνεται. b

Ξε: Καὶ τὸ κινούμενον δὴ καὶ κίνησιν συγχωρητέον ὡς ὄντα.

Θεαι: Πῶς δ' οὔ;

Ξε: Συμβαίνει δ' οὖν, ὦ Θεαίτητε, ἀκινήτων τε ὄντων νοῦν μηδενὶ περὶ μηδενὸς εἶναι μηδαμοῦ.

Θεαι: Κομιδῇ μὲν οὖν.

Ξε: Καὶ μὴν ἐὰν αὖ φερόμενα καὶ κινούμενα πάντ' εἶναι συγχωρῶμεν, καὶ τούτῳ τῷ λόγῳ ταὐτὸν τοῦτο ἐκ τῶν ὄντων ἐξαιρήσομεν.

Θεαι: Πῶς;

Ξε: Τὸ κατὰ ταὐτὰ καὶ ὡσαύτως καὶ περὶ τὸ αὐτὸ δοκεῖ σοι χωρὶς στάσεως γενέσθαι ποτ' ἄν; c

Θεαι: Οὐδαμῶς.

Ξε: Τί δ'; ἄνευ τούτων νοῦν καθορᾷς ὄντα ἢ γενόμενον ἂν καὶ ὁπουοῦν;

Θεαι: Ἥκιστα.

Ξε: Καὶ μὴν πρός γε τοῦτον παντὶ λόγῳ μαχετέον, ὃς ἂν ἐπιστήμην ἢ φρόνησιν ἢ νοῦν ἀφανίζων ἰσχυρίζηται περί τινος ὁπηοῦν.

Θεαι: Σφόδρα γε.

Ξε: Τῷ δὴ φιλοσόφῳ καὶ ταῦτα μάλιστα τιμῶντι πᾶσα, ὡς ἔοικεν, ἀνάγκη διὰ ταῦτα μήτε τῶν ἓν ἢ καὶ τὰ πολλὰ εἴδη λεγόντων τὸ πᾶν ἑστηκὸς ἀποδέχεσθαι, τῶν τε αὖ d πανταχῇ τὸ ὂν κινούντων μηδὲ τὸ παράπαν ἀκούειν, ἀλλὰ κατὰ τὴν τῶν παίδων εὐχήν, ὅσα ἀκίνητα καὶ κεκινημένα, τὸ ὄν τε καὶ τὸ πᾶν συναμφότερα λέγειν.

Θεαι: Ἀληθέστατα.

F: Oder sollen wir sagen, daß ihm dies beides zwar innewohne, nicht aber in der Seele zu eigen sei?

Th: Auf welche andere Weise könnte ihm dieses innewohnen?

F: Wenn es also Vernunft, Leben, Seele ist, kann es dann, so ganz voller Leben, unbewegt in Ruhe dastehen?

b Th: Das scheint mir alles völlig undenkbar zu sein.

F: Also auch das Bewegte und die Bewegung muß man als seiend anerkennen.

Th: Unweigerlich.

F: Es kommt also heraus, Theaitet: Wenn das Seiende unbewegt ist, dann gibt es keine Vernunft, von nichts, in nichts, nirgendwo. Th: Ja, gewiß.

F: Und wenn wir andererseits zugeben wollten, daß alles in Umschwung und Bewegung sei, so würden wir eben dasselbe durch diesen Gedanken aus dem Seienden ausschließen[82]).

Th: Wie das?

F: Scheint dir, was demselben gemäß und auf gleiche
c Weise und in derselben Beziehung ist, ohne Ruhe überhaupt vorkommen zu können?

Th: Keineswegs.

F: Wie nun? Siehst du ohne dies je irgendwo Vernunft sein oder zustandekommen?

Th: Keineswegs.

F: Aber auch den muß man doch in jedem Satz bekämpfen, der Wissen, Einsicht und Vernunft beseitigen und dabei noch irgendwie auf etwas beharren will.

Th: Und wie!

F: Der Philosoph aber, der jenes über alles hochhält, darf deswegen auf gar keinen Fall, weder von denen, die
d die Eins oder auch viele Ideen setzen, die Annahme des unbewegten Alls übernehmen, noch denen auch nur geringstes Gehör schenken, die dem Seienden auf jede Weise Bewegung zukommen lassen wollen, sondern, dem Wunsch der Kinder entsprechend, muß er beides zusammen sagen; das, was unbewegt und was bewegt ist, ist das Seiende wie auch das All[83]).

Th: Das ist sehr wahr.

Ξε: Τί οὖν; ἆρ' οὐκ ἐπιεικῶς ἤδη φαινόμεθα περιειληφέναι τῷ λόγῳ τὸ ὄν;

Θεαι: Πάνυ μὲν οὖν.

Ξε: Βαβαὶ † μέντ' ἂν ἄρα, † ὦ Θεαίτητε, ὥς μοι δοκοῦμεν νῦν αὐτοῦ γνώσεσθαι πέρι τὴν ἀπορίαν τῆς σκέψεως.

Θεαι: Πῶς αὖ καὶ τί τοῦτ' εἴρηκας; e

Ξε: Ὦ μακάριε, οὐκ ἐννοεῖς ὅτι νῦν ἐσμεν ἐν ἀγνοίᾳ τῇ πλείστῃ περὶ αὐτοῦ, φαινόμεθα δέ τι λέγειν ἡμῖν αὐτοῖς;

Θεαι: Ἐμοὶ γοῦν· ὅπῃ δ' αὖ λελήθαμεν οὕτως ἔχοντες, οὐ πάνυ συνίημι.

Ξε: Σκόπει δὴ σαφέστερον εἰ τὰ νῦν συνομολογοῦντες
δικαίως ἂν ἐπερωτηθεῖμεν ἅπερ αὐτοὶ τότε ἠρωτῶμεν 250
τοὺς λέγοντας εἶναι τὸ πᾶν θερμὸν καὶ ψυχρόν.

Θεαι: Ποῖα; ὑπόμνησόν με.

Ξε: Πάνυ μὲν οὖν· καὶ πειράσομαί γε δρᾶν τοῦτο ἐρωτῶν σὲ καθάπερ ἐκείνους τότε, ἵνα ἅμα τι καὶ προΐωμεν.

Θεαι: Ὀρθῶς.

Ξε: Εἶεν δή, κίνησιν καὶ στάσιν ἆρ' οὐκ ἐναντιώτατα λέγεις ἀλλήλοις;

Θεαι: Πῶς γὰρ οὔ;

Ξε: Καὶ μὴν εἶναί γε ὁμοίως φῂς ἀμφότερα αὐτὰ καὶ ἑκάτερον;

Θεαι: Φημὶ γὰρ οὖν. b

Ξε: Ἆρα κινεῖσθαι λέγων ἀμφότερα καὶ ἑκάτερον, ὅταν εἶναι συγχωρῇς;

Θεαι: Οὐδαμῶς.

Ξε: Ἀλλ' ἑστάναι σημαίνεις λέγων αὐτὰ ἀμφότερα εἶναι;

Θεαι: Καὶ πῶς;

Ξε: Τρίτον ἄρα τι παρὰ ταῦτα τὸ ὂν ἐν τῇ ψυχῇ τιθείς, ὡς ὑπ' ἐκείνου τήν τε στάσιν καὶ τὴν κίνησιν περιεχομένην,

36. F: Wie nun? Sieht es nicht schon ganz so aus, als ob wir das Seiende so ziemlich mit dem Gedanken umschlossen hätten?

Th: Durchaus.

F: Allerdings, oh Schreck, Theaitet, so nämlich, daß wir jetzt erst die Schwierigkeit seiner Betrachtung erkennen.

e Th: Wie denn und warum meinst du das?

F: Mein Bester, merkst du nicht, daß wir jetzt in der größten Unkenntnis darüber sind, und uns nur einbilden, etwas zu meinen?

Th: Ich wenigstens bilde es mir ein. Wie wir aber unversehens in diese Lage gekommen sind, ist mir jedenfalls unverständlich.

F: So erwäge denn genauer, ob nicht nach dem, was jetzt zugestanden ist, mit Recht an uns dieselben Fragen
250 gestellt werden könnten, die wir selbst damals an jene stellten, die das All als Warmes und Kaltes denken.

Th: Welche Fragen meinst du? Erinnere mich!

F: Sehr gern. Und ich will versuchen, das in der Weise zu tun, daß ich dich so frage, wie damals jene, damit wir zugleich auch etwas vorankommen[84]).

Th: Recht so.

F: Gut denn. Bezeichnest du nicht Bewegung und Stillstand als äußerste Gegensätze zueinander?

Th: Selbstverständlich.

F: Und doch erklärst du beides und jedes von ihnen in gleicher Weise für seiend[85])?

b Th: Ja, das tue ich.

F: Indem du von beiden und jedem von ihnen sagst, daß sie in Bewegung sind, wenn du ihnen ein Sein zugestehst?

Th: Das keineswegs.

F: Aber Stillstand legst du ihnen wohl bei, wenn du beide als seiend bezeichnest?

Th: Wie das?

F: Als ein drittes also neben diesen beiden setzt du das Seiende in der Seele[86]), und indem du von ihm den Stillstand und die Bewegung umfaßt sein läßt und sie zu-

συλλαβὼν καὶ ἀπιδὼν αὐτῶν πρὸς τὴν τῆς οὐσίας κοινω-
νίαν, οὕτως εἶναι προσεῖπας ἀμφότερα;

Θεαι: Κινδυνεύομεν ὡς ἀληθῶς τρίτον ἀπομαντεύεσθαί c
τι τὸ ὄν, ὅταν κίνησιν καὶ στάσιν εἶναι λέγωμεν.

Ξε: Οὐκ ἄρα κίνησις καὶ στάσις ἐστὶ συναμφότερον τὸ
ὂν ἀλλ' ἕτερον δή τι τούτων.

Θεαι: Ἔοικεν.

Ξε: Κατὰ τὴν αὑτοῦ φύσιν ἄρα τὸ ὂν οὔτε ἕστηκεν οὔτε
κινεῖται.

Θεαι: Σχεδόν.

Ξε: Ποῖ δὴ χρὴ τὴν διάνοιαν ἔτι τρέπειν τὸν βουλόμενον
ἐναργές τι περὶ αὐτοῦ παρ' ἑαυτῷ βεβαιώσασθαι;

Θεαι: Ποῖ γάρ;

Ξε: Οἶμαι μὲν οὐδαμόσε ἔτι ῥᾴδιον. εἰ γάρ τι μὴ κινεῖ-
ται, πῶς οὐχ ἕστηκεν; ἢ τὸ μηδαμῶς ἑστὸς πῶς οὐκ αὖ d
κινεῖται; τὸ δὲ ὂν ἡμῖν νῦν ἐκτὸς τούτων ἀμφοτέρων
ἀναπέφανται. ἦ δυνατὸν οὖν τοῦτο;

Θεαι: Πάντων μὲν οὖν ἀδυνατώτατον.

Ξε: Τόδε τοίνυν μνησθῆναι δίκαιον ἐπὶ τούτοις.

Θεαι: Τὸ ποῖον;

Ξε: Ὅτι τοῦ μὴ ὄντος ἐρωτηθέντες τοὔνομα ἐφ' ὅτι
ποτὲ δεῖ φέρειν, πάσῃ συνεσχόμεθα ἀπορίᾳ. μέμνησαι;

Θεαι: Πῶς γὰρ οὔ;

Ξε: Μῶν οὖν ἐν ἐλάττονί τινι νῦν ἐσμεν ἀπορίᾳ περὶ τὸ e
ὄν;

Θεαι: Ἐμοὶ μέν, ὦ ξένε, εἰ δυνατὸν εἰπεῖν, ἐν πλείονι
φαινόμεθα.

Ξε: Τοῦτο μὲν τοίνυν ἐνταῦθα κείσθω διηπορημένον·
ἐπειδὴ δὲ ἐξ ἴσου τό τε ὂν καὶ τὸ μὴ ὂν ἀπορίας μετειλή-
φατον, νῦν ἐλπὶς ἤδη καθάπερ ἂν αὐτῶν θάτερον εἴτε
ἀμυδρότερον εἴτε σαφέστερον ἀναφαίνηται, καὶ θάτερον
οὕτως ἀναφαίνεσθαι· καὶ ἐὰν αὖ μηδέτερον ἰδεῖν δυνώμεθα, 251
τὸν γοῦν λόγον ὅπῃπερ ἂν οἷοί τε ὦμεν εὐπρεπέστατα
διωσόμεθα οὕτως ἀμφοῖν ἅμα.

sammennimmst und von ihnen auf ihre Gemeinschaft des Seins hinsiehst, sagst du so von beiden, daß sie sind?

c Th: In der Tat scheint uns das Seiende als ein Drittes vorzuschweben, wenn wir von Bewegung und Stillstand das Sein aussagen.

F: Nicht also ist das Seiende Bewegung und Stillstand zusammen, sondern ein von diesen Verschiedenes.

Th: So scheint es.

F: Aufgrund seiner eigenen Natur also steht das Seiende weder still noch bewegt es sich.

Th: Das mag zutreffen.

F: Wohin soll man seine Überlegung noch richten, wenn man etwas Klares darüber feststellen will?

Th: Ja, wohin?

F: Nirgendwohin so leicht, scheint mir. Denn wenn sich
d etwas nicht bewegt, muß es dann nicht stillstehen? Oder andererseits, wenn etwas in keiner Weise stillsteht, muß es sich da nicht bewegen? Das Seiende hat sich uns jetzt außerhalb dieser beiden gezeigt. Ist dies nun überhaupt möglich[87]? Th: Das ist das Allerunmöglichste.

F: Wir müssen uns nun dabei an folgendes erinnern.

Th: Woran?

F: Als wir über das Nichtseiende gefragt wurden, wobei seine Bezeichnung angebracht sei, befanden wir uns in völliger Ratlosigkeit. Du erinnerst dich doch?

Th: Wie sollte ich nicht!

e F: Ist die Ratlosigkeit nun etwa geringer, in der wir uns jetzt über das Seiende befinden?

Th: Mir, lieber Gast, kommt es so vor, als wäre sie womöglich noch größer.

F: Diese Frage mag nun offen bleiben. Da aber das Seiende und das Nichtseiende beide gleichermaßen an unserer Ratlosigkeit beteiligt sind, so besteht die Hoffnung, daß in dem gleichen Maße, wie das eine von ihnen deut-
51 licher oder undeutlicher hervortreten wird, so auch das andere. Und wenn sich uns keines von beiden für sich zu erkennen geben will, so wollen wir wenigstens den Gedankengang für beide zusammen, so gut wir können, mit Anstand weiterbringen[88].

Θεαι: Καλῶς.

Ξε: Λέγωμεν δὴ καθ' ὅντινά ποτε τρόπον πολλοῖς ὀνόμασι ταὐτὸν τοῦτο ἑκάστοτε προσαγορεύομεν.

Θεαι: Οἷον δὴ τί; παράδειγμα εἰπέ.

Ξε: Λέγομεν ἄνθρωπον δήπου πόλλ' ἄττα ἐπονομάζοντες, τά τε χρώματα ἐπιφέροντες αὐτῷ καὶ τὰ σχήματα καὶ μεγέθη καὶ κακίας καὶ ἀρετάς, ἐν οἷς πᾶσι καὶ ἑτέροις μυρίοις οὐ μόνον ἄνθρωπον αὐτὸν εἶναί φαμεν, ἀλλὰ καὶ b ἀγαθὸν καὶ ἕτερα ἄπειρα, καὶ τἆλλα δὴ κατὰ τὸν αὐτὸν λόγον οὕτως ἓν ἕκαστον ὑποθέμενοι πάλιν αὐτὸ πολλὰ καὶ πολλοῖς ὀνόμασι λέγομεν.

Θεαι: Ἀληθῆ λέγεις.

Ξε: Ὅθεν γε οἶμαι τοῖς τε νέοις καὶ τῶν γερόντων τοῖς ὀψιμαθέσι θοίνην παρεσκευάκαμεν· εὐθὺς γὰρ ἀντιλαβέσθαι παντὶ πρόχειρον ὡς ἀδύνατον τά τε πολλὰ ἓν καὶ τὸ ἓν πολλὰ εἶναι, καὶ δήπου χαίρουσιν οὐκ ἐῶντες ἀγαθὸν λέγειν ἄνθρωπον, ἀλλὰ τὸ μὲν ἀγαθὸν ἀγαθόν, τὸν δὲ ἄνθρωπον c ἄνθρωπον. ἐντυγχάνεις γάρ, ὦ Θεαίτητε, ὡς ἐγᾦμαι, πολλάκις τὰ τοιαῦτα ἐσπουδακόσιν, ἐνίοτε πρεσβυτέροις ἀνθρώποις, καὶ ὑπὸ πενίας τῆς περὶ φρόνησιν κτήσεως τὰ τοιαῦτα τεθαυμακόσι, καὶ δή τι καὶ πάσσοφον οἰομένοις τοῦτο αὐτὸ ἀνηυρηκέναι.

Θεαι: Πάνυ μὲν οὖν.

Ξε: Ἵνα τοίνυν πρὸς ἅπαντας ἡμῖν ὁ λόγος ᾖ τοὺς πώποτε περὶ οὐσίας καὶ ὁτιοῦν διαλεχθέντας, ἔστω καὶ d πρὸς τούτους καὶ πρὸς τοὺς ἄλλους, ὅσοις ἔμπροσθεν διειλέγμεθα, τὰ νῦν ὡς ἐν ἐρωτήσει λεχθησόμενα.

Θεαι: Τὰ ποῖα δή;

Ξε: Πότερον μήτε τὴν οὐσίαν κινήσει καὶ στάσει προσάπτωμεν μήτε ἄλλο ἄλλῳ μηδὲν μηδενί, ἀλλ' ὡς ἄμεικτα

Th: Schön.

F: So laß uns denn angeben, auf welche Weise wir jeweils mit vielen Namen ein und dasselbe bezeichnen.

Th: Was denn? Gib ein Beispiel!

37. F: Wenn wir von einem Menschen reden, geben wir ihm doch viele Namen, indem wir ihm Farben zusprechen und Aussehen und Größe und Schlechtigkeiten und Tugenden. Und mit alledem und tausenderlei ande-
b rem bezeichnen wir nicht nur, daß er ein Mensch ist, sondern auch gut und unzähliges andere. Und ebenso steht es auch mit den übrigen Dingen: wir setzen ein jedes von ihnen als eines und sagen doch wieder von ihm vieles und mit vielen Namen[89]).

Th: Das ist wahr.

F: Womit wir, glaube ich, nicht nur den jungen Leuten, sondern auch den spätgelehrten Alten einen köstlichen Schmaus bereitet haben. Denn der Einwand ist ja jedem leicht zur Hand, unmöglich könne das Viele Eines und das Eine Vieles sein; und so gefallen sie sich denn darin, nicht zuzulassen, wenn man den Menschen gut
c nennt, sondern nur das Gute gut und den Menschen Mensch. Sicher, Theaitet, bist du schon oft solchen Leuten begegnet, die sich mit großer Wichtigkeit auf diese Dinge geworfen haben, zuweilen ältere Leute schon, die infolge geistiger Armut sich voller Bewunderung an diese Dinge hängen und sich dann einbilden, eben damit die Krone aller Weisheit gefunden zu haben[90]).

Th: Allerdings.

F: Damit sich also unsere Erörterung auf alle beziehe,
d die sich je über das Sein ausgesprochen haben, so sei das, was wir jetzt sagen wollen, in Frageform sowohl an die eben genannten wie an diejenigen, mit denen wir uns zuvor unterredet haben, gerichtet.

Th: Was denn also?

F: Sollen wir weder das Sein mit Bewegung und Stillstand verknüpfen, noch überhaupt irgendetwas mit irgendetwas anderem, sondern unvermischbar und ohne

ὄντα καὶ ἀδύνατον μεταλαμβάνειν ἀλλήλων οὕτως αὐτὰ ἐν τοῖς παρ’ ἡμῖν λόγοις τιθῶμεν; ἢ πάντα εἰς ταὐτὸν συναγάγωμεν ὡς δυνατὰ ἐπικοινωνεῖν ἀλλήλοις; ἢ τὰ μέν, τὰ δὲ μή; τούτων, ὦ Θεαίτητε, τί ποτ’ ἂν αὐτοὺς προαιρεῖσθαι e φήσομεν;

Θεαι: Ἐγὼ μὲν ὑπὲρ αὐτῶν οὐδὲν ἔχω πρὸς ταῦτα ἀποκρίνασθαι.

Ξε: Τί οὖν οὐ καθ’ ἓν ἀποκρινόμενος ἐφ’ ἑκάστου τὰ συμβαίνοντα ἐσκέψω;

Θεαι: Καλῶς λέγεις.

Ξε: Καὶ τιθῶμέν γε αὐτοὺς λέγειν, εἰ βούλει, πρῶτον μηδενὶ μηδὲν μηδεμίαν δύναμιν ἔχειν κοινωνίας εἰς μηδέν. οὐκοῦν κίνησίς τε καὶ στάσις οὐδαμῇ μεθέξετον οὐσίας;

Θεαι: Οὐ γὰρ οὖν. 25

Ξε: Τί δέ; ἔσται πότερον αὐτῶν οὐσίας μὴ προσκοινωνοῦν;

Θεαι: Οὐκ ἔσται.

Ξε: Ταχὺ δὴ ταύτῃ γε τῇ συνομολογίᾳ πάντα ἀνάστατα γέγονεν, ὡς ἔοικεν, ἅμα τε τῶν τὸ πᾶν κινούντων καὶ τῶν ὡς ἓν ἱστάντων καὶ ὅσοι κατ’ εἴδη τὰ ὄντα κατὰ ταὐτὰ ὡσαύτως ἔχοντα εἶναί φασιν ἀεί· πάντες γὰρ οὗτοι τό γε εἶναι προσάπτουσιν, οἱ μὲν ὄντως κινεῖσθαι λέγοντες, οἱ δὲ ὄντως ἑστηκότ’ εἶναι.

Θεαι: Κομιδῇ μὲν οὖν.

Ξε: Καὶ μὴν καὶ ὅσοι τοτὲ μὲν συντιθέασι τὰ πάντα, b τοτὲ δὲ διαιροῦσιν, εἴτε εἰς ἓν καὶ ἐξ ἑνὸς ἄπειρα εἴτε εἰς πέρας ἔχοντα στοιχεῖα διαιρούμενοι καὶ ἐκ τούτων συντιθέντες, ὁμοίως μὲν ἐὰν ἐν μέρει τοῦτο τιθῶσι γιγνόμενον, ὁμοίως δὲ καὶ ἐὰν ἀεί, κατὰ πάντα ταῦτα λέγοιεν ἂν οὐδέν, εἴπερ μηδεμία ἔστι σύμμειξις.

Θεαι: Ὀρθῶς.

Ξε: Ἔτι τοίνυν ἂν αὐτοὶ πάντων καταγελαστότατα μετίοιεν τὸν λόγον οἱ μηδὲν ἐῶντες κοινωνίᾳ παθήματος

aneinander beteiligt sein zu können, sollen wir es so in unserer Erörterung setzen? Oder sollen wir alles zu ein und demselben verbinden als fähig, miteinander Gemeinschaft zu haben? Oder einiges ja, anderes nicht? Was
e davon werden sie wohl unserer Meinung nach, Theaitet, lieber wählen?

Th: Ich weiß für sie nichts darauf zu antworten.

F: Warum nimmst du denn für deine Antwort nicht jedes einzeln vor und siehst zu, was sich daraus ergibt?

Th: Du hast recht.

F: Setzen wir also zuerst, wenn es dir recht ist, sie sagten, nichts besitze ein Können, mit irgendetwas in irgendetwas Gemeinschaft zu haben. Können dann nicht Bewegung und Ruhe beide auf keine Weise am Sein teilhaben?

52 Th: Nein, auf keinen Fall.

F: Wie nun? Kann eines von ihnen *sein*, wenn es nicht am Sein Anteil hat?

Th: Nein, das kann es nicht.

F: Mit einem Schlage also ist durch dieses Zugeständnis alles, wie es scheint, über den Haufen geworfen, sowohl die Ansicht derer, die das All in Bewegung sein, wie derer, die es als Eines stillstehen lassen, und derjenigen, die vom Seienden erklären, daß es sich den Ideen zufolge immer auf gleiche Weise verhalte. Denn sie alle verknüpfen ja das Sein, die einen, indem sie das Bewegt-Werden für wahrhaft seiend erklären, die anderen den Stillstand.

Th: Allerdings.

b F: Aber auch die, welche alles bald zusammentreten, bald wieder auseinandertreten lassen, sei es, daß sie es zu Einem zusammensetzen und aus der Eins in grenzenlos viele Teile auflösen, oder daß sie es in begrenzte Elemente teilen und aus diesen zusammensetzen, gleichviel, ob sie dies abwechselnd oder immer gleichbleibend sich abspielen lassen, nach alledem ist das, was sie sagen, null und nichtig, wenn keine Vermischung ist[91]).

Th: Richtig.

F: Ferner dürften sich gerade diejenigen mit ihrer Rede am allerlächerlichsten machen, die es nicht zulassen, et-

ἑτέρου θάτερον προσαγορεύειν.

Θεαι: Πῶς;

Ξε: Τῷ τε "εἶναί" που περὶ πάντα ἀναγκάζονται χρῆσθαι καὶ τῷ "χωρὶς" καὶ τῷ "τῶν ἄλλων" καὶ τῷ "καθ' αὑτὸ" καὶ μυρίοις ἑτέροις, ὧν ἀκρατεῖς ὄντες εἴργεσθαι καὶ μὴ συνάπτειν ἐν τοῖς λόγοις οὐκ ἄλλων δέονται τῶν ἐξελεγξόντων, ἀλλὰ τὸ λεγόμενον οἴκοθεν τὸν πολέμιον καὶ ἐναντιωσόμενον ἔχοντες, ἐντὸς ὑποφθεγγόμενον ὥσπερ τὸν ἄτοπον Εὐρυκλέα περιφέροντες ἀεὶ πορεύονται.

Θεαι: Κομιδῇ λέγεις ὅμοιόν τε καὶ ἀληθές. d

Ξε: Τί δ', ἂν πάντα ἀλλήλοις ἐῶμεν δύναμιν ἔχειν ἐπικοινωνίας;

Θεαι: Τοῦτο μὲν οἷός τε κἀγὼ διαλύειν.

Ξε: Πῶς;

Θεαι: Ὅτι κίνησίς τε αὐτὴ παντάπασιν ἵσταιτ' ἂν καὶ στάσις αὖ πάλιν αὐτὴ κινοῖτο, εἴπερ ἐπιγιγνοίσθην ἐπ' ἀλλήλοιν.

Ξε: Ἀλλὰ μὴν τοῦτό γέ που ταῖς μεγίσταις ἀνάγκαις ἀδύνατον, κίνησίν τε ἵστασθαι καὶ στάσιν κινεῖσθαι;

Θεαι: Πῶς γὰρ οὔ;

Ξε: Τὸ τρίτον δὴ μόνον λοιπόν.

Θεαι: Ναί.

Ξε: Καὶ μὴν ἕν γέ τι τούτων ἀναγκαῖον, ἢ πάντα ἢ e
μηδὲν ἢ τὰ μὲν ἐθέλειν, τὰ δὲ μὴ συμμείγνυσθαι.

Θεαι: Πῶς γὰρ οὔ;

Ξε: Καὶ μὴν τά γε δύο ἀδύνατον ηὑρέθη.

Θεαι: Ναί.

Ξε: Πᾶς ἄρα ὁ βουλόμενος ὀρθῶς ἀποκρίνεσθαι τὸ λοιπὸν τῶν τριῶν θήσει.

Θεαι: Κομιδῇ μὲν οὖν.

Ξε: Ὅτε δὴ τὰ μὲν ἐθέλει τοῦτο δρᾶν, τὰ δ' οὔ, σχεδὸν

was aufgrund der Gemeinschaft mit der Bestimmung eines Verschiedenen als verschieden zu bezeichnen[92]).

c Th: Wie das?

F: Sie müssen doch unbedingt bei allem das „Sein" gebrauchen und das „Ohne" und das „Anderes" und das „Fürsich" und tausenderlei verschiedenes, was sie nicht vermeiden und dessen Verknüpfung sie in ihren Reden nicht umgehen können, so daß sie gar keiner Widerlegung durch andere bedürfen, sondern, wie man zu sagen pflegt, den Feind und Widersacher im eigenen Hause haben, der sich aus dem Innern vernehmen läßt, fast wie ein närrischer Eurykles[93]), den sie, wo sie auch sind, mit sich herumtragen.

d Th: In der Tat, ein treffender und wahrer Vergleich.

F: Wie aber nun, wenn wir allem ein Können zusprechen wollten, sich miteinander zu verbinden?

Th: Das kann sogar ich widerlegen.

F: Wie denn?

Th: Weil die Bewegung selbst dann völlig zum Stillstand käme, und der Stillstand seinerseits selbst bewegt würde, wenn sie beide zusammenkämen.

F: Aber das machen doch zwingendste Gründe ganz unmöglich, daß die Bewegung stillstehen und der Stillstand sich bewegen kann.

Th: Zweifellos.

F: Also bleibt nur das Dritte übrig[94]).

Th: Ja.

e 38. F: Nun ist aber doch eines davon notwendig: es muß entweder alles oder nichts, oder einiges wohl, anderes aber nicht sich zu verbinden bereit sein.

Th: Ohne Zweifel.

F: Die zwei ersten Fälle erwiesen sich als unmöglich.

Th: Ja.

F: Jeder also, der richtig antworten will, wird sich für das übriggebliebene Dritte erklären.

Th: Ja, gewiß.

F: Da also einiges sich zu verbinden bereit ist, anderes
253 nicht, so verhält sich dies wohl beinahe wie bei den Buch-

οἷον τὰ γράμματα πεπονθότ' ἂν εἴη. καὶ γὰρ ἐκείνων τὰ μὲν ἀναρμοστεῖ που πρὸς ἄλληλα, τὰ δὲ συναρμόττει.

Θεαι: Πῶς δ' οὔ;

Ξε: Τὰ δέ γε φωνήεντα διαφερόντως τῶν ἄλλων οἷον δεσμὸς διὰ πάντων κεχώρηκεν, ὥστε ἄνευ τινὸς αὐτῶν ἀδύνατον ἁρμόττειν καὶ τῶν ἄλλων ἕτερον ἑτέρῳ.

Θεαι: Καὶ μάλα γε.

Ξε: Πᾶς οὖν οἶδεν ὁποῖα ὁποίοις δυνατὰ κοινωνεῖν, ἢ τέχνης δεῖ τῷ μέλλοντι δρᾶν ἱκανῶς αὐτό;

Θεαι: Τέχνης.

Ξε: Ποίας;

Θεαι: Τῆς γραμματικῆς.

Ξε: Τί δέ; περὶ τοὺς τῶν ὀξέων καὶ βαρέων φθόγγους b
ἆρ' οὐχ οὕτως; ὁ μὲν τοὺς συγκεραννυμένους τε καὶ μὴ τέχνην ἔχων γιγνώσκειν μουσικός, ὁ δὲ μὴ συνιεὶς ἄμουσος;

Θεαι: Οὕτως.

Ξε: Καὶ κατὰ τῶν ἄλλων δὴ τεχνῶν καὶ ἀτεχνιῶν τοιαῦτα εὑρήσομεν ἕτερα.

Θεαι: Πῶς δ' οὔ;

Ξε: Τί δ'; ἐπειδὴ καὶ τὰ γένη πρὸς ἄλληλα κατὰ ταὐτὰ μείξεως ἔχειν ὡμολογήκαμεν, ἆρ' οὐ μετ' ἐπιστήμης τινὸς ἀναγκαῖον διὰ τῶν λόγων πορεύεσθαι τὸν ὀρθῶς μέλλοντα δείξειν ποῖα ποίοις συμφωνεῖ τῶν γενῶν καὶ ποῖα ἄλληλα οὐ δέχεται; καὶ δὴ καὶ διὰ πάντων εἰ συνέχοντ' ἄττ' αὔτ' c
ἐστιν, ὥστε συμμείγνυσθαι δυνατὰ εἶναι, καὶ πάλιν ἐν ταῖς διαιρέσεσιν, εἰ δι' ὅλων ἕτερα τῆς διαιρέσεως αἴτια;

Θεαι: Πῶς γὰρ οὐκ ἐπιστήμης δεῖ, καὶ σχεδόν γε ἴσως τῆς μεγίστης;

Ξε: Τίν' οὖν αὖ [νῦν] προσεροῦμεν, ὦ Θεαίτητε, ταύτην; ἢ πρὸς Διὸς ἐλάθομεν εἰς τὴν τῶν ἐλευθέρων ἐμπεσόντες

staben. Denn auch von diesen stimmen einige schlecht zusammen, andere dagegen gut.

Th: Ohne Zweifel.

F: Die Vokale aber ziehen sich, unterschieden von den anderen, wie ein Band durch alle hindurch, so daß ohne einen von ihnen auch von den anderen keiner mit einem anderen zusammenstimmt[95]).

Th: Ja, gewiß.

F: Weiß nun jeder, welche mit welchem in Gemeinschaft treten können, oder bedarf es einer Kunst für den, der es hier richtig machen will?

Th: Ja, einer Kunst.

F: Was für einer?

Th: Der Sprachkunst.

b F: Wie aber? Steht es nicht ebenso mit den hohen und tiefen Tönen? Wer die Kunst besitzt, mit der er erkennt, welche Töne sich verbinden und welche nicht, ist das nicht der Musikalische, wer dies nicht versteht, der Unmusikalische?

Th: So ist es.

F: Und anderes Ähnliches werden wir bei den anderen Künsten, und auch wo keine Kunst ist, finden.

Th: Gewiß.

F: Und weiter: da wir übereingekommen sind, daß auch die Begriffe in ihrer Mischung sich ebenso zueinander verhalten, bedarf da nicht notwendig eines Wissens beim Durchgehen der Rede, wer auf rechte Weise zeigen will, welche von den Begriffen mit welchen zusammen-
c klingen und welche einander nicht aufnehmen? Und ob es also auch durch alle hindurch zusammenhaltende Begriffe gibt, so daß sie sich verbinden können, und wiederum bei den Trennungen, ob da andere durch die Einheiten hindurch Gründe der Trennung sind[96])?

Th: Wie sollte es da nicht eines Wissens bedürfen, ja vielleicht wohl des höchsten?

39. F: Welchen Namen sollen wir nun diesem Wissen geben, Theaitet? Oder sind wir, bei Zeus, unbemerkt auf die Wissenschaft freier Menschen gestoßen und haben,

ἐπιστήμην, καὶ κινδυνεύομεν ζητοῦντες τὸν σοφιστὴν πρότερον ἀνηυρηκέναι τὸν φιλόσοφον;

Θεαι: Πῶς λέγεις;

Ξε: Τὸ κατὰ γένη διαιρεῖσθαι καὶ μήτε ταὐτὸν εἶδος d
ἕτερον ἡγήσασθαι μήτε ἕτερον ὂν ταὐτὸν μῶν οὐ τῆς διαλεκτικῆς φήσομεν ἐπιστήμης εἶναι;

Θεαι: Ναί, φήσομεν.

Ξε: Οὐκοῦν ὅ γε τοῦτο· δυνατὸς δρᾶν μίαν ἰδέαν διὰ πολλῶν, ἑνὸς ἑκάστου κειμένου χωρίς, πάντῃ διατεταμένην ἱκανῶς διαισθάνεται, καὶ πολλὰς ἑτέρας ἀλλήλων ὑπὸ μιᾶς ἔξωθεν περιεχομένας, καὶ μίαν αὖ δι' ὅλων πολλῶν ἐν ἑνὶ συνημμένην, καὶ πολλὰς χωρὶς πάντῃ διωρισμένας· τοῦτο δ' ἔστιν, ᾗ τε κοινωνεῖν ἕκαστα δύναται καὶ ὅπῃ μή, δια- e
κρίνειν κατὰ γένος ἐπίστασθαι.

Θεαι: Παντάπασι μὲν οὖν.

Ξε: Ἀλλὰ μὴν τό γε διαλεκτικὸν οὐκ ἄλλῳ δώσεις, ὡς ἐγῷμαι, πλὴν τῷ καθαρῶς τε καὶ δικαίως φιλοσοφοῦντι.

Θεαι: Πῶς γὰρ ἂν ἄλλῳ δοίη τις;

Ξε: Τὸν μὲν δὴ φιλόσοφον ἐν τοιούτῳ τινὶ τόπῳ καὶ νῦν καὶ ἔπειτα ἀνευρήσομεν ἐὰν ζητῶμεν, ἰδεῖν μὲν χαλεπὸν ἐναργῶς καὶ τοῦτον, ἕτερον μὴν τρόπον ἥ τε τοῦ σοφιστοῦ 254
χαλεπότης ἥ τε τούτου.

Θεαι: Πῶς;

Ξε: Ὁ μὲν ἀποδιδράσκων εἰς τὴν τοῦ μὴ ὄντος σκοτεινότητα, τριβῇ προσαπτόμενος αὐτῆς, διὰ τὸ σκοτεινὸν τοῦ τόπου κατανοῆσαι χαλεπός· ἦ γάρ;

Θεαι: Ἔοικεν.

Ξε: Ὁ δέ γε φιλόσοφος, τῇ τοῦ ὄντος ἀεὶ διὰ λογισμῶν προσκείμενος ἰδέᾳ, διὰ τὸ λαμπρὸν αὖ τῆς χώρας οὐδαμῶς εὐπετὴς ὀφθῆναι· τὰ γὰρ τῆς τῶν πολλῶν ψυχῆς ὄμματα καρτερεῖν πρὸς τὸ θεῖον ἀφορῶντα ἀδύνατα. b

während wir nach dem Sophisten suchten, zuerst den Philosophen gefunden?

Th: Wie meinst du das?

d F: Die Trennung nach Begriffen und weder Dasselbe
für Verschiedenes noch, was verschieden ist, für dasselbe
zu halten, werden wir das nicht für die Sache des dialektischen Wissens erklären[97])?

Th: Ja, werden wir sagen.

F: Wer also dies Können besitzt, der sieht deutlich
eine Idee durch vieles Verschiedene, einzeln voneinander
Getrennte hindurch nach allen Seiten ausgespannt, und
viele voneinander Verschiedene, die von einer einzigen von außen umfaßt sind, und wiederum eine durch
viele Einheiten hindurch in einer Idee verbunden und
viele in jeder Hinsicht voneinander getrennt. Das näm-
e lich heißt, dem Begriffe nach zu unterscheiden wissen,
inwiefern jedes Einzelne Gemeinschaft haben kann und
inwiefern nicht[98]).

Th: Auf jeden Fall.

F: Aber die Sache der Dialektik wirst du doch keinem andern auftragen als dem, der in reiner und rechter Weise philosophiert.

Th: Wie könnte man sie einem anderen überlassen!

F: Den Philosophen also werden wir in einer solchen
Gegend finden, wenn wir nach ihm suchen, sowohl jetzt
wie später; doch ist es auch bei ihm schwer, ihn deutlich
254 zu erkennen, wenngleich hier die Schwierigkeit anderer
Art ist als bei dem Sophisten.

Th: Wie das?

F: Der eine, der sich in die Dunkelheit des Nichtseienden flüchtet, der er sich mit Geschick anvertraut, ist wegen der Finsternis dieses Ortes schwer erkennbar. Nicht wahr?

Th: So scheint es.

F: Der Philosoph dagegen, der sich immer der Idee
des Seins im Denken hingibt, ist gerade wegen der Hellig-
keit der Stätte alles andere als leicht erkennbar. Denn
b das geistige Auge der Vielen erträgt den Anblick des
Göttlichen nicht.

Θεαι: Καὶ ταῦτα εἰκὸς οὐχ ἧττον ἐκείνων οὕτως ἔχειν.

Ξε: Οὐκοῦν περὶ μὲν τούτου καὶ τάχα ἐπισκεψόμεθα σαφέστερον, ἂν ἔτι βουλομένοις ἡμῖν ᾖ· περὶ δὲ τοῦ σοφιστοῦ που δῆλον ὡς οὐκ ἀνετέον πρὶν ἂν ἱκανῶς αὐτὸν θεασώμεθα.

Θεαι: Καλῶς εἶπες.

Ξε: Ὅτ' οὖν δὴ τὰ μὲν ἡμῖν τῶν γενῶν ὡμολόγηται κοινωνεῖν ἐθέλειν ἀλλήλοις, τὰ δὲ μή, καὶ τὰ μὲν ἐπ' ὀλίγον, τὰ δ' ἐπὶ πολλά, τὰ δὲ καὶ διὰ πάντων οὐδὲν κωλύειν τοῖς πᾶσι κεκοινωνηκέναι, τὸ δὴ μετὰ τοῦτο συνεπισπώμεθα c
τῷ λόγῳ τῇδε σκοποῦντες, μὴ περὶ πάντων τῶν εἰδῶν, ἵνα μὴ ταραττώμεθα ἐν πολλοῖς, ἀλλὰ προελόμενοι τῶν μεγίστων λεγομένων ἄττα, πρῶτον μὲν ποῖα ἕκαστά ἐστιν, ἔπειτα κοινωνίας ἀλλήλων πῶς ἔχει δυνάμεως, ἵνα τό τε ὂν καὶ μὴ ὂν εἰ μὴ πάσῃ σαφηνείᾳ δυνάμεθα λαβεῖν, ἀλλ' οὖν λόγου γε ἐνδεεῖς μηδὲν γιγνώμεθα περὶ αὐτῶν, καθ' ὅσον ὁ τρόπος ἐνδέχεται τῆς νῦν σκέψεως, ἐὰν ἄρα ἡμῖν πῃ παρεικάθῃ τὸ μὴ ὂν λέγουσιν ὡς ἔστιν ὄντως μὴ ὂν ἀθῴοις d
ἀπαλλάττειν.

Θεαι: Οὐκοῦν χρή.

Ξε: Μέγιστα μὴν τῶν γενῶν ἃ νυνδὴ διῇμεν τό τε ὂν αὐτὸ καὶ στάσις καὶ κίνησις.

Θεαι: Πολύ γε.

Ξε: Καὶ μὴν τώ γε δύο φαμὲν αὐτοῖν ἀμείκτω πρὸς ἀλλήλω.

Θεαι: Σφόδρα γε.

Ξε: Τὸ δέ γε ὂν μεικτὸν ἀμφοῖν· ἐστὸν γὰρ ἄμφω που.

Θεαι: Πῶς δ' οὔ;

Ξε: Τρία δὴ γίγνεται ταῦτα.

Θεαι: Τί μήν;

Th: Gewiß hat es auch damit seine Richtigkeit, ebenso wie mit dem Vorigen.

F: Den Philosophen nun werden wir bald noch deutlicher zu Gesicht bekommen, wenn es uns dann weiterhin erwünscht ist[99]). Vom Sophisten ist aber nun ganz offenbar, daß wir nicht eher ruhen dürfen, bis wir ihn deutlich genug vor Augen haben.

Th: Schön.

40. F: Da uns nun gelten soll, daß die Begriffe teils miteinander in Gemeinschaft zu treten bereit sind, teils nicht, einige in geringem, andere in großem Umfang,
c einige auch durch alle hindurch ohne Widerstand mit allen in Gemeinschaft stehen, so wollen wir in unserer weiteren Erörterung so verfahren, daß wir nicht alle Begriffe ins Auge fassen, damit wir nicht durch ihre Menge verwirrt werden[100]). Vielmehr wollen wir nur einige von denen, die als die obersten gelten, uns vornehmen und zuerst zusehen, was jeder im einzelnen für sich ist, dann, wie es mit ihrer Fähigkeit zu wechselseitiger Gemeinschaft steht, damit wir, wenn wir das Seiende und Nichtseiende auch nicht in ganzer Klarheit zu erfassen vermögen, so doch nicht ganz und gar ohne Erklärung über sie bleiben, soweit es unsere jetzige Betrachtungsweise zuläßt, wenn wir hoffen dürfen, mit unserer Rede, daß das
d Nichtseiende wahrhaft nichtseiend ist[101]), ungestraft davonzukommen.

Th: So müssen wir vorgehen.

F: Die wichtigsten Begriffe, die wir vorher durchgingen, waren doch das Seiende selbst, und Stillstand und Bewegung.

Th: Bei weitem.

F: Diese beiden aber, sagen wir, können sich nicht miteinander verbinden.

Th: Durchaus nicht.

F: Aber das Seiende vermag sich mit beiden zu verbinden; denn sie sind doch wohl beide?

Th: Wie sollten sie nicht?

F: So sind es also drei.

Th: Gewiß.

Ξε: Οὐκοῦν αὐτῶν ἕκαστον τοῖν μὲν δυοῖν ἕτερόν ἐστιν, αὐτὸ δ' ἑαυτῷ ταὐτόν.

Θεαι: Οὕτως. e

Ξε: Τί ποτ' αὖ νῦν οὕτως εἰρήκαμεν τό τε ταὐτὸν καὶ θάτερον; πότερα δύο γένη τινὲ αὐτώ, τῶν μὲν τριῶν ἄλλω, συμμειγνυμένω μὴν ἐκείνοις ἐξ ἀνάγκης ἀεί, καὶ περὶ πέντε ἀλλ' οὐ περὶ τριῶν ὡς ὄντων αὐτῶν σκεπτέον, ἢ τό τε
ταὐτὸν τοῦτο καὶ θάτερον ὡς ἐκείνων τι προσαγορεύοντες 255
λανθάνομεν ἡμᾶς αὐτούς;

Θεαι: Ἴσως.

Ξε: Ἀλλ' οὔ τι μὴν κίνησίς γε καὶ στάσις οὔθ' ἕτερον οὔτε ταὐτόν ἐστι.

Θεαι: Πῶς;

Ξε: Ὅτιπερ ἂν κοινῇ προσείπωμεν κίνησιν καὶ στάσιν, τοῦτο οὐδέτερον αὐτοῖν οἷόν τε εἶναι.

Θεαι: Τί δή;

Ξε: Κίνησίς τε στήσεται καὶ στάσις αὖ κινηθήσεται· περὶ γὰρ ἀμφότερα θάτερον ὁποτερονοῦν γιγνόμενον αὐτοῖν ἀναγκάσει μεταβάλλειν αὖ θάτερον ἐπὶ τοὐναντίον τῆς
αὑτοῦ φύσεως, ἅτε μετασχὸν τοῦ ἐναντίου. b

Θεαι: Κομιδῇ γε.

Ξε: Μετέχετον μὴν ἄμφω ταὐτοῦ καὶ θατέρου.

Θεαι: Ναί.

Ξε: Μὴ τοίνυν λέγωμεν κίνησίν γ' εἶναι ταὐτὸν ἢ θάτερον, μηδ' αὖ στάσιν.

Θεαι: Μὴ γάρ.

Ξε: Ἀλλ' ἆρα τὸ ὂν καὶ τὸ ταὐτὸν ὡς ἕν τι διανοητέον ἡμῖν;

Θεαι: Ἴσως.

Ξε: Ἀλλ' εἰ τὸ ὂν καὶ τὸ ταὐτὸν μηδὲν διάφορον σημαίνετον, κίνησιν αὖ πάλιν καὶ στάσιν ἀμφότερα εἶναι λέγοντες
ἀμφότερα οὕτως αὐτὰ ταὐτὸν ὡς ὄντα προσεροῦμεν. c

Θεαι: Ἀλλὰ μὴν τοῦτό γε ἀδύνατον.

F: Nun ist doch wohl jedes von ihnen von den anderen beiden verschieden, für sich aber dasselbe.

e Th: Genau so.

F: Was haben wir aber da eben wieder mit dem Selbigen und Verschiedenen gesagt? Sind dies selbst zwei Begriffe, beide verschieden von jenen dreien, aber notwendig immer mit jenen in Verbindung, und müssen wir also auf fünf, und nicht auf drei Seiende unsere Betrachtung richten, oder bezeichnen wir mit diesem Selbigen und
255 Verschiedenen nur einen von jenen, ohne es zu merken?

Th: Vielleicht.

F: Aber Bewegung und Stillstand sind doch weder das Verschiedene noch Dasselbe.

Th: Wie das?

F: Was wir von Bewegung und Stillstand gemeinschaftlich aussagen, das kann unmöglich eines von beiden selbst sein.

Th: Warum denn?

F: Die Bewegung wird dann stillstehen und der Stillstand andererseits sich bewegen. Denn, wenn von den beiden das eine, gleichgültig welches, in beide eingeht, so wird es das andere nötigen, sich in das Gegenteil der
b Natur seiner selbst zu verwandeln, weil es dann an dem Gegenteil teilhat.

Th: Allerdings.

F: Aber Anteil haben wohl sie beide an dem Selben und an dem Verschiedenen.

Th: Ja.

F: Wir dürfen also nicht sagen, die Bewegung sei Dasselbe oder Verschiedene, und ebensowenig der Stillstand.

Th: Nein.

F: Aber müssen wir etwa das Seiende und Dasselbe als Eines denken?

Th: Vielleicht.

F: Aber wenn das Seiende und Dasselbe beide keinen Unterschied anzeigen, so müssen wir, wenn wir wiederum
c Bewegung und Stillstand beide seiend nennen, so auch beide selbst dasselbe nennen.

Th: Aber das ist doch unmöglich.

Ξε: Ἀδύνατον ἄρα ταὐτὸν καὶ τὸ ὂν ἓν εἶναι.

Θεαι: Σχεδόν.

Ξε: Τέταρτον δὴ πρὸς τοῖς τρισὶν εἴδεσιν τὸ ταὐτὸν τιθῶμεν;

Θεαι: Πάνυ μὲν οὖν.

Ξε: Τί δέ; τὸ θάτερον ἆρα ἡμῖν λεκτέον πέμπτον; ἢ τοῦτο καὶ τὸ ὂν ὡς δύ' ἄττα ὀνόματα ἐφ' ἑνὶ γένει διανοεῖσθαι δεῖ;

Θεαι: Τάχ' ἄν.

Ξε: Ἀλλ' οἶμαί σε συγχωρεῖν τῶν ὄντων τὰ μὲν αὐτὰ καθ' αὑτά, τὰ δὲ πρὸς ἄλλα ἀεὶ λέγεσθαι.

Θεαι: Τί δ' οὔ;

Ξε: Τὸ δέ γ' ἕτερον ἀεὶ πρὸς ἕτερον· ἦ γάρ; d

Θεαι: Οὕτως.

Ξε: Οὐκ ἄν, εἴ γε τὸ ὂν καὶ τὸ θάτερον μὴ πάμπολυ διεφερέτην· ἀλλ' εἴπερ θάτερον ἀμφοῖν μετεῖχε τοῖν εἰδοῖν ὥσπερ τὸ ὄν, ἦν ἄν ποτέ τι καὶ τῶν ἑτέρων ἕτερον οὐ πρὸς ἕτερον· νῦν δὲ ἀτεχνῶς ἡμῖν ὅτιπερ ἂν ἕτερον ᾖ, συμβέβηκεν ἐξ ἀνάγκης ἑτέρου τοῦτο ὅπερ ἐστὶν εἶναι.

Θεαι: Λέγεις καθάπερ ἔχει.

Ξε: Πέμπτον δὴ τὴν θατέρου φύσιν λεκτέον ἐν τοῖς εἴδεσιν οὖσαν, ἐν οἷς προαιρούμεθα. e

Θεαι: Ναί.

Ξε: Καὶ διὰ πάντων γε αὐτὴν αὐτῶν φήσομεν εἶναι διεληλυθυῖαν· ἓν ἕκαστον γὰρ ἕτερον εἶναι τῶν ἄλλων οὐ διὰ τὴν αὑτοῦ φύσιν, ἀλλὰ διὰ τὸ μετέχειν τῆς ἰδέας τῆς θατέρου.

Θεαι: Κομιδῇ μὲν οὖν.

F: Also kann Dasselbe und das Seiende auch nicht Eins sein.

Th: Schwerlich.

F: Also setzen wir Dasselbe als einen vierten zu den drei Begriffen.

Th: Auf jeden Fall.

F: Wie nun? Sollen wir das Verschiedene als einen fünften anerkennen? Oder muß man dieses und das Seiende als zwei verschiedene Namen für einen Begriff denken?

Th: Wohl vielleicht.

F: Aber du wirst doch von dem Seienden zugeben, glaube ich, daß es immer teils für sich, teils in Beziehung auf anderes gedacht wird[102]?

Th: Wie sollte ich nicht?

d F: Das Verschiedene aber immer in Beziehung auf ein Verschiedenes. Nicht wahr?

Th: Ja.

F: Das aber könnte nicht so sein, wenn das Seiende und das Verschiedene sich nicht sehr weitgehend unterschieden; vielmehr wenn das Verschiedene an jenen beiden Begriffen teilhätte, ebenso wie das Seiende, dann müßte es auch Verschiedenes geben, was verschieden ist, aber nicht in Beziehung auf ein Anderes. Nun hat sich uns aber als unbedingt notwendig ergeben, daß, was verschieden ist, seinem Wesen nach von einem anderen verschieden ist.

Th: Ja, so verhält es sich.

F: Der fünfte unter den Begriffen, die wir ausgewählt
e haben, ist also die Natur des Verschiedenen.

Th: Ja.

F: Und von ihr werden wir sagen, daß sie durch sie alle hindurchgeht; denn jedes einzelne ist verschieden von dem anderen nicht aufgrund seiner eigenen Natur, sondern wegen der Teilnahme an der Idee des Verschiedenen[103].

Th: Allerdings.

Ξε: Ὧδε δὴ λέγωμεν ἐπὶ τῶν πέντε καθ' ἓν ἀναλαμβάνοντες.

Θεαι: Πῶς;

Ξε: Πρῶτον μὲν κίνησιν, ὡς ἔστι παντάπασιν ἕτερον στάσεως. ἢ πῶς λέγομεν;

Θεαι: Οὕτως.

Ξε: Οὐ στάσις ἄρ' ἐστίν.

Θεαι: Οὐδαμῶς.

Ξε: Ἔστι δέ γε διὰ τὸ μετέχειν τοῦ ὄντος. 25

Θεαι: Ἔστιν.

Ξε: Αὖθις δὴ πάλιν ἡ κίνησις ἕτερον ταὐτοῦ ἐστιν.

Θεαι: Σχεδόν.

Ξε: Οὐ ταὐτὸν ἄρα ἐστίν.

Θεαι: Οὐ γὰρ οὖν.

Ξε: Ἀλλὰ μὴν αὕτη γ' ἦν ταὐτὸν διὰ τὸ μετέχειν αὖ πάντ' αὐτοῦ.

Θεαι: Καὶ μάλα.

Ξε: Τὴν κίνησιν δὴ ταὐτόν τ' εἶναι καὶ μὴ ταὐτὸν ὁμολογητέον καὶ οὐ δυσχεραντέον. οὐ γὰρ ὅταν εἴπωμεν αὐτὴν ταὐτὸν καὶ μὴ ταὐτόν, ὁμοίως εἰρήκαμεν, ἀλλ' ὁπόταν μὲν
ταὐτόν, διὰ τὴν μέθεξιν ταὐτοῦ πρὸς ἑαυτὴν οὕτω λέγομεν, b
ὅταν δὲ μὴ ταὐτόν, διὰ τὴν κοινωνίαν αὖ θατέρου, δι' ἣν ἀποχωριζομένη ταὐτοῦ γέγονεν οὐκ ἐκεῖνο ἀλλ' ἕτερον, ὥστε ὀρθῶς αὖ λέγεται πάλιν οὐ ταὐτόν.

Θεαι: Πάνυ μὲν οὖν.

Ξε: Οὐκοῦν κἂν εἴ πῃ μετελάμβανεν αὐτὴ κίνησις στάσεως, οὐδὲν ἂν ἄτοπον ἦν στάσιμον αὐτὴν προσαγορεύειν;

Θεαι: Ὀρθότατά γε, εἴπερ τῶν γενῶν συγχωρησόμεθα τὰ μὲν ἀλλήλοις ἐθέλειν μείγνυσθαι, τὰ δὲ μή.

Ξε: Καὶ μὴν ἐπί γε τὴν τούτου πρότερον ἀπόδειξιν ἢ τῶν c
νῦν ἀφικόμεθα, ἐλέγχοντες ὡς ἔστι κατὰ φύσιν ταύτῃ.

41. F: Wir sagen also folgendes von den Fünfen, indem wir sie einzeln wiederaufnehmen[104]).

Th: Was?

F: Erstens von der Bewegung, daß sie völlig verschieden ist von dem Stillstand. Oder wie sonst?

Th: Ja, so.

F: Also ist sie nicht Stillstand.

Th: Unter keinen Umständen.

256 F: Aber sie ist doch aufgrund der Teilnahme an dem Seienden. Th: Ja.

F: Andererseits ist doch wieder die Bewegung verschieden von Demselben.

Th: So ziemlich.

F: Also ist sie nicht Dasselbe.

Th: Nein, gewiß nicht.

F: Nun war sie aber selbst doch auch Dasselbe, weil alles auch daran teilhat.

Th: Sicherlich.

F: Daß die Bewegung Dasselbe ist und Nicht-Dasselbe, müssen wir also zugeben und dürfen keinen Anstoß daran nehmen. Denn wenn wir sie Dasselbe und Nicht-Dasselbe nennen, so sprechen wir von ihr nicht in der gleichen
b Weise, sondern wenn Dasselbe, dann sagen wir so, weil sie für sich selbst an Demselben teilhat, wenn aber Nicht-Dasselbe, dann wiederum aufgrund ihrer Gemeinschaft mit dem Verschiedenen, wodurch sie von Demselben abgetrennt nicht dieses, sondern ein Verschiedenes geworden ist, so daß sie wiederum mit vollem Recht nicht Dasselbe genannt wird.

Th: Ganz gewiß.

F: Wenn nun auch die Bewegung selbst in irgendeiner Weise an dem Stillstand teilnähme, so wäre es wohl nichts Unerhörtes, sie für Stillstand zu erklären?

Th: Dann sehr zu recht, wenn wir von den Begriffen zugeben, daß sie sich teils miteinander zu mischen bereit sind, teils nicht[105]).

c F: Nun, zu diesem Nachweis sind wir doch schon vorher gelangt, als wir zeigten, daß dies ihrer Natur entspricht.

Θεαι: Πῶς γὰρ οὔ;

Ξε: Λέγωμεν δὴ πάλιν· ἡ κίνησίς ἐστιν ἕτερον τοῦ ἑτέρου, καθάπερ ταὐτοῦ τε ἦν ἄλλο καὶ τῆς στάσεως;

Θεαι: Ἀναγκαῖον.

Ξε: Οὐχ ἕτερον ἄρ' ἐστί πῃ καὶ ἕτερον κατὰ τὸν νυνδὴ λόγον.

Θεαι: Ἀληθῆ.

Ξε: Τί οὖν δὴ τὸ μετὰ τοῦτο; ἆρ' αὖ τῶν μὲν τριῶν ἕτερον αὐτὴν φήσομεν εἶναι, τοῦ δὲ τετάρτου μὴ φῶμεν, ὁμολογήσαντες αὐτὰ εἶναι πέντε, περὶ ὧν καὶ ἐν οἷς πρου- d
θέμεθα σκοπεῖν;

Θεαι: Καὶ πῶς; ἀδύνατον γὰρ συγχωρεῖν ἐλάττω τὸν ἀριθμὸν τοῦ νυνδὴ φανέντος.

Ξε: Ἀδεῶς ἄρα τὴν κίνησιν ἕτερον εἶναι τοῦ ὄντος διαμαχόμενοι λέγωμεν;

Θεαι: Ἀδεέστατα μὲν οὖν.

Ξε: Οὐκοῦν δὴ σαφῶς ἡ κίνησις ὄντως οὐκ ὄν ἐστι καὶ ὄν, ἐπείπερ τοῦ ὄντος μετέχει;

Θεαι: Σαφέστατά γε.

Ξε: Ἔστιν ἄρα ἐξ ἀνάγκης τὸ μὴ ὂν ἐπί τε κινήσεως εἶναι καὶ κατὰ πάντα τὰ γένη· κατὰ πάντα γὰρ ἡ θατέρου φύσις ἕτερον ἀπεργαζομένη τοῦ ὄντος ἕκαστον οὐκ ὂν ποιεῖ, e
καὶ σύμπαντα δὴ κατὰ ταὐτὰ οὕτως οὐκ ὄντα ὀρθῶς ἐροῦμεν, καὶ πάλιν, ὅτι μετέχει τοῦ ὄντος, εἶναί τε καὶ ὄντα.

Θεαι: Κινδυνεύει.

Ξε: Περὶ ἕκαστον ἄρα τῶν εἰδῶν πολὺ μέν ἐστι τὸ ὄν, ἄπειρον δὲ πλήθει τὸ μὴ ὄν.

Θεαι: Ἔοικεν.

Ξε: Οὐκοῦν καὶ τὸ ὂν αὐτὸ τῶν ἄλλων ἕτερον εἶναι 25
λεκτέον.

Θεαι: Ἀνάγκη.

Ξε: Καὶ τὸ ὂν ἄρ' ἡμῖν, ὅσαπέρ ἐστι τὰ ἄλλα, κατὰ τοσαῦτα οὐκ ἔστιν· ἐκεῖνα γὰρ οὐκ ὂν ἓν μὲν αὐτό ἐστιν, ἀπέραντα δὲ τὸν ἀριθμὸν τἆλλα οὐκ ἔστιν αὖ.

Th: Gewiß.

F: Laß uns also wiederholen: die Bewegung ist verschieden von dem Verschiedenen, wie sie auch ein anderes gegenüber demselben und dem Stillstand war.

Th: Ja, notwendig.

F: Nicht verschieden ist sie also auch irgendwie verschieden nach unserem jetzigen Nachweis.

Th: Ja, richtig.

F: Was also nun weiter? Wollen wir von ihr behaupten, daß sie von den dreien verschieden ist, nicht aber auch
d von dem vierten, nachdem wir doch zugestanden haben, daß es fünf sind, über die und an denen wir unsere Untersuchung vornehmen wollten?

Th: Wie könnten wir das? Denn unmöglich können wir die Zahl kleiner sein lassen als gerade erwiesen.

F: Ohne Furcht also wollen wir den Satz durchfechten, daß die Bewegung verschieden ist gegenüber dem Seienden.

Th: Ohne die geringste Furcht wohl.

F: Ist demnach nicht offenbar die Bewegung wahrhaft nicht seiend und seiend, indem sie am Seienden teilhat?

Th: Ganz offensichtlich doch.

F: Es hat also notwendig das Nichtseiende ein Sein, sowohl bei der Bewegung, als auch in Beziehung auf alle
e Begriffe. Denn in allen ruft die Natur des Verschiedenen das Verschiedene gegenüber dem Seienden hervor und macht jedes zu einem nichtseienden. Und so können wir denn alles überhaupt ebenso mit Recht als nichtseiend bezeichnen, wie auch, weil es am Seienden teilhat, von ihm sowohl Sein als auch Seiendes aussagen.

Th: So scheint es.

F: Zahlreich ist also bei jedem Begriff das Seiende, unermeßlich an Zahl dagegen das Nichtseiende[106]).

Th: So scheint es.

257 F: Auch von dem Seienden selbst muß man also sagen, daß es von dem Anderen verschieden ist.

Th: Notwendig.

F: Und nichtseiend ist uns also das Seiende, soweit Anderes ist. Denn indem es jenes nicht ist, ist es selbst zwar eines, zahlloses andere aber ist es wiederum nicht.

Θεαι: Σχεδὸν οὕτως.

Ξε: Οὐκοῦν δὴ καὶ ταῦτα οὐ δυσχεραντέον, ἐπείπερ ἔχει κοινωνίαν ἀλλήλοις ἡ τῶν γενῶν φύσις. εἰ δέ τις ταῦτα μὴ συγχωρεῖ, πείσας ἡμῶν τοὺς ἔμπροσθεν λόγους οὕτω πειθέτω τὰ μετὰ ταῦτα.

Θεαι: Δικαιότατα εἴρηκας.

Ξε: Ἴδωμεν δὴ καὶ τόδε. b

Θεαι: Τὸ ποῖον;

Ξε: Ὁπόταν τὸ μὴ ὂν λέγωμεν, ὡς ἔοικεν, οὐκ ἐναντίον τι λέγομεν τοῦ ὄντος ἀλλ' ἕτερον μόνον.

Θεαι: Πῶς;

Ξε: Οἷον ὅταν εἴπωμέν τι μὴ μέγα, τότε μᾶλλόν τί σοι φαινόμεθα τὸ σμικρὸν ἢ τὸ ἴσον δηλοῦν τῷ ῥήματι;

Θεαι: Καὶ πῶς;

Ξε: Οὐκ ἄρ', ἐναντίον ὅταν ἀπόφασις λέγηται σημαίνειν,
συγχωρησόμεθα, τοσοῦτον δὲ μόνον, ὅτι τῶν ἄλλων τὶ
μηνύει τὸ μὴ καὶ τὸ οὒ προτιθέμενα τῶν ἐπιόντων ὀνομά- c
των, μᾶλλον δὲ τῶν πραγμάτων περὶ ἅττ' ἂν κέηται τὰ
ἐπιφθεγγόμενα ὕστερον τῆς ἀποφάσεως ὀνόματα.

Θεαι: Παντάπασι μὲν οὖν.

Ξε: Τόδε δὲ διανοηθῶμεν, εἰ καὶ σοὶ συνδοκεῖ.

Θεαι: Τὸ ποῖον;

Ξε: Ἡ θατέρου μοι φύσις φαίνεται κατακεκερματίσθαι καθάπερ ἐπιστήμη.

Θεαι: Πῶς;

Ξε: Μία μέν ἐστί που καὶ ἐκείνη, τὸ δ' ἐπί τῳ γιγνόμενον
μέρος αὐτῆς ἕκαστον ἀφορισθὲν ἐπωνυμίαν ἴσχει τινὰ
ἑαυτῆς ἰδίαν· διὸ πολλαὶ τέχναι τ' εἰσὶ λεγόμεναι καὶ d
ἐπιστῆμαι.

Θεαι: Πάνυ μὲν οὖν.

Ξε: Οὐκοῦν καὶ τὰ τῆς θατέρου φύσεως μόρια μιᾶς οὔσης ταὐτὸν πέπονθε τοῦτο.

Th: So mag es wohl sein.

F: Also auch das darf man nicht beanstanden, da ja die Begriffe ihrer Natur nach miteinander in Verbindung stehen. Wenn aber jemand das nicht zugibt, so mag er zunächst unsere früheren Reden eines besseren belehren und so auch, was daraus folgt.

Th: Eine sehr berechtigte Forderung.

b F: Laß uns denn auch folgendes betrachten.

Th: Was denn?

F: Wenn wir vom Nichtseienden sprechen, so meinen wir, wie es scheint, nicht ein Gegenteil des Seienden, sondern nur etwas Verschiedenes[107]).

Th: Wieso?

F: Etwa, wenn wir etwas nichtgroß nennen, glaubst du, daß wir durch dieses Wort eher das Kleine als das Gleiche aufzeigen?

Th: Wie denn das?

F: Wenn man also von der Verneinung sagt, sie bezeichne das Gegenteil, so werden wir das nicht zugeben,
c sondern nur so viel, daß das vorgesetzte un- und nicht auf etwas hinweise, was verschieden ist von den darauffolgenden Wörtern oder vielmehr von den Sachen, auf die sich die nach der Verneinung ausgesprochenen Wörter beziehen.

Th: Auf jeden Fall.

42. F: Wenn es dir recht ist, laß uns nun folgendes durchdenken.

Th: Nun was?

F: Die Natur des Verschiedenen ist, wie mir scheint, ganz entsprechend ins Kleine zerteilt wie das Wissen.

Th: Wieso?

F: Das Wissen ist doch eines, aber jeder Teil desselben, der auf irgendetwas geht, bekommt abgesondert für sich
d seine eigene Benennung. Daher die vielen Namen für die besonderen Künste und Wissenschaften.

Th: Gewiß.

F: Und auch den Teilen des Wesens des Verschiedenen widerfährt dasselbe, während es eines ist.

Θεαι: Τάχ' ἄν· ἀλλ' ὅπῃ δὴ λέγωμεν;

Ξε: Ἔστι τῷ καλῷ τι θατέρου μόριον ἀντιτιθέμενον;

Θεαι: Ἔστιν.

Ξε: Τοῦτ' οὖν ἀνώνυμον ἐροῦμεν ἤ τιν' ἔχον ἐπωνυμίαν;

Θεαι: Ἔχον· ὃ γὰρ μὴ καλὸν ἑκάστοτε φθεγγόμεθα, τοῦτο οὐκ ἄλλου τινὸς ἕτερόν ἐστιν ἢ τῆς τοῦ καλοῦ φύσεως.

Ξε: Ἴθι νυν τόδε μοι λέγε.

Θεαι: Τὸ ποῖον; e

Ξε: Ἄλλο τι τῶν ὄντων τινὸς ἑνὸς γένους ἀφορισθὲν καὶ πρός τι τῶν ὄντων αὖ πάλιν ἀντιτεθὲν οὕτω συμβέβηκεν εἶναι τὸ μὴ καλόν;

Θεαι: Οὕτως.

Ξε: Ὄντος δὴ πρὸς ὂν ἀντίθεσις, ὡς ἔοικ', εἶναί τις συμβαίνει τὸ μὴ καλόν.

Θεαι: Ὀρθότατα.

Ξε: Τί οὖν; κατὰ τοῦτον τὸν λόγον ἆρα μᾶλλον μὲν τὸ καλόν ἡμῖν ἐστι τῶν ὄντων, ἧττον δὲ τὸ μὴ καλόν;

Θεαι: Οὐδέν.

Ξε: Ὁμοίως ἄρα τὸ μὴ μέγα καὶ τὸ μέγα αὐτὸ εἶναι 258
λεκτέον;

Θεαι: Ὁμοίως.

Ξε: Οὐκοῦν καὶ τὸ μὴ δίκαιον τῷ δικαίῳ κατὰ ταὐτὰ θετέον πρὸς τὸ μηδέν τι μᾶλλον εἶναι θάτερον θατέρου;

Θεαι: Τί μήν;

Ξε: Καὶ τἆλλα δὴ ταύτῃ λέξομεν, ἐπείπερ ἡ θατέρου φύσις ἐφάνη τῶν ὄντων οὖσα, ἐκείνης δὲ οὔσης ἀνάγκη δὴ καὶ τὰ μόρια αὐτῆς μηδενὸς ἧττον ὄντα τιθέναι.

Θεαι: Πῶς γὰρ οὔ;

Ξε: Οὐκοῦν, ὡς ἔοικεν, ἡ τῆς θατέρου μορίου φύσεως καὶ τῆς τοῦ ὄντος πρὸς ἄλληλα ἀντικειμένων ἀντίθεσις b

Th: Vielleicht schon. Doch wie, müssen wir also besprechen.

F: Ist es ein Teil des Verschiedenen, der dem Schönen entgegengesetzt ist?

Th: Ja.

F: Werden wir diesen als namenlos bezeichnen oder hat er einen Namen?

Th: Er hat einen. Denn was wir jedesmal nichtschön nennen, das ist von nichts anderem verschieden als von der Natur des Schönen.

F: Nun sage mir weiter folgendes.

e Th: Was denn?

F: Kam nicht so heraus, daß das Nichtschöne ist, indem ein anderes von einer Gattung des Seienden abgetrennt und wiederum einem Seienden entgegengesetzt wurde[108]?

Th: Ja.

F: So ergibt sich also, wie es scheint, daß das Nichtschöne irgendeine Entgegensetzung eines Seienden gegen Seiendes ist.

Th: Sehr richtig.

F: Wie nun? Ist uns nach diesem Gedanken etwa das Schöne in höherem Maße seiend, das Nichtschöne dagegen in geringerem?

Th: Durchaus nicht.

258 F: In gleicher Weise also müssen wir das Nichtgroße und das Große seiend nennen?

Th: In gleicher Weise.

F: Müssen wir also ebenso auch das Nicht-Gerechte dem Gerechten gleichsetzen im Hinblick darauf, daß das eine um nichts mehr ist als das andere?

Th: Aber gewiß.

F: Und ebenso werden wir auch bei allem anderen reden. Denn die Natur des Verschiedenen zeigte sich ja als seiend unter dem Seienden, und wenn sie ist, dann müssen auch ihre Teile um nichts weniger seiend gesetzt werden.

Th: Ja, gewiß.

F: Also ist anscheinend die Entgegensetzung der Natur
b eines Teiles des Verschiedenen und der Natur des Seien-

οὐδὲν ἧττον, εἰ θέμις εἰπεῖν, αὐτοῦ τοῦ ὄντος οὐσία ἐστίν, οὐκ ἐναντίον ἐκείνῳ σημαίνουσα ἀλλὰ τοσοῦτον μόνον, ἕτερον ἐκείνου.

Θεαι: Σαφέστατά γε.

Ξε: Τίν' οὖν αὐτὴν προσείπωμεν;

Θεαι: Δῆλον ὅτι τὸ μὴ ὄν, ὃ διὰ τὸν σοφιστὴν ἐζητοῦμεν, αὐτό ἐστι τοῦτο.

Ξε: Πότερον οὖν, ὥσπερ εἶπες, ἔστιν οὐδενὸς τῶν ἄλλων οὐσίας ἐλλειπόμενον, καὶ δεῖ θαρροῦντα ἤδη λέγειν ὅτι τὸ μὴ ὂν βεβαίως ἐστὶ τὴν αὑτοῦ φύσιν ἔχον, ὥσπερ τὸ μέγα ἦν μέγα καὶ τὸ καλὸν ἦν καλὸν καὶ τὸ μὴ μέγα ⟨μὴ c
μέγα⟩ καὶ τὸ μὴ καλὸν ⟨μὴ καλόν⟩, οὕτω δὲ καὶ τὸ μὴ ὂν κατὰ ταὐτὸν ἦν τε καὶ ἔστι μὴ ὄν, ἐνάριθμον τῶν πολλῶν ὄντων εἶδος ἕν; ἤ τινα ἔτι πρὸς αὐτό, ὦ Θεαίτητε, ἀπιστίαν ἔχομεν;

Θεαι: Οὐδεμίαν.

Ξε: Οἶσθ' οὖν ὅτι Παρμενίδῃ μακροτέρως τῆς ἀπορρήσεως ἠπιστήκαμεν;

Θεαι: Τί δή;

Ξε: Πλεῖον ἢ 'κεῖνος ἀπεῖπε σκοπεῖν, ἡμεῖς εἰς τὸ πρόσθεν ἔτι ζητήσαντες ἀπεδείξαμεν αὐτῷ.

Θεαι: Πῶς;

Ξε: Ὅτι ὁ μέν πού φησιν — d

Οὐ γὰρ μή ποτε τοῦτο δαμῇ, εἶναι μὴ ἐόντα,
ἀλλὰ σὺ τῆσδ' ἀφ' ὁδοῦ διζήσιος εἶργε νόημα.

Θεαι: Λέγει γὰρ οὖν οὕτως.

Ξε: Ἡμεῖς δέ γε οὐ μόνον τὰ μὴ ὄντα ὡς ἔστιν ἀπεδείξαμεν, ἀλλὰ καὶ τὸ εἶδος ὃ τυγχάνει ὂν τοῦ μὴ ὄντος ἀπεφηνάμεθα· τὴν γὰρ θατέρου φύσιν ἀποδείξαντες οὖσάν τε καὶ κατακεκερματισμένην ἐπὶ πάντα τὰ ὄντα πρὸς ἄλληλα, e

den, wenn sie einander gegenüberstehen, um nichts weniger ein Sein als das Seiende selbst, wenn man so sagen darf, und bezeichnet nicht ein ihm Entgegengesetztes, sondern nur so viel, daß es verschieden von ihm ist.

Th: Ganz offensichtlich.

F: Wie werden wir es also nennen?

Th: Offenbar ist eben dies das Nichtseiende, was wir um des Sophisten willen suchten[109]).

F: Also steht es doch wohl deiner Meinung nach hinter dem Sein von keinem anderen zurück, und man muß nur den Mut haben zu sagen, daß das Nichtseiende ganz
c fest seine eigene Natur hat? Wie das Große groß und das Schöne schön, und so auch das Nichtgroße und das Nichtschöne, so war und ist doch wohl entsprechend das Nichtseiende nichtseiend, gezählt unter den vielen Seienden als eine Gestalt? Oder, Theaitet, haben wir dagegen noch irgendein Bedenken?

Th: Nein, keines.

43. F: Merkst du nun, daß wir in unserem Ungehorsam gegen den Parmenides noch über sein Verbot hinausgegangen sind?

Th: Wieso?

F: Weiter, als er uns zu erforschen erlaubt hat, sind wir vorangekommen bei unserer Untersuchung und haben es ihm vorgewiesen.

Th: Wie denn das?

d F: Weil er doch sagt:

> Nimmermehr wirst du erzwingen, daß Nichtseiendes ist;
> Du aber bewahre das Denken vor solchem forschenden Wege.

Th: Ja, so lauten seine Worte.

F: Wir aber haben nicht nur aufgewiesen, daß das Nichtseiende ist, sondern auch gezeigt, welches Aussehen das Sein des Nichtseienden hat. Denn die Natur des Ver-
e schiedenen zeigten wir als seiend auf und als verteilt unter alles, was einander gegenüber seiend ist, und daher

τὸ πρὸς τὸ ὂν ἕκαστον μόριον αὐτῆς ἀντιτιθέμενον ἐτολμήσαμεν εἰπεῖν ὡς αὐτὸ τοῦτό ἐστιν ὄντως τὸ μὴ ὄν.

Θεαι: Καὶ παντάπασί γε, ὦ ξένε, ἀληθέστατά μοι δοκοῦμεν εἰρηκέναι.

Ξε: Μὴ τοίνυν ἡμᾶς εἴπῃ τις ὅτι τοὐναντίον τοῦ ὄντος τὸ μὴ ὂν ἀποφαινόμενοι τολμῶμεν λέγειν ὡς ἔστιν. ἡμεῖς γὰρ περὶ μὲν ἐναντίου τινὸς αὐτῷ χαίρειν πάλαι λέγομεν, εἴτ' ἔστιν εἴτε μή, λόγον ἔχον ἢ καὶ παντάπασιν ἄλογον· 25 ὃ δὲ νῦν εἰρήκαμεν εἶναι τὸ μὴ ὄν, ἢ πεισάτω τις ὡς οὐ καλῶς λέγομεν ἐλέγξας, ἢ μέχριπερ ἂν ἀδυνατῇ, λεκτέον καὶ ἐκείνῳ καθάπερ ἡμεῖς λέγομεν, ὅτι συμμείγνυταί τε ἀλλήλοις τὰ γένη καὶ τό τε ὂν καὶ θάτερον διὰ πάντων καὶ δι' ἀλλήλων διεληλυθότε τὸ μὲν ἕτερον μετασχὸν τοῦ ὄντος ἔστι μὲν διὰ ταύτην τὴν μέθεξιν, οὐ μὴν ἐκεῖνό γε οὗ μετέσχεν ἀλλ' ἕτερον, ἕτερον δὲ τοῦ ὄντος ὂν ἔστι σαφέστατα ἐξ ἀνάγκης εἶναι μὴ ὄν· τὸ δὲ ὂν αὖ θατέρου μετειληφὸς b ἕτερον τῶν ἄλλων ἂν εἴη γενῶν, ἕτερον δ' ἐκείνων ἁπάντων ὂν οὐκ ἔστιν ἕκαστον αὐτῶν οὐδὲ σύμπαντα τὰ ἄλλα πλὴν αὐτό, ὥστε τὸ ὂν ἀναμφισβητήτως αὖ μυρία ἐπὶ μυρίοις οὐκ ἔστι, καὶ τἆλλα δὴ καθ' ἕκαστον οὕτω καὶ σύμπαντα πολλαχῇ μὲν ἔστι, πολλαχῇ δ' οὐκ ἔστιν.

Θεαι: Ἀληθῆ.

Ξε: Καὶ ταύταις δὴ ταῖς ἐναντιώσεσιν εἴτε ἀπιστεῖ τις, σκεπτέον αὐτῷ καὶ λεκτέον βέλτιόν τι τῶν νῦν εἰρημένων· εἴτε ὥς τι χαλεπὸν κατανενοηκὼς χαίρει τοτὲ μὲν ἐπὶ c θάτερα τοτὲ δ' ἐπὶ θάτερα τοὺς λόγους ἕλκων, οὐκ ἄξια πολλῆς σπουδῆς ἐσπούδακεν, ὡς οἱ νῦν λόγοι φασί. τοῦτο μὲν γὰρ οὔτε τι κομψὸν οὔτε χαλεπὸν εὑρεῖν, ἐκεῖνο δ'

wagten wir von jedem Teil von ihr, der gegenüber dem Seienden entgegengesetzt ist, zu sagen, daß dies das wahrhaft Nichtseiende ist.

Th: Und damit scheinen wir auch vollkommen die Wahrheit zu sagen, lieber Gast.

F: Komme uns also keiner mit der Rede, daß wir das Nichtseiende als Gegenstück des Seienden hinstellten und daraufhin zu sagen wagten, daß es sei[110]). Mit einem
59 Gegensatz, ob es ist oder nicht ist, ob es in sich vernünftig oder ganz und gar unerklärlich ist, haben wir es bei ihm schon längst nicht mehr zu tun. Vielmehr mag man, was wir jetzt vom Sein des Nichtseienden gesagt haben, entweder widerlegen und uns zeigen, daß wir damit nicht recht haben, oder solange man das nicht kann, wird man sich dem anschließen müssen, was wir behaupten: daß die Begriffe sich miteinander verbinden, und daß das Seiende und das Verschiedene durch alle und durcheinander hindurchgehen, daß das Verschiedene, indem es Anteil nimmt am Seienden, wegen dieser Anteilnahme wohl ist, nicht aber *jenes*, woran es teilhat, sondern verschieden; verschieden aber vom Seienden ist es offenbar
b notwendig nichtseiend. Andererseits dürfte das Seiende wohl, indem es am Verschiedenen teilnimmt, verschieden sein von den anderen Gattungen, und indem es so von allen jenen verschieden ist, ist es nicht jedes von ihnen, aber auch nicht alles andere insgesamt außer ihm selbst. Und daher ist das Seiende unbestreitbar wiederum Unzähliges bei Unzähligem nicht, und auch das Andere ist im Einzelnen und im Ganzen auf vielfältige Weise, wie es auch auf vielfältige Weise nicht ist.

Th: Richtig.

F: Und hat nun jemand gegen diese Entgegensetzungen Bedenken, so mag er sich umsehen und etwas Besseres
c vorbringen als das eben Vorgetragene. Denkt sich aber jemand dabei wer weiß was und hat seine Freude daran, die Sätze bald nach der einen, bald nach der anderen Seite hin- und herzuziehen, so ist seine Mühe die Sache nicht wert, wie unsere jetzigen Sätze deutlich machen. Denn diese Erfindung ist weder geistvoll noch schwierig,

ἤδη καί χαλεπὸν ἅμα καὶ καλόν.

Θεαι: Τὸ ποῖον;

Ξε: Ὃ καὶ πρόσθεν εἴρηται, τὸ ταῦτα ἐάσαντα ὡς † δυνατὰ † τοῖς λεγομένοις οἷόν τ' εἶναι καθ' ἕκαστον ἐλέγχοντα ἐπακολουθεῖν, ὅταν τέ τις ἕτερον ὄν πῃ ταὐτὸν εἶναι φῇ καὶ ὅταν ταὐτὸν ὂν ἕτερον, ἐκείνῃ καὶ κατ' ἐκεῖνο d
ὅ φησι τούτων πεπονθέναι πότερον. τὸ δὲ ταὐτὸν ἕτερον ἀποφαίνειν ἁμῇ γέ πῃ καὶ τὸ θάτερον ταὐτὸν καὶ τὸ μέγα σμικρὸν καὶ τὸ ὅμοιον ἀνόμοιον, καὶ χαίρειν οὕτω τἀναντία ἀεὶ προφέροντα ἐν τοῖς λόγοις, οὔτε τις ἔλεγχος οὗτος ἀληθινὸς ἄρτι τε τῶν ὄντων τινὸς ἐφαπτομένου δῆλος νεογενὴς ὤν.

Θεαι: Κομιδῇ μὲν οὖν.

Ξε: Καὶ γάρ, ὠγαθέ, τό γε πᾶν ἀπὸ παντὸς ἐπιχειρεῖν ἀποχωρίζειν ἄλλως τε οὐκ ἐμμελὲς καὶ δὴ καὶ παντάπασιν e
ἀμούσου τινὸς καὶ ἀφιλοσόφου.

Θεαι: Τί δή;

Ξε: Τελεωτάτη πάντων λόγων ἐστὶν ἀφάνισις τὸ διαλύειν ἕκαστον ἀπὸ πάντων· διὰ γὰρ τὴν ἀλλήλων τῶν εἰδῶν συμπλοκὴν ὁ λόγος γέγονεν ἡμῖν.

Θεαι: Ἀληθῆ.

Ξε: Σκόπει τοίνυν ὡς ἐν καιρῷ νυνδὴ τοῖς τοιούτοις 260
διεμαχόμεθα καὶ προσηναγκάζομεν ἐᾶν ἕτερον ἑτέρῳ μείγνυσθαι.

Θεαι: Πρὸς δὴ τί;

Ξε: Πρὸς τὸ τὸν λόγον ἡμῖν τῶν ὄντων ἕν τι γενῶν εἶναι. τούτου γὰρ στερηθέντες, τὸ μὲν μέγιστον, φιλοσοφίας ἂν στερηθεῖμεν· ἔτι δ' ἐν τῷ παρόντι δεῖ λόγον ἡμᾶς διομολογήσασθαι τί ποτ' ἔστιν, εἰ δὲ ἀφῃρέθημεν αὐτὸ μηδ'

jene andere Aufgabe dagegen, die ist zugleich schwierig und schön.

Th: Welche denn?

F: Daß man, wie gesagt, das möglichst[111]) beiseite läßt, vielmehr dem Gesagten im einzelnen prüfend zu folgen imstande ist, wenn einer ein Verschiedenes irgendwie für
d dasselbe erklärt und ein Selbiges für ein Anderes, und zwar in der Beziehung und dem gemäß, was einem von beiden nach seiner Aussage zukommt. Aber Dasselbe als Verschiedenes erscheinen zu lassen und ganz unbestimmt wie, und das Verschiedene als Dasselbe, und das Große als klein, und das Ähnliche als unähnlich, und so Freude daran zu haben, in den Reden immer Gegensätze vorzubringen, das ist keine wahrhafte Untersuchung, sondern der unreife Versuch von jemand, der mit dem Seienden gerade zum erstenmal in Berührung kommt[112]).

Th: Sehr richtig.

44. F: Und auch der Versuch, alles von allem zu tren-
e nen, mein Guter, ist auf andere Weise unangebracht und also auch das Zeichen eines völlig ungebildeten und unphilosophischen Kopfes.

Th: Wieso?

F: Weil es die vollkommenste Vernichtung alles Redens und Denkens ist, wenn man jedes von allem anderen getrennt sein läßt. Denn nur durch Verflechtung der Begriffe untereinander entsteht uns die Rede.

Th: Das ist wahr.

260 F: Überlege nur, wie sehr zur rechten Zeit wir den Kampf gegen diese Leute aufgenommen und sie gezwungen haben, das eine sich mit dem anderen mischen zu lassen.

Th: Inwiefern?

F: Angesichts dessen, daß die Rede eine der Gattungen des Seienden ist[113]). Denn werden wir dieser beraubt, so werden wir, was das größte ist, auch der Philosophie beraubt werden. Ferner aber müssen wir uns nun über die Rede einig werden, was sie eigentlich ist. Wenn wir

εἶναι τὸ παράπαν, οὐδὲν ἂν ἔτι που λέγειν οἷοί τ' ἦμεν.
ἀφῃρέθημεν δ' ἄν, εἰ συνεχωρήσαμεν μηδεμίαν εἶναι μεῖξιν b
μηδενὶ πρὸς μηδέν.

Θεαι: Ὀρθῶς τοῦτό γε· λόγον δὲ δι' ὅτι νῦν διομολογητέον οὐκ ἔμαθον.

Ξε: Ἀλλ' ἴσως τῇδ' ἑπόμενος ῥᾷστ' ἂν μάθοις.

Θεαι: Πῇ;

Ξε: Τὸ μὲν δὴ μὴ ὂν ἡμῖν ἕν τι τῶν ἄλλων γένος ὂν ἀνεφάνη, κατὰ πάντα τὰ ὄντα διεσπαρμένον.

Θεαι: Οὕτως.

Ξε: Οὐκοῦν τὸ μετὰ τοῦτο σκεπτέον εἰ δόξῃ τε καὶ λόγῳ μείγνυται.

Θεαι: Τί δή;

Ξε: Μὴ μειγνυμένου μὲν αὐτοῦ τούτοις ἀναγκαῖον c
ἀληθῆ πάντ' εἶναι, μειγνυμένου δὲ δόξα τε ψευδὴς γίγνεται καὶ λόγος· τὸ γὰρ τὰ μὴ ὄντα δοξάζειν ἢ λέγειν, τοῦτ' ἔστι που τὸ ψεῦδος ἐν διανοίᾳ τε καὶ λόγοις γιγνόμενον.

Θεαι: Οὕτως.

Ξε: Ὄντος δέ γε ψεύδους ἔστιν ἀπάτη.

Θεαι: Ναί.

Ξε: Καὶ μὴν ἀπάτης οὔσης εἰδώλων τε καὶ εἰκόνων ἤδη καὶ φαντασίας πάντα ἀνάγκη μεστὰ εἶναι.

Θεαι: Πῶς γὰρ οὔ;

Ξε: Τὸν δέ γε σοφιστὴν ἔφαμεν ἐν τούτῳ που τῷ τόπῳ
καταπεφευγέναι μέν, ἔξαρνον δὲ γεγονέναι τὸ παράπαν μηδ' d
εἶναι ψεῦδος· τὸ γὰρ μὴ ὂν οὔτε διανοεῖσθαί τινα οὔτε λέγειν· οὐσίας γὰρ οὐδὲν οὐδαμῇ τὸ μὴ ὂν μετέχειν.

Θεαι: Ἦν ταῦτα.

Ξε: Νῦν δέ γε τοῦτο μὲν ἐφάνη μετέχον τοῦ ὄντος, ὥστε ταύτῃ μὲν ἴσως οὐκ ἂν μάχοιτο ἔτι· τάχα δ' ἂν φαίη

b sie vom Sein überhaupt ausschließen wollten, dann dürften wir wohl selbst überhaupt nicht mehr imstande sein zu reden. Wir müßten sie aber ausschließen, wenn wir zugegeben hätten, daß keine Mischung von etwas mit etwas ein Sein hat.

Th: Das ist richtig. Warum wir uns aber jetzt über die Rede verständigen müssen, habe ich nicht verstanden.

F: Vielleicht wird es dir am leichtesten auf folgendem Wege klar.

Th: Auf welchem?

F: Das Nichtseiende erwies sich uns doch als eine Gattung unter anderem und an alles Seiende hin verteilt.

Th: Ja.

F: So ist also weiter zu erwägen, ob es sich mit Ansicht und Aussage verbindet[114]).

Th: Warum dies?

c F: Verbindet es sich nicht mit ihnen, so ist notwendig alles wahr, verbindet es sich aber, so entsteht auch falsche Ansicht und Aussage. Denn das Nichtseiende für wahr halten oder aussagen, das ist doch wohl der Irrtum, wie er im Denken und Reden vorkommt.

Th: Ja.

F: Und wo Irrtum ist, ist auch Täuschung.

Th: Ja.

F: Wo aber Täuschung ist, ist notwendig alles voll von Bildern, bildhaften Ähnlichkeiten und trügerischem Aussehen.

Th: Ja, gewiß.

F: Vom Sophisten aber behaupteten wir doch, daß er

d eben in dieser Gegend seine Zuflucht gesucht habe und bestreite, daß Irrtum überhaupt irgendwie sei; denn das Nichtseiende könne von niemand gedacht oder ausgesagt werden; denn am Sein habe das Nichtseiende auf keine Art und Weise teil.

Th: So war es.

F: Nun aber hat sich von diesem zwar herausgestellt, daß es am Seienden teilhat, so daß er darüber vielleicht nicht mehr streiten würde; wohl aber würde er vielleicht von den Begriffen behaupten, daß sie zum Teil allerdings

τῶν εἰδῶν τὰ μὲν μετέχειν τοῦ μὴ ὄντος, τὰ δ' οὔ, καὶ
λόγον δὴ καὶ δόξαν εἶναι τῶν οὐ μετεχόντων, ὥστε τὴν
εἰδωλοποιικὴν καὶ φανταστικήν, ἐν ᾗ φαμεν αὐτὸν εἶναι,
διαμάχοιτ' ἂν πάλιν ὡς παντάπασιν οὐκ ἔστιν, ἐπειδὴ δόξα e
καὶ λόγος οὐ κοινωνεῖ τοῦ μὴ ὄντος· ψεῦδος γὰρ τὸ παρά-
παν οὐκ εἶναι ταύτης μὴ συνισταμένης τῆς κοινωνίας. διὰ
ταῦτ' οὖν λόγον πρῶτον καὶ δόξαν καὶ φαντασίαν διερευνη-
τέον ὅτι ποτ' ἔστιν, ἵνα φανέντων καὶ τὴν κοινωνίαν αὐτῶν
τῷ μὴ ὄντι κατίδωμεν, κατιδόντες δὲ τὸ ψεῦδος ὂν ἀποδεί- 26
ξωμεν, ἀποδείξαντες δὲ τὸν σοφιστὴν εἰς αὐτὸ ἐνδήσωμεν,
εἴπερ ἔνοχός ἐστιν, ἢ καὶ ἀπολύσαντες ἐν ἄλλῳ γένει
ζητῶμεν.

Θεαι: Κομιδῇ δέ γε, ὦ ξένε, ἔοικεν ἀληθὲς εἶναι τὸ περὶ
τὸν σοφιστὴν κατ' ἀρχὰς λεχθέν, ὅτι δυσθήρευτον εἴη τὸ
γένος. φαίνεται γὰρ οὖν προβλημάτων γέμειν, ὧν ἐπειδὰν
τι προβάλῃ, τοῦτο πρότερον ἀναγκαῖον διαμάχεσθαι πρὶν
ἐπ' αὐτὸν ἐκεῖνον ἀφικέσθαι. νῦν γὰρ μόγις μὲν τὸ μὴ ὂν
ὡς οὐκ ἔστι προβληθὲν διεπεράσαμεν, ἕτερον δὲ προβέ-
βληται, καὶ δεῖ δὴ ψεῦδος ὡς ἔστι καὶ περὶ λόγον καὶ περὶ b
δόξαν ἀποδεῖξαι, καὶ μετὰ τοῦτο ἴσως ἕτερον, καὶ ἔτ'
ἄλλο μετ' ἐκεῖνο· καὶ πέρας, ὡς ἔοικεν, οὐδὲν φανήσεταί
ποτε.

Ξε: Θαρρεῖν, ὦ Θεαίτητε, χρὴ τὸν καὶ σμικρόν τι δυνά-
μενον εἰς τὸ πρόσθεν ἀεὶ προϊέναι. τί γὰρ ὅ γ' ἀθυμῶν ἐν
τούτοις δράσειεν ἂν ἐν ἄλλοις, ἢ μηδὲν ἐν ἐκείνοις ἀνύτων
ἢ καὶ πάλιν εἰς τοὔπισθεν ἀπωσθείς; σχολῇ που, τὸ κατὰ
τὴν παροιμίαν λεγόμενον, ὅ γε τοιοῦτος ἄν ποτε ἕλοι πόλιν. c
νῦν δ' ἐπεί, ὠγαθέ, τοῦτο ὃ λέγεις διαπεπέρανται, τό τοι

an dem Nichtseienden teilhätten, zum Teil aber auch
nicht, und Aussage und Ansicht gehörten zu denen, die
nicht teilhaben. Daher würde er nun wiederum durchzu-
fechten suchen, daß dem, was mit Bildern und trügeri-
schem Aussehen zu tun hat, und wo wir ihm seinen Ort
e zugewiesen hatten, überhaupt kein Sein zukomme, da
Ansicht und Aussage keine Gemeinschaft mit dem Nicht-
seienden eingingen. Denn wo diese Gemeinschaft nicht
zustandekomme, sei überhaupt kein Irrtum. Darum
müssen zunächst Aussage, Ansicht und Aussehen ergrün-
det werden[115]), was sie sind, damit wir, wenn sie sichtbar
werden, auch ihre Gemeinschaft mit dem Nichtseienden
61 erkennen, und wenn wir das erkennen, den Irrtum als
seiend aufzeigen; und indem wir dies aufzeigen, den So-
phisten hieran festbinden, wenn er sich hier schuldig
gemacht hat, im anderen Falle aber ihn loslassen und ihn
im Gebiet eines anderen Begriffes aufsuchen.

Th: Es scheint doch sehr wahr zu sein, lieber Gast, was
wir zu Anfang vom Sophisten sagten, dieser Gattung von
Leuten sei sehr schwer beizukommen. Denn an Schutz-
wällen scheint es ihm wahrhaftig nicht zu fehlen, und hat
er sich hinter einen verschanzt, so muß man diesen erst er-
stürmen, ehe man an ihn selbst herankommt. Denn kaum,
daß wir jetzt den einen Wall, nämlich daß das Nichtsei-
ende nicht ist, glücklich bewältigt haben, ist auch schon
b ein zweiter aufgeworfen, und es muß nun der Nachweis
geliefert werden, daß auch in Aussage und Ansicht Irrtum
vorkommt, und dann ist vielleicht wieder eine neue
Schanze aufgeworfen und nach dieser noch eine; und wer
weiß, ob überhaupt jemals ein Ende abzusehen ist.

F: Nur den Mut nicht verlieren, Theaitet, solange man
imstande ist, immer, und sei es auch nur wenig, voran-
zukommen. Denn wer in einer Lage wie der unsrigen
verzagt, was soll der wohl da tun, wo er entweder nichts
ausrichtet oder gar wieder auf den Ausgangspunkt zu-
rückgeworfen wird? Gute Weile hat es, mit dem Sprich-
c wort zu reden, bis ein solcher die Stadt einnimmt. Jetzt
aber, mein Bester, wo das von dir genannte Hindernis
glücklich überwunden ist, ist doch wohl das stärkste Boll-

μέγιστον ἡμῖν τεῖχος ᾑρημένον ἂν εἴη, τὰ δ᾽ ἄλλα ἤδη ῥᾴω καὶ σμικρότερα.

Θεαι: Καλῶς εἶπες.

Ξε: Λόγον δὴ πρῶτον καὶ δόξαν, καθάπερ ἐρρήθη νυνδή, λάβωμεν, ἵνα ἐναργέστερον ἀπολογισώμεθα πότερον αὐτῶν ἅπτεται τὸ μὴ ὂν ἢ παντάπασιν ἀληθῆ μέν ἐστιν ἀμφότερα ταῦτα, ψεῦδος δὲ οὐδέποτε οὐδέτερον.

Θεαι: Ὀρθῶς.

Ξε: Φέρε δή, καθάπερ περὶ τῶν εἰδῶν καὶ τῶν γραμμά- d
των ἐλέγομεν, περὶ τῶν ὀνομάτων πάλιν ὡσαύτως ἐπισκεψώμεθα. φαίνεται γάρ πῃ ταύτῃ τὸ νῦν ζητούμενον.

Θεαι: Τὸ ποῖον οὖν δὴ περὶ τῶν ὀνομάτων ὑπακουστέον;

Ξε: Εἴτε πάντα ἀλλήλοις συναρμόττει εἴτε μηδέν, εἴτε τὰ μὲν ἐθέλει, τὰ δὲ μή.

Θεαι: Δῆλον τοῦτό γε, ὅτι τὰ μὲν ἐθέλει, τὰ δ᾽ οὔ.

Ξε: Τὸ τοιόνδε λέγεις ἴσως, ὅτι τὰ μὲν ἐφεξῆς λεγόμενα e
καὶ δηλοῦντά τι συναρμόττει, τὰ δὲ τῇ συνεχείᾳ μηδὲν σημαίνοντα ἀναρμοστεῖ.

Θεαι: Πῶς τί τοῦτ᾽ εἶπας;

Ξε: Ὅπερ ᾠήθην ὑπολαβόντα σε προσομολογεῖν. ἔστι γὰρ ἡμῖν που τῶν τῇ φωνῇ περὶ τὴν οὐσίαν δηλωμάτων διττὸν γένος.

Θεαι: Πῶς;

Ξε: Τὸ μὲν ὀνόματα, τὸ δὲ ῥήματα κληθέν.

Θεαι: Εἰπὲ ἑκάτερον.

Ξε: Τὸ μὲν ἐπὶ ταῖς πράξεσιν ὂν δήλωμα ῥῆμά που 262
λέγομεν.

Θεαι: Ναί.

Ξε: Τὸ δέ γ᾽ ἐπ᾽ αὐτοῖς τοῖς ἐκεῖνας πράττουσι σημεῖον τῆς φωνῆς ἐπιτεθὲν ὄνομα.

Θεαι: Κομιδῇ μὲν οὖν.

werk genommen; die übrigen sind schwächer, und leichter zu nehmen.

Th: Das ist wahr.

45. F: Laß uns also, wie gesagt, zunächst Aussage und Ansicht vornehmen, damit in unserer Erörterung deutlicher wird, ob das Nichtseiende sich an sie heftet, oder ob sie beide unter allen Umständen wahr sind und keines jemals Irrtum.

Th: Gut.

d F: Also weiter. Laß uns nun, was wir bei den Begriffen und Buchstaben sagten, auch bei den Wörtern ebenso in Erwägung ziehen. Denn auf diese Weise wird sich irgendwie zeigen, was wir jetzt suchen[116]).

Th: Was ist es denn nun an den Wörtern, worauf wir achten sollen?

F: Darauf, ob alle Wörter untereinander zusammenstimmen oder keines, oder ob sie sich teils zusammenfügen lassen, teils aber nicht.

Th: Offenbar teils ja, teils nein.

F: Du meinst es wohl so, daß einerseits diejenigen, die nacheinander gesprochen, etwas offenbar machen, zu-
e sammenstimmen, andererseits diejenigen, die in ihrem Zusammenhang nichts bezeichnen, sich nicht zusammenfügen?

Th: Wie meintest du das?

F: So wie ich glaubte, daß du es meintest, als du mir eben zustimmtest. Denn das, was uns durch die Sprache über das Seiende offenbar wird, ist zweifacher Art.

Th: Wie das?

262 F: Das eine sind die sogenannten Substantive, das andere die Verben[117]).

Th: Erkläre jedes von ihnen.

F: Das, wodurch wir die Handlungen zum Ausdruck bringen, nennen wir doch Verb.

Th: Ja.

F: Das aber, wodurch die Sprache die Handelnden bezeichnet, Substantiv.

Th: Offensichtlich.

Ξε: Οὐκοῦν ἐξ ὀνομάτων μὲν μόνων συνεχῶς λεγομένων οὐκ ἔστι ποτὲ λόγος, οὐδ' αὖ ῥημάτων χωρὶς ὀνομάτων λεχθέντων.

Θεαι: Ταῦτ' οὐκ ἔμαθον.

Ξε: Δῆλον γὰρ ὡς πρὸς ἕτερόν τι βλέπων ἄρτι συνωμο- b λόγεις· ἐπεὶ τοῦτ' αὐτὸ ἐβουλόμην εἰπεῖν, ὅτι συνεχῶς ὧδε λεγόμενα ταῦτα οὐκ ἔστι λόγος.

Θεαι: Πῶς;

Ξε: Οἷον "βαδίζει" "τρέχει" "καθεύδει," καὶ τἆλλα ὅσα πράξεις σημαίνει ῥήματα, κἂν πάντα τις ἐφεξῆς αὔτ' εἴπῃ, λόγον οὐδέν τι μᾶλλον ἀπεργάζεται.

Θεαι: Πῶς γάρ;

Ξε: Οὐκοῦν καὶ πάλιν ὅταν λέγηται "λέων" "ἔλαφος" "ἵππος," ὅσα τε ὀνόματα τῶν τὰς πράξεις αὖ πραττόντων ὠνομάσθη, καὶ κατὰ ταύτην δὴ τὴν συνέχειαν οὐδείς πω c συνέστη λόγος· οὐδεμίαν γὰρ οὔτε οὕτως οὔτ' ἐκείνως πρᾶξιν οὐδ' ἀπραξίαν οὐδὲ οὐσίαν ὄντος οὐδὲ μὴ ὄντος δηλοῖ τὰ φωνηθέντα, πρὶν ἄν τις τοῖς ὀνόμασι τὰ ῥήματα κεράσῃ. τότε δ' ἥρμοσέν τε καὶ λόγος ἐγένετο εὐθὺς ἡ πρώτη συμπλοκή, σχεδὸν τῶν λόγων ὁ πρῶτός τε καὶ σμικρότατος.

Θεαι: Πῶς ἄρ' ὧδε λέγεις;

Ξε: Ὅταν εἴπῃ τις· "ἄνθρωπος μανθάνει," λόγον εἶναι φῂς τοῦτον ἐλάχιστόν τε καὶ πρῶτον;

Θεαι: Ἔγωγε. d

Ξε: Δηλοῖ γὰρ ἤδη που τότε περὶ τῶν ὄντων ἢ γιγνομένων ἢ γεγονότων ἢ μελλόντων, καὶ οὐκ ὀνομάζει μόνον ἀλλά τι περαίνει, συμπλέκων τὰ ῥήματα τοῖς ὀνόμασι. διὸ λέγειν τε αὐτὸν ἀλλ' οὐ μόνον ὀνομάζειν εἴπομεν, καὶ δὴ καὶ τῷ πλέγματι τούτῳ τὸ ὄνομα ἐφθεγξάμεθα λόγον.

Θεαι: Ὀρθῶς.

F: Aus Substantiven allein, auch wenn zusammenhängend ausgesprochen, ergibt sich niemals eine Aussage, ebensowenig aus Verben getrennt von Substantiven.

Th: Das verstehe ich nicht[118]).

b F: Offenbar hattest du etwas anderes vor Augen, als du mir gerade zustimmtest. Denn eben dies wollte ich damit sagen, daß eine solche unmittelbare Aneinanderreihung von Worten keine Aussage ergibt.

Th: Wieso?

F: Etwa „geht", „läuft", „schläft" und anderes, was als Verbum Handlungen bezeichnet, das macht, auch wenn alles der Reihe nach gesagt wird, noch lange keine Aussage.

Th: Wie sollte es auch?

F: Und auch wenn man andererseits sagt „Löwe", „Hirsch", „Pferd", also Substantive, mit denen die Handelnden benannt werden, kommt auch bei einer solchen
c Folge keine Aussage zustande. Denn weder auf die eine, noch auf die andere Weise vermag das Ausgesprochene ein Handeln oder Nichthandeln, oder das Sein eines Seienden oder Nichtseienden zu offenbaren, bevor einer mit den Substantiven die Verben mischt. Dann aber klingt gleich die erste Verknüpfung zusammen und wird Aussage, gewissermaßen die erste und kleinste Rede.

Th: Wie meinst du das?

F: Wenn jemand sagt: „Der Mensch lernt", so gibst du wohl zu, daß dies eine besonders kurze und elementare Aussage ist?

d Th: Ich, ja.

F: Denn er gibt dann doch schon Kunde über das Seiende oder Werdende oder Gewordene oder Zukünftige, und er gibt nicht nur etwas einen Namen, sondern eine Bestimmung, indem er die Verben mit den Substantiven verknüpft. Daher sagen wir dann auch, er mache eine Aussage und nicht, er nenne bloß etwas. Und eine solche Verknüpfung bezeichnen wir mit dem Namen Aussage[119]).

Th: Richtig.

Ξε: Οὕτω δὴ καθάπερ τὰ πράγματα τὰ μὲν ἀλλήλοις ἥρμοττεν, τὰ δ' οὔ, καὶ περὶ τὰ τῆς φωνῆς αὖ σημεῖα τὰ μὲν οὐχ ἁρμόττει, τὰ δὲ ἁρμόττοντα αὐτῶν λόγον ἀπηργάσατο. e

Θεαι: Παντάπασι μὲν οὖν.

Ξε: Ἔτι δὴ σμικρὸν τόδε.

Θεαι: Τὸ ποῖον;

Ξε: Λόγον ἀναγκαῖον, ὅτανπερ ᾖ, τινὸς εἶναι λόγον, μὴ δὲ τινὸς ἀδύνατον.

Θεαι: Οὕτως.

Ξε: Οὐκοῦν καὶ ποιόν τινα αὐτὸν εἶναι δεῖ;

Θεαι: Πῶς δ' οὔ;

Ξε: Προσέχωμεν δὴ τὸν νοῦν ἡμῖν αὐτοῖς.

Θεαι: Δεῖ γοῦν.

Ξε: Λέξω τοίνυν σοι λόγον συνθεὶς πρᾶγμα πράξει δι' ὀνόματος καὶ ῥήματος· ὅτου δ' ἂν ὁ λόγος ᾖ, σύ μοι φράζειν.

Θεαι: Ταῦτ' ἔσται κατὰ δύναμιν. 263

Ξε: "Θεαίτητος κάθηται." μῶν μὴ μακρὸς ὁ λόγος;

Θεαι: Οὔκ, ἀλλὰ μέτριος.

Ξε: Σὸν ἔργον δὴ φράζειν περὶ οὗ τ' ἐστὶ καὶ ὅτου.

Θεαι: Δῆλον ὅτι περὶ ἐμοῦ τε καὶ ἐμός.

Ξε: Τί δὲ ὅδ' αὖ;

Θεαι: Ποῖος;

Ξε: "Θεαίτητος, ᾧ νῦν ἐγὼ διαλέγομαι, πέτεται."

Θεαι: Καὶ τοῦτον οὐδ' ἂν εἷς ἄλλως εἴποι πλὴν ἐμόν τε καὶ περὶ ἐμοῦ.

Ξε: Ποιὸν δέ γέ τινά φαμεν ἀναγκαῖον ἕκαστον εἶναι τῶν λόγων.

Θεαι: Ναί. b

Ξε: Τούτων δὴ ποῖόν τινα ἑκάτερον φατέον εἶναι;

Θεαι: Τὸν μὲν ψευδῆ που, τὸν δὲ ἀληθῆ.

Ξε: Λέγει δὲ αὐτῶν ὁ μὲν ἀληθὴς τὰ ὄντα ὡς ἔστιν περὶ σοῦ.

46. F: Wie nun die Dinge teils zueinander stimmen teils nicht, so stimmen auch alle Sprachzeichen teils nicht
e miteinander zusammen, teils aber bringen sie zusammenstimmend eine Aussage zustande[120]).

Th: Ja, richtig.

F: Nun noch dies in Kürze.

Th: Was denn?

F: Eine Aussage ist doch, wenn sie ein Sein hat, eine Aussage von etwas; dies nicht von etwas zu sein, ist ihr unmöglich.

Th: Genau so.

F: Muß sie nicht auch von bestimmter Beschaffenheit sein?

Th: Gewiß.

F: Laß uns also scharf achtgeben.

Th: Ja, das muß sein.

F: Ich will dir also eine Aussage nennen, indem ich durch Substantiv und Verb Handelndes und Handlung zusammenfüge; wovon die Aussage aber redet, das mußt du mir sagen.

263 Th: Ja, so gut ich es eben kann.

F: „Theaitet sitzt". Das ist doch wohl keine lange Rede?

Th: Nein, angemessen.

F: Deine Sache ist es also zu erklären, worüber und wovon sie aussagt.

Th: Offenbar über mich und von mir[121]).

F: Und wie steht es wiederum mit folgender?

Th: Womit?

F: „Theaitet, mit dem ich eben rede, fliegt"[122]).

Th: Auch von dieser wird wohl keiner etwas anderes sagen, als daß sie von mir und über mich spricht.

F: Nun hat doch nach unserer Feststellung jede Aussage notwendig eine Beschaffenheit.

b Th: Ja.

F: Wie beschaffen müssen wir nun sagen, daß jede von beiden ist?

Th: Die eine ist falsch, die andere wahr.

F: Es sagt aber die wahre wahrhaft Seiendes von dir aus.

Θεαι: Τί μήν;

Ξε: Ὁ δὲ δὴ ψευδὴς ἕτερα τῶν ὄντων.

Θεαι: Ναί.

Ξε: Τὰ μὴ ὄντ' ἄρα ὡς ὄντα λέγει.

Θεαι: Σχεδόν.

Ξε: Ὄντων δέ γε ὄντα ἕτερα περὶ σοῦ. πολλὰ μὲν γὰρ ἔφαμεν ὄντα περὶ ἕκαστον εἶναί που, πολλὰ δὲ οὐκ ὄντα.

Θεαι: Κομιδῇ μὲν οὖν.

Ξε: Ὃν ὕστερον δὴ λόγον εἴρηκα περὶ σοῦ, πρῶτον μέν, c
ἐξ ὧν ὡρισάμεθα τί ποτ' ἔστι λόγος, ἀναγκαιότατον αὐτὸν ἕνα τῶν βραχυτάτων εἶναι.

Θεαι: Νυνδὴ γοῦν ταύτῃ συνωμολογήσαμεν.

Ξε: Ἔπειτα δέ γε τινός.

Θεαι: Οὕτως.

Ξε: Εἰ δὲ μή ἐστιν σός, οὐκ ἄλλου γε οὐδενός.

Θεαι: Πῶς γάρ;

Ξε: Μηδενὸς ⟨δέ⟩ γε ὢν οὐδ' ἂν λόγος εἴη τὸ παράπαν· ἀπεφήναμεν γὰρ ὅτι τῶν ἀδυνάτων ἦν λόγον ὄντα μηδενὸς εἶναι λόγον.

Θεαι: Ὀρθότατα.

Ξε: Περὶ δὴ σοῦ λεγόμενα, ⟨λεγόμενα⟩ μέντοι θάτερα d
ὡς τὰ αὐτὰ καὶ μὴ ὄντα ὡς ὄντα, παντάπασιν [ὡς] ἔοικεν ἡ τοιαύτη σύνθεσις ἔκ τε ῥημάτων γιγνομένη καὶ ὀνομάτων ὄντως τε καὶ ἀληθῶς γίγνεσθαι λόγος ψευδής.

Θεαι: Ἀληθέστατα μὲν οὖν.

Ξε: Τί δὲ δή; διάνοιά τε καὶ δόξα καὶ φαντασία, μῶν οὐκ ἤδη δῆλον ὅτι ταῦτά γε ψευδῆ τε καὶ ἀληθῆ πάνθ' ἡμῶν ἐν ταῖς ψυχαῖς ἐγγίγνεται;

Θεαι: Πῶς;

Ξε: Ὧδ' εἴσῃ ῥᾷον, ἂν πρῶτον λάβῃς αὐτὰ τί ποτ' ἔστιν
καὶ τί διαφέρουσιν ἕκαστα ἀλλήλων. e

Θεαι: Δίδου μόνον.

Ξε: Οὐκοῦν διάνοια μὲν καὶ λόγος ταὐτόν· πλὴν ὁ μὲν

Th: Gewiß.

F: Die falsche dagegen anderes als das, was ist.

Th: Ja.

F: Was nicht ist, sagt sie also aus als seiend?

Th: So ungefähr.

F: Aber doch Seiendes, verschieden von dem, was über dich zu sagen ist. Denn wir behaupteten doch von jedem, vieles Seiende wie auch vieles Nichtseiende zu sein.

Th: Allerdings.

c F: Die letzte Rede, in der ich von dir sprach, ist erstens von unserer Bestimmung der Aussage her, ganz unbedingt eine der kürzesten.

Th: Darüber haben wir uns allerdings vorhin geeinigt.

F: Ferner ist sie Rede von etwas.

Th: Ja.

F: Wenn aber nicht von dir, dann auch nicht über irgend etwas anderes.

Th: Gewiß nicht.

F: Ist sie aber von nichts eine Aussage, dann wohl überhaupt keine Aussage. Denn wir haben gezeigt, daß eine Aussage, sofern sie ein Sein hat, keine Aussage von Nichts sein kann.

Th: Sehr richtig.

d F: Über dich also ausgesagt, aber so, daß das Verschiedene dasselbe und das Nichtseiende seiend wird, ist anscheinend eine solche Verbindung, die sich aus Verben und Substantiven bildet, wirklich und wahrhaft eine falsche Aussage.

Th: Sehr wahr, gewiß.

47. F: Wie aber weiter? Nachdenken, Urteil und Ansicht[123]): ist es nicht sofort deutlich, daß diese sowohl falsch wie auch wahr in unseren Seelen sein können?

Th: Wieso?

F: Das wird dir leichter klar werden, wenn du zuerst
e erfaßt, was ein jedes für sich ist und worin sie sich voneinander unterscheiden.

Th: Gib es nur an.

F: Nachdenken und Rede sind nun wohl zwar dasselbe,

ἐντὸς τῆς ψυχῆς πρὸς αὑτὴν διάλογος ἄνευ φωνῆς γιγνόμενος τοῦτ' αὐτὸ ἡμῖν ἐπωνομάσθη, διάνοια;

Θεαι: Πάνυ μὲν οὖν.

Ξε: Τὸ δέ γ' ἀπ' ἐκείνης ῥεῦμα διὰ τοῦ στόματος ἰὸν μετὰ φθόγγου κέκληται λόγος;

Θεαι: Ἀληθῆ.

Ξε: Καὶ μὴν ἐν λόγοις γε αὖ ἴσμεν ἐνὸν —

Θεαι: Τὸ ποῖον;

Ξε: Φάσιν τε καὶ ἀπόφασιν.

Θεαι: Ἴσμεν.

Ξε: Ὅταν οὖν τοῦτο ἐν ψυχῇ κατὰ διάνοιαν ἐγγίγνηται 264
μετὰ σιγῆς, πλὴν δόξης ἔχεις ὅτι προσείπῃς αὐτό;

Θεαι: Καὶ πῶς;

Ξε: Τί δ' ὅταν μὴ καθ' αὑτὸ ἀλλὰ δι' αἰσθήσεως παρῇ τινι, τὸ τοιοῦτον αὖ πάθος ἆρ' οἷόν τε ὀρθῶς εἰπεῖν ἕτερόν τι πλὴν φαντασίαν;

Θεαι: Οὐδέν.

Ξε: Οὐκοῦν ἐπείπερ λόγος ἀληθὴς ἦν καὶ ψευδής, τούτων δ' ἐφάνη διάνοια μὲν αὐτῆς πρὸς ἑαυτὴν ψυχῆς διάλογος, δόξα δὲ διανοίας ἀποτελεύτησις, "φαίνεται" δὲ ὃ b
λέγομεν σύμμειξις αἰσθήσεως καὶ δόξης, ἀνάγκη δὴ καὶ τούτων τῷ λόγῳ συγγενῶν ὄντων ψευδῆ [τε] αὐτῶν ἔνια καὶ ἐνίοτε εἶναι.

Θεαι: Πῶς δ' οὔ;

Ξε: Κατανοεῖς οὖν ὅτι πρότερον ηὑρέθη ψευδὴς δόξα καὶ λόγος ἢ κατὰ τὴν προσδοκίαν ἣν ἐφοβήθημεν ἄρτι, μὴ παντάπασιν ἀνήνυτον ἔργον ἐπιβαλλοίμεθα ζητοῦντες αὐτό;

Θεαι: Κατανοῶ.

Ξε: Μὴ τοίνυν μηδ' εἰς τὰ λοιπὰ ἀθυμῶμεν. ἐπειδὴ γὰρ c
πέφανται ταῦτα, τῶν ἔμπροσθεν ἀναμνησθῶμεν κατ' εἴδη διαιρέσεων.

nur daß das Gespräch, welches in der Seele mit sich selbst ohne Laut vor sich geht[124]), bei uns den Namen Nachdenken erhielt?

Th: Ja, gewiß.

F: Dagegen wird der Strom, der aus der Seele laut über die Lippen kommt, Rede genannt.

Th: Richtig.

F: In den Reden aber stecken nun wiederum, wie wir wissen —

Th: Was denn?

F: — sowohl Bejahung als auch Verneinung[125]).

Th: Das wissen wir.

264 F: Wenn sich dies also in der Seele durch Nachdenken stillschweigend vollzieht, hast du da eine andere Bezeichnung als Urteil?

Th: Wie sollte ich.

F: Wenn es sich aber nicht für sich, sondern durch Wahrnehmung bei einem einstellt, kann man dann einen solchen Zustand anders richtig bezeichnen, denn als Ansicht?

Th: Nein.

F: Da es nun wahre und falsche Aussage gab, und unter diesen sich das Nachdenken zeigte als Gespräch der
b Seele mit sich selbst, das Urteil aber als Abschluß des Nachdenkens, und, wovon wir sagen, „es zeigt sich", als eine Mischung von Wahrnehmung und Urteil, so müssen auch von diesen, da sie der Rede verwandt sind, manche zuweilen falsch sein[126]).

Th: Zweifellos.

F: Merkst du nun, daß falsche Beurteilung und Aussage eher aufgefunden wurden als wir es eben noch erwarteten, da wir fürchteten, wir hätten uns eine ganz und gar unvollendbare Aufgabe aufgeladen.

Th: Ich merke es wohl.

48. F: Also brauchen wir vor dem übrigen auch keine
c Angst mehr zu haben. Denn nachdem sich uns dies gezeigt hat, wollen wir uns der früheren Einteilungen nach Begriffen erinnern.

Θεαι: Ποίων δή;

Ξε: Διειλόμεθα τῆς εἰδωλοποιικῆς εἴδη δύο, τὴν μὲν εἰκαστικήν, τὴν δὲ φανταστικήν.

Θεαι: Ναί.

Ξε: Καὶ τὸν σοφιστὴν εἴπομεν ὡς ἀποροῖμεν εἰς ὁποτέραν θήσομεν.

Θεαι: Ἦν ταῦτα.

Ξε: Καὶ τοῦθ' ἡμῶν ἀπορουμένων ἔτι μείζων κατεχύθη σκοτοδινία, φανέντος τοῦ λόγου τοῦ πᾶσιν ἀμφισβητοῦντος ὡς οὔτε εἰκὼν οὔτε εἴδωλον οὔτε φάντασμ' εἴη τὸ παράπαν
οὐδὲν διὰ τὸ μηδαμῶς μηδέποτε μηδαμοῦ ψεῦδος εἶναι. d

Θεαι: Λέγεις ἀληθῆ.

Ξε: Νῦν δέ γ' ἐπειδὴ πέφανται μὲν λόγος, πέφανται δ' οὖσα δόξα ψευδής, ἐγχωρεῖ δὴ μιμήματα τῶν ὄντων εἶναι καὶ τέχνην ἐκ ταύτης γίγνεσθαι τῆς διαθέσεως ἀπατητικήν.

Θεαι: Ἐγχωρεῖ.

Ξε: Καὶ μὴν ὅτι γ' ἦν ὁ σοφιστὴς τούτων πότερον, διωμολογημένον ἡμῖν ἐν τοῖς πρόσθεν ἦν.

Θεαι: Ναί.

Ξε: Πάλιν τοίνυν ἐπιχειρῶμεν, σχίζοντες διχῇ τὸ
προτεθὲν γένος, πορεύεσθαι κατὰ τοὐπὶ δεξιὰ ἀεὶ μέρος τοῦ e
τμηθέντος, ἐχόμενοι τῆς τοῦ σοφιστοῦ κοινωνίας, ἕως ἂν αὐτοῦ τὰ κοινὰ πάντα περιελόντες, τὴν οἰκείαν λιπόντες
φύσιν ἐπιδείξωμεν μάλιστα μὲν ἡμῖν αὐτοῖς, ἔπειτα καὶ 265
τοῖς ἐγγυτάτω γένει τῆς τοιαύτης μεθόδου πεφυκόσιν.

Θεαι: Ὀρθῶς.

Ξε: Οὐκοῦν τότε μὲν ἠρχόμεθα ποιητικὴν καὶ κτητικὴν τέχνην διαιρούμενοι;

Θεαι: Ναί.

Ξε: Καὶ τῆς κτητικῆς ἐν θηρευτικῇ καὶ ἀγωνίᾳ καὶ ἐμπορικῇ καί τισιν ἐν τοιούτοις εἴδεσιν ἐφαντάζεθ' ἡμῖν;

Θεαι: Πάνυ μὲν οὖν.

Th: Welcher?

F: Wir trennten zwei Arten der bilderschaffenden Kunst, die abbildende und die scheinbildende Kunst.

Th: Ja.

F: Und vom Sophisten erklärten wir, daß wir nicht wüßten, in welche von beiden wir ihn setzen sollten.

Th: So war es.

F: Und mitten in unserer Ratlosigkeit ergoß sich eine noch größere Finsternis über uns, als die allem widerstreitende Aussage sich zeigte, daß es überhaupt weder
d Bild noch Abbild noch Scheinbild gebe, da auf keine Weise, niemals und nirgendwo Unwahrheit sein könne.

Th: Du hast recht.

F: Jetzt aber, nachdem sich gezeigt hat, daß unwahre Aussage einerseits und falsches Urteil andererseits ein Sein haben, steht nichts mehr im Wege, daß Nachahmungen des Seienden ein Sein haben, und aus dieser Einrichtung eine Kunst der Täuschung entsteht.

Th: Nein, nichts mehr.

F: Und daß der Sophist zu einer jener Gattungen gehöre, darüber hatten wir uns früher geeinigt.

Th: Ja.

F: Versuchen wir also aufs neue, die vorgenommene
e Gattung in zwei Teile zu spalten und immer an den rechts gelegenen Teilen des Zerschnittenen weiterzugehen, dabei aber solange in Berührung mit dem Sophisten zu bleiben, bis wir, nachdem wir alles mit ihm Gemeinsame
265 abgetrennt haben, seine eigentümliche Natur übrig behalten, um sie zunächst uns selbst vor Augen zu halten, dann aber auch denen, die uns in diesem Verfahren am nächsten verwandt sind[127]).

Th: Recht so.

F: Damals machten wir doch den Anfang mit der Teilung der hervorbringenden und erwerbenden Kunst?

Th: Ja.

F: Und er zeigte sich uns im Gebiet der Jagdkunst und der Kampfkunst und der Handelskunst und in noch manchen solchen Arten der Erwerbskunst?

Th: Gewiß.

Ξε: Νῦν δέ γ᾽ ἐπειδὴ μιμητικὴ περιείληφεν αὐτὸν τέχνη,
δῆλον ὡς αὐτὴν τὴν ποιητικὴν δίχα διαιρετέον πρώτην. ἡ
γάρ που μίμησις ποίησίς τίς ἐστιν, εἰδώλων μέντοι, b
φαμέν, ἀλλ᾽ οὐκ αὐτῶν ἑκάστων· ἦ γάρ;

Θεαι: Παντάπασι μὲν οὖν.

Ξε: Ποιητικῆς δὴ πρῶτον δύ᾽ ἔστω μέρη.

Θεαι: Ποίω;

Ξε: Τὸ μὲν θεῖον, τὸ δ᾽ ἀνθρώπινον.

Θεαι: Οὔπω μεμάθηκα.

Ξε: Ποιητικήν, εἴπερ μεμνήμεθα τὰ κατ᾽ ἀρχὰς λεχθέντα, πᾶσαν ἔφαμεν εἶναι δύναμιν ἥτις ἂν αἰτία γίγνηται τοῖς μὴ πρότερον οὖσιν ὕστερον γίγνεσθαι.

Θεαι: Μεμνήμεθα.

Ξε: Ζῷα δὴ πάντα θνητά, καὶ δὴ καὶ φυτὰ ὅσα τ᾽ ἐπὶ c
γῆς ἐκ σπερμάτων καὶ ῥιζῶν φύεται, καὶ ὅσα ἄψυχα ἐν γῇ
συνίσταται σώματα τηκτὰ καὶ ἄτηκτα, μῶν ἄλλου τινὸς ἢ
θεοῦ δημιουργοῦντος φήσομεν ὕστερον γίγνεσθαι πρότερον
οὐκ ὄντα; ἢ τῷ τῶν πολλῶν δόγματι καὶ ῥήματι χρώμενοι—

Θεαι: Ποίῳ τῳ;

Ξε: Τὴν φύσιν αὐτὰ γεννᾶν ἀπό τινος αἰτίας αὐτομάτης καὶ ἄνευ διανοίας φυούσης, ἢ μετὰ λόγου τε καὶ ἐπιστήμης θείας ἀπὸ θεοῦ γιγνομένης;

Θεαι: Ἐγὼ μὲν ἴσως διὰ τὴν ἡλικίαν πολλάκις ἀμφό- d
τερα μεταδοξάζω· νῦν μὴν βλέπων εἰς σὲ καὶ ὑπολαμβάνων
οἴεσθαί σε κατά γε θεὸν αὐτὰ γίγνεσθαι, ταύτῃ καὶ αὐτὸς
νενόμικα.

Ξε: Καλῶς γε, ὦ Θεαίτητε. καὶ εἰ μέν γέ σε ἡγούμεθα τῶν εἰς τὸν ἔπειτ᾽ ⟨ἂν⟩ χρόνον ἄλλως πως δοξαζόντων εἶναι, νῦν ἂν τῷ λόγῳ μετὰ πειθοῦς ἀναγκαίας ἐπιχειροῦ-

F: Jetzt aber, nachdem ihm die Nachahmungskunst Unterschlupf gewährt hat, müssen wir offensichtlich die
b hervorbringende Kunst als erste in zwei Teile zerlegen. Denn die Nachahmung ist doch wohl ein Hervorbringen, wohlgemerkt aber nur von Bildern, nicht von jeder Sache selbst, nicht wahr[128])?

Th: Auf jeden Fall.

F: Zuerst sollen zwei Teile der hervorbringenden Kunst sein.

Th: Welche?

F: Ein göttlicher und ein menschlicher.

Th: Das verstehe ich noch nicht.

49. F: Als hervorbringend bezeichneten wir doch, wenn wir uns an das zu Anfang Gesagte erinnern, ein jedes Können, welches für das vorher Nichtseiende den Grund bildet, später zu werden.

Th: Wir erinnern uns.

c F: Alle sterblichen Lebewesen nun und auch die Gewächse, die auf der Erde aus Samen und Wurzeln hervorgehen, und die unbeseelten Körper, die schmelzbar oder unschmelzbar in der Erde ruhen, sollen wir von ihnen sagen, daß sie durch etwas anderes als durch einen Gott als Urheber entstehen, während sie vorher nicht sind? Oder sollen wir von der Ansicht und Redensart der großen Menge Gebrauch machen —

Th: Von welcher?

F: Daß die Natur dies alles aus irgendeinem Grund erzeuge, der es von selbst und ohne Nachdenken wachsen lasse, oder aber mit Vernunft und göttlichem Wissen von Gott her entstanden?

d Th: Ich schwanke, vielleicht infolge meiner Jugend, oft zwischen beiden Ansichten. Jetzt aber, da ich auf dich hinblicke und überzeugt bin, daß du an den göttlichen Ursprung der Dinge glaubst, bekenne auch ich mich zu dieser Ansicht.

F: Schön so, Theaitet. Und wenn wir dich zu denen rechneten, die später einmal die andere Ansicht für wahr halten, so würden wir jetzt versuchen, in unserer Rede

μεν ποιεῖν ὁμολογεῖν· ἐπειδὴ δέ σου καταμανθάνω τὴν φύσιν, ὅτι καὶ ἄνευ τῶν παρ' ἡμῶν λόγων αὐτὴ πρόσεισιν e ἐφ' ἅπερ νῦν ἕλκεσθαι φῄς, ἐάσω· χρόνος γὰρ ἐκ περιττοῦ γίγνοιτ' ἄν. ἀλλὰ θήσω τὰ μὲν φύσει λεγόμενα ποιεῖσθαι θείᾳ τέχνῃ, τὰ δ' ἐκ τούτων ὑπ' ἀνθρώπων συνιστάμενα ἀνθρωπίνῃ, καὶ κατὰ τοῦτον δὴ τὸν λόγον δύο ποιητικῆς γένη, τὸ μὲν ἀνθρώπινον εἶναι, τὸ δὲ θεῖον.

Θεαι: Ὀρθῶς.

Ξε: Τέμνε δὴ δυοῖν οὔσαιν δίχα ἑκατέραν αὖθις.

Θεαι: Πῶς;

Ξε: Οἷον τότε μὲν κατὰ πλάτος τέμνων τὴν ποιητικὴν 266 πᾶσαν, νῦν δὲ αὖ κατὰ μῆκος.

Θεαι: Τετμήσθω.

Ξε: Τέτταρα μὴν αὐτῆς οὕτω τὰ πάντα μέρη γίγνεται, δύο μὲν τὰ πρὸς ἡμῶν, ἀνθρώπεια, δύο δ' αὖ τὰ πρὸς θεῶν, θεῖα.

Θεαι: Ναί.

Ξε: Τὰ δέ γ' ὡς ἑτέρως αὖ διῃρημένα, μέρος μὲν ἓν ἀφ' ἑκατέρας τῆς μερίδος αὐτοποιητικόν, τὼ δ' ὑπολοίπω σχεδὸν μάλιστ' ἂν λεγοίσθην εἰδωλοποιικώ· καὶ κατὰ ταῦτα δὴ πάλιν ἡ ποιητικὴ διχῇ διαιρεῖται.

Θεαι: Λέγε ὅπῃ ἑκατέρα αὖθις. b

Ξε: Ἡμεῖς μέν που καὶ τἆλλα ζῷα καὶ ἐξ ὧν τὰ πεφυκότ' ἐστίν, πῦρ καὶ ὕδωρ καὶ τὰ τούτων ἀδελφά, θεοῦ γεννήματα πάντα ἴσμεν αὐτὰ ἀπειργασμένα ἕκαστα· ἢ πῶς;

Θεαι: Οὕτως.

Ξε: Τούτων δέ γε ἑκάστων εἴδωλα ἀλλ' οὐκ αὐτὰ παρέπεται, δαιμονίᾳ καὶ ταῦτα μηχανῇ γεγονότα.

Θεαι: Ποῖα;

Ξε: Τά τε ἐν τοῖς ὕπνοις καὶ ὅσα μεθ' ἡμέραν φαντάσ-

dich durch überzeugende Notwendigkeit zur Zustimmung zu bewegen. Nachdem ich aber von deinem Wesen
e zu erkennen glaube, daß es sich auch ohne unsere Worte von selbst dem zuwenden wird, zu dem du dich, wie du sagst, hingezogen fühlst, so lasse ich das. Denn die Zeit wäre verschwendet. Vielmehr setze ich, daß das, von dem man sagt, es sei von Natur, durch göttliche Kunst hervorgebracht werde, was aber daraus von Menschen geschaffen wird, durch menschliche Kunst, und daß es dieser Aussage zufolge zwei Arten der hervorbringenden Kunst gibt, die eine die menschliche, die andere die göttliche[129]).

Th: Ja, richtig.

F: Nun teile jede dieser zwei wieder in zwei.

Th: Wie denn?

266 F: So als hättest du vorher die ganze hervorbringende Kunst der Breite nach geteilt, so jetzt nach der Länge[130]).

Th: Gut, so soll geschnitten sein.

F: So entstehen im ganzen vier Teile derselben, zwei für das, was bei uns ist, zwei menschliche also, und wieder zwei für das, was bei den Göttern ist, zwei göttliche.

Th: Ja.

F: Auf die andere Weise geteilt, ist der eine Teil für jedes geteilte Stück der unmittelbar hervorbringende, die beiden übrigen dürften am besten als bilderhervorbringende bestimmt werden. Und demzufolge wird die hervorbringende Kunst wieder zweifach geteilt.

b Th: Sag, auf welche Weise jedes von ihnen.

50. F: Wir und die anderen Lebewesen und das, woraus alles von Natur ist, Feuer und Wasser und deren Geschwister, das sind doch alles, wie wir wissen, Geschöpfe Gottes, die geschaffenen Dinge selbst. Nicht wahr?

Th: Ja.

F: Jedes von diesen aber ist von Bildern begleitet, wohl zu unterscheiden von den Dingen selbst, aber auch durch göttliche Einrichtung entstanden.

Th: Was für welche?

F: Die Bilder im Schlaf und der bekannte Schein, der

ματα αὐτοφυῆ λέγεται, σκιὰ μὲν ὅταν ἐν τῷ πυρὶ σκότος
ἐγγίγνηται, διπλοῦν δὲ ἡνίκ' ἂν φῶς οἰκεῖόν τε καὶ ἀλλό- c
τριον περὶ τὰ λαμπρὰ καὶ λεῖα εἰς ἓν συνελθὸν τῆς ἔμπρο-
σθεν εἰωθυίας ὄψεως ἐναντίαν αἴσθησιν παρέχον εἶδος
ἀπεργάζηται.

Θεαι: Δύο γὰρ οὖν ἐστι ταῦτα θείας ἔργα ποιήσεως,
αὐτό τε καὶ τὸ παρακολουθοῦν εἴδωλον ἑκάστῳ.

Ξε: Τί δὲ τὴν ἡμετέραν τέχνην; ἆρ' οὐκ αὐτὴν μὲν
οἰκίαν οἰκοδομικῇ φήσομεν ποιεῖν, γραφικῇ δέ τιν' ἑτέραν,
οἷον ὄναρ ἀνθρώπινον ἐγρηγορόσιν ἀπειργασμένην; d

Θεαι: Πάνυ μὲν οὖν.

Ξε: Οὐκοῦν καὶ τἆλλα οὕτω κατὰ δύο διττὰ ἔργα τῆς
ἡμετέρας αὖ ποιητικῆς πράξεως, τὸ μὲν αὐτό, φαμέν,
[αὐτουργική], τὸ δὲ εἴδωλον [εἰδωλοποιική].

Θεαι: Νῦν μᾶλλον ἔμαθον, καὶ τίθημι δύο διχῇ ποιητικῆς
εἴδει· θείαν μὲν καὶ ἀνθρωπίνην κατὰ θάτερον τμῆμα, κατὰ
δὲ θάτερον τὸ μὲν αὐτῶν ὄν, τὸ δὲ ὁμοιωμάτων τινῶν
γέννημα.

Ξε: Τῆς τοίνυν εἰδωλουργικῆς ἀναμνησθῶμεν ὅτι τὸ μὲν
εἰκαστικόν, τὸ δὲ φανταστικὸν ἔμελλεν εἶναι γένος, εἰ τὸ
ψεῦδος ὄντως ὂν ψεῦδος καὶ τῶν ὄντων ἕν τι φανείη πε- e
φυκός.

Θεαι: Ἦν γὰρ οὖν.

Ξε: Οὐκοῦν ἐφάνη τε καὶ διὰ ταῦτα δὴ καταριθμήσομεν
αὐτὼ νῦν ἀναμφισβητήτως εἴδη δύο;

Θεαι: Ναί.

Ξε: Τὸ τοίνυν φανταστικὸν αὖθις διορίζωμεν δίχα. 267

Θεαι: Πῇ;

Ξε: Τὸ μὲν δι' ὀργάνων γιγνόμενον, τὸ δὲ αὐτοῦ παρέ-

tagsüber von selbst entsteht, Schatten, wenn in der Helle
c sich dunkle Stellen bilden, Doppelschein, wenn eigenes und fremdes Licht auf hellen und glatten Flächen zu einem zusammenkommen und so ein Bild hervorbringen, das dem vorher gewohnten Anblick gegenüber entgegengesetzt aussieht.

Th: Das also ist das zweifache Werk göttlichen Tuns, die Sache selbst und das begleitende Bild einer jeden.

F: Wie steht es aber mit unserer Kunst? Werden wir nicht sagen, daß sie das Haus durch die Baukunst hervorbringe, durch die Zeichenkunst aber ein anderes Haus, gleichsam ein menschlicher Traum für Wachende zubereitet[131])?

d Th: Sicherlich.

F: Und auch für die übrigen Dinge führen wir der Zweiheit gemäß ein zweifaches Werk unseres hervorbringenden Tuns an, für die Sache selbst die sie selbst hervorbringende Kunst, für ihr Bild die bilderhervorbringende Kunst[132]).

Th: Nun verstehe ich schon besser und setze auf zweifache Art zwei Arten der hervorbringenden Kunst, eine göttliche und eine menschliche nach dem einen Schnitt, nach dem anderen das Sein der Dinge und das Erzeugnis ihrer Ähnlichkeiten.

51. F: Erinnern wir uns der bilderzeugenden Kunst, daß es von ihr eine nachbildende Gattung einerseits, eine scheinbildende andererseits geben sollte, wenn das Un-
e wahre sich als wahrhaft unwahr und seiner Natur nach als ein Seiendes zeigte.

Th: So war es.

F: Hat es sich nun nicht so gezeigt und wollen wir nicht deswegen jetzt die beiden unbestreitbar als zwei Arten aufzählen?

Th: Ja, doch.

267 F: Die scheinbildende Kunst laß uns nun abermals in zwei zerteilen.

Th: Wie denn?

F: Die eine vollzieht sich mit Hilfe von Werkzeugen,

χοντος ἑαυτὸν ὄργανον τοῦ ποιοῦντος τὸ φάντασμα.

Θεαι: Πῶς φής;

Ξε: Ὅταν οἶμαι τὸ σὸν σχῆμά τις τῷ ἑαυτοῦ χρώμενος σώματι προσόμοιον ἢ φωνὴν φωνῇ φαίνεσθαι ποιῇ, μίμησις τοῦτο τῆς φανταστικῆς μάλιστα κέκληταί που.

Θεαι: Ναί.

Ξε: Μιμητικὸν δὴ τοῦτο αὐτῆς προσειπόντες ἀπονειμώμεθα· τὸ δ' ἄλλο πᾶν ἀφῶμεν μαλακισθέντες καὶ παρέντες ἑτέρῳ συναγαγεῖν τε εἰς ἓν καὶ πρέπουσαν ἐπωνυμίαν b ἀποδοῦναί τιν' αὐτῷ.

Θεαι: Νενεμήσθω, τὸ δὲ μεθείσθω.

Ξε: Καὶ μὴν καὶ τοῦτο ἔτι διπλοῦν, ὦ Θεαίτητε, ἄξιον ἡγεῖσθαι· δι' ἃ δέ, σκόπει.

Θεαι: Λέγε.

Ξε: Τῶν μιμουμένων οἱ μὲν εἰδότες ὃ μιμοῦνται τοῦτο πράττουσιν, οἱ δ' οὐκ εἰδότες. καίτοι τίνα μείζω διαίρεσιν ἀγνωσίας τε καὶ γνώσεως θήσομεν;

Θεαι: Οὐδεμίαν.

Ξε: Οὐκοῦν τό γε ἄρτι λεχθὲν εἰδότων ἦν μίμημα; τὸ γὰρ σὸν σχῆμα καὶ σὲ γιγνώσκων ἄν τις μιμήσαιτο.

Θεαι: Πῶς δ' οὔ; c

Ξε: Τί δὲ δικαιοσύνης τὸ σχῆμα καὶ ὅλης συλλήβδην ἀρετῆς; ἆρ' οὐκ ἀγνοοῦντες μέν, δοξάζοντες δέ πῃ, σφόδρα ἐπιχειροῦσιν πολλοὶ τὸ δοκοῦν σφίσιν τοῦτο ὡς ἐνὸν αὐτοῖς προθυμεῖσθαι φαίνεσθαι ποιεῖν, ὅτι μάλιστα ἔργοις τε καὶ λόγοις μιμούμενοι;

Θεαι: Καὶ πάνυ γε πολλοί.

Ξε: Μῶν οὖν πάντες ἀποτυγχάνουσι τοῦ δοκεῖν εἶναι δίκαιοι μηδαμῶς ὄντες; ἢ τούτου πᾶν τοὐναντίον;

die andere so, daß derjenige, der das Scheinbild hervorbringt, sich selbst zum Werkzeug dessen macht.

Th: Wie meinst du das?

F: Ich meine so: wenn einer seinen Körper dazu gebraucht, daß er damit deine Gestalt, oder mit seiner Stimme deine Stimme sich gleich zu machen weiß, so wird dieser Teil der scheinbildenden Kunst doch wohl vor allem Nachahmung genannt[133]).

Th: Ja.

F: Wir wollen also diesen Teil von ihr absondern und ihn den nachahmenden nennen. Alles übrige aber wollen wir übergehen, damit wir uns nicht allzusehr anstrengen,
b und einem anderen überlassen, es in eins zusammenzufassen und ihm eine passende Bezeichnung zu geben.

Th: So sei das eine abgeteilt, das andere aber beiseite gelassen.

F: Aber auch dies lohnt, sich noch als zweifach anzusehen. Überlege, aus welchem Grunde.

Th: Sag, warum.

F: Die Nachahmenden vollbringen ihr Werk teils wohl wissend, was sie nachahmen, teils ohne Kenntnis. Und wahrhaftig, was für eine höhere Einteilung können wir setzen als die zwischen Unkenntnis und Kenntnis?

Th: Keine.

F: War nun nicht die gerade genannte Nachahmung eine durch Wissende? Denn nur, wenn einer dein Aussehen und dich kennt, dürfte er dich nachahmen können.

c Th: Ohne Zweifel.

F: Wie aber steht es mit dem Aussehen der Gerechtigkeit und überhaupt der ganze Tugend insgesamt? Sind nicht viele außerordentlich bemüht, wenn auch ohne Kenntnis, sondern nur mit einer unbestimmten Ansicht, was ihnen gut scheint, als ihren wahren Besitz erscheinen zu lassen, indem sie es vor allem mit Wort und Tat nachahmen?

Th: Gewiß sehr viele.

F: Sind denn nun alle dabei ohne Glück, wenn sie gerecht scheinen wollen, ohne es irgendwie zu sein? Oder ist ganz das Gegenteil der Fall?

Θεαι: Πᾶν.

Ξε: Μιμητὴν δὴ τοῦτόν γε ἕτερον ἐκείνου λεκτέον οἶμαι, τὸν ἀγνοοῦντα τοῦ γιγνώσκοντος.

Θεαι: Ναί.

Ξε: Πόθεν οὖν ὄνομα ἑκατέρῳ τις αὐτῶν λήψεται πρέπον; ἢ δῆλον δὴ χαλεπὸν ὄν, διότι τῆς τῶν γενῶν κατ' εἴδη διαιρέσεως παλαιά τις, ὡς ἔοικεν, ἀργία τοῖς ἔμπροσθεν καὶ ἀσύννους παρῆν, ὥστε μηδ' ἐπιχειρεῖν μηδένα διαιρεῖσθαι· καθὸ δὴ τῶν ὀνομάτων ἀνάγκη μὴ σφόδρα εὐπορεῖν. ὅμως δέ, κἂν εἰ τολμηρότερον εἰρῆσθαι, διαγνώσεως ἕνεκα τὴν μὲν μετὰ δόξης μίμησιν δοξομιμητικὴν e
προσείπωμεν, τὴν δὲ μετ' ἐπιστήμης ἱστορικήν τινα μίμησιν.

Θεαι: Ἔστω.

Ξε: Θατέρῳ τοίνυν χρηστέον· ὁ γὰρ σοφιστὴς οὐκ ἐν τοῖς εἰδόσιν ἦν ἀλλ' ἐν τοῖς μιμουμένοις δή.

Θεαι: Καὶ μάλα.

Ξε: Τὸν δοξομιμητὴν δὴ σκοπώμεθα ὥσπερ σίδηρον, εἴτε ὑγιὴς εἴτε διπλόην ἔτ' ἔχων τινά ἐστιν ἐν αὑτῷ.

Θεαι: Σκοπῶμεν.

Ξε: Ἔχει τοίνυν καὶ μάλα συχνήν. ὁ μὲν γὰρ εὐήθης αὐτῶν ἐστιν, οἰόμενος εἰδέναι ταῦτα ἃ δοξάζει· τὸ δὲ 26
θατέρου σχῆμα διὰ τὴν ἐν τοῖς λόγοις κυλίνδησιν ἔχει πολλὴν ὑποψίαν καὶ φόβον ὡς ἀγνοεῖ ταῦτα ἃ πρὸς τοὺς ἄλλους ὡς εἰδὼς ἐσχημάτισται.

Θεαι: Πάνυ μὲν οὖν ἔστιν ἑκατέρου γένος ὧν εἴρηκας.

Ξε: Οὐκοῦν τὸν μὲν ἁπλοῦν μιμητήν τινα, τὸν δὲ εἰρωνικὸν μιμητὴν θήσομεν;

Θεαι: Εἰκὸς γοῦν.

Th: Ganz das Gegenteil.

d F: Diesen Nachahmer muß man also doch wohl für verschieden von jenem erklären, den Unwissenden von dem Wissenden.

Th: Ja.

52. F: Woher soll man nun für beide den gebührenden Namen nehmen? Oder ist es offenbar deswegen so schwierig, weil die Früheren seit altersher von gedankenloser Gleichgültigkeit gegen die Einteilung der Gattungen nach Arten waren, so daß niemand auch nur den geringsten Versuch zur Einteilung machte. Deswegen ist es auch notwendig schwierig, entsprechende Bezeichnungen zu finden[134]. Gleichwohl wollen wir, mag es auch nicht ohne Kühnheit gesagt sein, um der Unterscheidung willen
e die auf bloßer Ansicht beruhende Nachahmung Ansichtsnachahmung, die auf Wissen beruhende Nachahmung aber als kundige bezeichnen.

Th: So soll es sein.

F: Nun ist hier nur die eine zu gebrauchen; denn der Sophist war nicht unter den Wissenden, wohl aber unter den Nachahmenden[135].

Th: Ja, allerdings.

F: Laß uns also den Ansichtsnachahmer wie ein Stück Eisen prüfen, ob es heil ist oder irgendeinen Riß in sich hat.

Th: Prüfen wir also.

F: Nun, es hat sogar einen beträchtlichen. Denn der
68 eine von ihnen ist naiv und glaubt, er wisse, was er meint. Das Benehmen des anderen aber verrät durch die Gewundenheit seiner Rede großes Mißtrauen und Furcht, das nicht zu wissen, was zu wissen er sich gegen andere das Ansehen geben will.

Th: In der Tat gibt es beide Arten, von denen du da sprichst.

F: Wir werden also den einen als einen schlichten Nachahmer, den anderen aber als einen sich verstellenden Nachahmer setzen?[136]

Th: Allem Anschein nach.

Ξε: Τούτου δ' αὖ τὸ γένος ἓν ἢ δύο φῶμεν;

Θεαι: Ὅρα σύ.

Ξε: Σκοπῶ, καί μοι διττὼ καταφαίνεσθόν τινε· τὸν b
μὲν δημοσίᾳ τε καὶ μακροῖς λόγοις πρὸς πλήθη δυνατὸν εἰρωνεύεσθαι καθορῶ, τὸν δὲ ἰδίᾳ τε καὶ βραχέσι λόγοις ἀναγκάζοντα τὸν προσδιαλεγόμενον ἐναντιολογεῖν αὐτὸν αὑτῷ.

Θεαι: Λέγεις ὀρθότατα.

Ξε: Τίνα οὖν ἀποφαινώμεθα τὸν μακρολογώτερον εἶναι; πότερα πολιτικὸν ἢ δημολογικόν;

Θεαι: Δημολογικόν.

Ξε: Τί δὲ τὸν ἕτερον ἐροῦμεν; σοφὸν ἢ σοφιστικόν;

Θεαι: Τὸ μέν που σοφὸν ἀδύνατον, ἐπείπερ οὐκ εἰδότα
αὐτὸν ἔθεμεν· μιμητὴς δ' ὢν τοῦ σοφοῦ δῆλον ὅτι παρω- c
νύμιον αὐτοῦ τι λήψεται, καὶ σχεδὸν ἤδη μεμάθηκα ὅτι τοῦτον δεῖ προσειπεῖν ἀληθῶς αὐτὸν ἐκεῖνον τὸν παντάπασιν ὄντως σοφιστήν.

Ξε: Οὐκοῦν συνδήσομεν αὐτοῦ, καθάπερ ἔμπροσθεν, τοὔνομα συμπλέξαντες ἀπὸ τελευτῆς ἐπ' ἀρχήν;

Θεαι: Πάνυ μὲν οὖν.

Ξε: Τὸ δὴ τῆς ἐναντιοποιολογικῆς εἰρωνικοῦ μέρους τῆς δοξαστικῆς μιμητικόν, τοῦ φανταστικοῦ γένους ἀπὸ τῆς
εἰδωλοποιικῆς οὐ θεῖον ἀλλ' ἀνθρωπικὸν τῆς ποιήσεως d
ἀφωρισμένον ἐν λόγοις τὸ θαυματοποιικὸν μόριον, "ταύτης τῆς γενεᾶς τε καὶ αἵματος" ὃς ἂν φῇ τὸν ὄντως σοφιστὴν εἶναι, τἀληθέστατα, ὡς ἔοικεν, ἐρεῖ.

Θεαι: Παντάπασι μὲν οὖν.

F: Für diesen wiederum, sollen wir da eine Gattung annehmen oder zwei?

Th: Da sieh du zu.

b F: Das tue ich, und es zeigen sich mir zweierlei zusam-
men. Den einen sehe ich, wie er sich öffentlich und in langen Reden vor der Menge zu verstellen weiß, den anderen, wie er in kleinem Kreis und in kurzen Sätzen den Mitunterredner zwingt, sich selbst zu widersprechen.

Th: Sehr Treffendes sagst du da.

F: Wofür sollen wir nun den einen, den Langredner, erklären? Für einen Politiker oder einen Volksredner?

Th: Für einen Volksredner.

F: Wie aber sollen wir den anderen nennen? Einen Weisen oder einen Sophisten?

Th: Unmöglich doch einen Weisen, da wir ihn ja als
c einen Nichtwissenden gesetzt haben. Aber als ein Nach-
ahmer des Weisen wird er offenbar von diesem den Namen annehmen, und ich bin nun fast sicher, daß man tatsächlich ihn als den wahrhaften Sophisten bezeichnen muß.

F: Wollen wir nun nicht an diesem Punkt zusammenfassen, wie schon zuvor, indem wir die Namensbestimmung vom Ende her zum Anfang hin zusammenflechten?

Th: Ja, gewiß.

F: Von der Nachahmung die Widersprüche erzeugen-
de Kunst des sich verstellenden Teiles des Scheinwissens,
als Teil der scheinbildnerischen Art von der bildererzeu-
d genden Kunst, nicht als göttlicher, sondern menschlicher,
in den Reden Kunststücke hervorbringender Teil der Hervorbringung abgetrennt — wer aus „diesem Fleisch und Blut" den wahren Sophisten sein läßt, der wird allem Anschein nach die größte Wahrheit sprechen[137]).

F: Ja, ganz gewiß.

ANMERKUNGEN

[1] S. 3. Diese Verabredung ist eine mehr oder weniger wörtlich zu nehmende Rückverweisung auf das Ende des Dialoges „Theaitetos", der mit einer Verabredung für den kommenden Morgen geschlossen hatte. (Die gleiche Form der Vorverweisung auf eine Fortsetzung des Gespräches enthält auch das Ende des Dialoges „Laches".) Der Zusammenhang zwischen den Dialogen „Theaitetos" und „Sophistes" ist vor allem in sachlicher Hinsicht bedeutsam (vgl. Einleitung dieser Ausgabe), wird aber auch dadurch unterstrichen, daß mit Ausnahme des Philosophen aus Elea, der im „Sophistes" neu hinzukommt, die gleichen Hauptpersonen wie im „Theaitetos" auftreten. Die enge Verknüpfung zwischen den beiden Dialogen schließt vergleichbar enge Sachbeziehungen zu anderen Dialogen, auf die nicht so ausdrücklich verwiesen wird, keineswegs aus. (So hat Schleiermacher sachlich nicht ganz zu Unrecht den Dialog „Menon" zwischen die beiden genannten Dialoge gesetzt.) Der „Sophistes" ist überhaupt reich an ausdrücklichen Verweisen auf andere Dialoge, so auf den „Parmenides" und den „Politikos" (vgl. Anm. 4 und 5).

Die wichtigsten Gesprächsteilnehmer sind: die beiden Mathematiker Theodoros und Theaitetos, denen Plato, wie so vielen anderen bedeutenden Gestalten des Geisteslebens und der Politik, ein literarisches Denkmal gesetzt hat. Theodoros von Kyrene (um 400 v. Chr.) gehörte der unteritalischen Schule der jüngeren Pythagoräer an. Nach einer Andeutung Platos im „Theaitetos" (147d) hat er die Irrationalität der Quadratwurzeln $\sqrt[2]{n}$ (n ganze Nichtquadratzahl > 2) für jeden Fall einzeln durch geometrischen Beweis erwiesen. Theaitetos von Athen (410–368 v. Chr.) war ein Schüler und Freund Platos. Seine mathematischen Untersuchungen knüpften an die Arbeiten von Theodoros an. Offenbar suchte er an Stelle von dessen einzelnen Beweisen allgemeine Beweisprinzipien. Wieweit er in der Entwicklung zahlentheoretischer Grundlagen im Sinne der Bücher VII–IX der „Elemente" des Euklid gekommen ist, ist eine offene Frage. Seine Untersuchungen über zusammengesetzte quadratische Irrationalitäten von der Form $\sqrt{a + \sqrt{b}}$ und deren Bedeutung für die fünf regelmäßigen Körper haben eine wichtige Grundlage für Euklid „Elemente" X und XIII gebildet. Die weiteren Gesprächsteilnehmer sind: Sokrates, der dem Gespräch über den Sophisten durch seine einleitende Grundfrage (217a) die Richtung gibt, und ein unbekannter Philosoph

aus Elea. Über diesen Gastfreund und Fremden (ξένος) ist sonst nichts bekannt. Doch wird seine Anonymität von Plato sicher mit Absicht unterstrichen. In dieser Gestalt den Plato selbst sehen zu wollen, der durch diese unmittelbare Identifikation seine Abwendung von der sokratischen Philosophie andeuten wolle, ist eine kaum haltbare Auffassung. Das sokratische Philosophieren und die Auseinandersetzung zwischen diesem und der Sophistik ist auch im „Sophistes", wie überhaupt der bleibende Gegenstand der philosophischen Darstellungen Platos. Verändert ist die Darstellungsform allerdings so weit, daß die ontologischen Grundlagen dieser Auseinandersetzung sichtbar werden können. Zur bedeutsamen Rolle des Sokrates als stumm anwesender Person vgl. P. Friedländer, Plato III² p. 225f. u. 257–259. Problematisch ist Cornfords formale Unterscheidung zwischen dem sokratischen ἔλεγχος und der Form der Gesprächsführung durch den Fremden aus Elea (Platos Theory of Knowledge p. 184–187).

2 S. 3. S. Homer Od. XVII 485–487. Näheres zu den Beziehungen dieses Homerzitates durch Plato bei P. Friedländer, Plato III² p. 227.

3 S. 3. Homer Od. XVII 486.

4 S. 5. Die Frage nach dem Wesen und dem Unterschied der drei Gestalten Sophist, Staatsmann und Philosoph scheint auf eine philosophische Trilogie hinzudeuten, da das Wesen des ersten und des zweiten in den beiden zusammenhängenden Dialogen „Sophistes" und „Politikos" erörtert wird, und so der angekündigte dritte Dialog über den Philosophen zu fehlen scheint. „Politikos" 285a–b wird noch einmal an diese unerledigte Aufgabe erinnert. Die Frage, ob der dem Anschein nach fehlende dritte Dialog in diesem oder jenem der überlieferten Dialoge zu suchen sei (vgl. Diès, Parmenide p. XV) oder ob Plato hier ein ursprünglich geplantes literarisches Projekt später aufgegeben habe, ist kaum eindeutig zu beantworten. Angesichts der berühmten Feststellung Platos im VII. Brief, daß es von ihm keine endgültig schriftlich fixierte Lehre von der Wahrheit gebe und daß es eine solche überhaupt nicht geben könne, ist es nicht ausgeschlossen, daß Plato um so nachdrücklicher auf den wahren, aber uneinholbaren Endzweck der Untersuchung über Sophist und Staatsmann hinweisen wollte, der in der Wahrheit philosophischen Wissens und in der Erkenntnis des Guten gelegen ist, ein Endzweck, der ohnehin im Verlauf der Erörterung immer wieder, wenn auch in der vorläufigen, vergegenständlichten Form des Mittels zu einem Zweck, der nicht Endzweck sein kann, durchbricht (vgl. Anm. 56).

5 S. 7. Hinweis auf den Dialog „Parmenides". In dem Philosophen aus Elea im „Sophistes" wird man ebensowenig einfach „a representation of Parmenides" (Cornford) noch einfach einen radikalen Gegner des traditionellen Eleatismus sehen dürfen.

In der Differenziertheit seines Verhältnisses zu diesem spiegelt Plato das Verhältnis seines eigenen philosophischen Denkens zum Eleatismus. Die kritische Durchdringung des eleatischen Grundsatzes vom Nichtsein und von der Undenkbarkeit und Unaussprechbarkeit des Nichtseienden überwindet die formale, der Selbstkritik ermangelnde Dialektik der apagogischen Beweise des Eleaten Zeno, der später selbst an der Wahrheitsmöglichkeit dieser Dialektik irre geworden war (Parmenides 128 c f.). Wenn auch durch ihre Methodik von der unmittelbaren Reflexion des sokratischen ἔλεγχος unterschieden, hat die Gedankenform des Eleaten im „Sophisten" mit diesem ἔλεγχος das Prinzip und den Zweck der Reinigung der Aussagen auf ihre Wahrheitsmöglichkeiten hin gemeinsam.

6 S. 7. Die Antwort des Fremden auf die Bitte des Sokrates macht deutlich, daß für jenen die einfache sokratische Unterscheidung zwischen einer langen, monologischen Rede (μακρολογία) und dem kurzen dialogischen Frage- und Antwortspiel keine so einfache Selbstverständlichkeit ist. Wie schon Parmenides in dem nach ihm benannten Dialog (137 b) fordert er vom Mitunterredner ein gefügiges Eingehen auf den Stand der Erörterung und macht darauf aufmerksam, daß über Länge und Kürze nicht vorentschieden werden kann, weil darüber die Schwierigkeit der erörterten Sache entscheidet (vgl. auch „Politikos" 286 b f.). Diese Vorbedingungen der Sachlichkeit ermöglichen erst den ruhigen wissenschaftlichen Gang der Erörterung, welche mit der gesuchten Sache zugleich auch ihre Voraussetzungen und die ihrer Erkenntnis mit in den Blick rückt.

7 S. 7. Dieser junge Sokrates, der schon im „Theaitetos" als stumme Person anwesend ist, übernimmt im „Politikos" die Rolle des Antwortenden an Stelle des ermüdeten Theaitetos. Er wird auch von Aristoteles erwähnt: Met. 1036 b 25.

8 S. 9. Der Satz, daß Übereinstimmung in der Sache mittels Begriffsbestimmungen (διὰ λόγων) mehr wert ist als Übereinstimmung hinsichtlich der Bezeichnung, des Namens allein, skizziert Platos Antwort auf die bereits im „Kratylos" kritisch erörterte Frage nach dem Wahrheitsgrund, der „Richtigkeit der Wörter" (ὀρθότης τῶν ὀνομάτων): ob diese eine Wahrheit von Natur (φύσει) besitzen oder erst durch menschliche Setzung (θέσει) erhalten. Diesen Grundgegensatz der Sophistik gelingt es, durch die dihairetische Methode aufzuheben. Diese erweist, wie in den angemessenen Sachbestimmungen der Rechtfertigungsgrund für die richtige Bezeichnung gelegen ist und wie zugleich umgekehrt eine Bezeichnung durch ihre Bedeutung als Leitfaden zur Erkenntnis der Sachbestimmung zu gebrauchen ist.

9 S. 9. In der „Politeia" 368 d wird umgekehrt das „Größere" zum Ausgangspunkt für die Erkenntnis des „Kleineren" gemacht: die Erkenntnis der besten Staatsverfassung dient als

Leitfaden zur Erkenntnis der bestmöglichen Verfassung der menschlichen Seele. Die Relationsbegriffe „größer" und „kleiner" haben hier keine bestimmende, sondern eine analogische und epagogische Funktion. Ihrer strengen Bedeutung nach sind sie außerstande, die Differenz zwischen Ansich-Sein und Beziehung, zwischen Absolutem und Bedingtem, zwischen Mittel und Zweck festzusetzen. Wohl aber haben sie ihre philosophische Funktion in der Verweisung auf diese Differenz (vgl. „Theaitetos" 155 a f.; „Politikos" 277d).

[10] S. 9. Der ausdrückliche Hinweis auf die allgemeine Bekanntheit und das Unbedeutende des Beispiels enthält eine wichtige Vorerinnerung des Wesens der dialektischen Methode (vgl. Anm. 11). Im „Phaidros", wo zuerst das dihairetische Verfahren ausdrücklich thematisiert ist, wird unterschieden (263c) zwischen Dingen, über die alle Welt sich einig zu wissen meint und solchen, über die allgemein Uneinigkeit und Streit herrscht, eine Unterscheidung, die auch die Anwendung auf den Unterschied zwischen Angelfischer und Sophisten gestattet. Daß das Allbekannte Anrecht auf die gleiche gründliche Erörterung hat wie das Umstrittene, ist zunächst alles andere als selbstverständlich.

[11] S. 11. Die „Messung" des Wesens des Angelfischers an einem obersten grundsätzlichen Gegensatz zwischen kunstvollem und kunstlosem Tun, die Entscheidung, ihn aufgrund eines Vorbegriffes unter die erstere „Gattung" zu setzen, ist nicht einfach eine formallogische Subordination, sondern die wesentlichste Vorentscheidung hinsichtlich seiner Wesensbestimmung. Darin liegt schon ein Hinweis auf die Bedeutung oberster Gattungen (μέγιστα γένη), wie sie später erörtert wird.

[12] S. 15. Vgl. Aristoteles, de part. anim. 642b 10: „Man darf eine Gattung nicht auseinanderreißen, so daß man zum Beispiel die Vögel zum Teil in diese, zum Teil in eine andere Klasse stellt, wie es die als Schrift erschienenen Einteilungen zeigen; denn da liegt der Fall vor, daß ein Teil derselben zu den Wassertieren, ein anderer zu einer ganz anderen Gattung gerechnet wird." O. Apelt (Anm. 11 zur Ausgabe des „Sophistes") hat diese Kritik des Aristoteles direkt auf unsere „Sophistes"-Stelle bezogen. Der Sache nach scheint diese Kritik unmittelbar zutreffend, allerdings nur, wenn die dihairetische Methode unter dem ausschließlichen Zwecke der angemessenen Einteilung natürlich vorhandener Gattungen und Arten betrachtet wird. Tatsächlich macht Plato von ihr einen komplexeren Gebrauch; nicht nur, daß er jenen Zweck der höheren Absicht einer Definition des Gesuchten unterordnet. (Diese beiden Zwecke bei Cornford, cit. loc. 171). Er gebraucht vielmehr die notwendige Verbindung der beiden Zwecke und die in dieser Verbindung auftretende unauflösbare Differenz als Prinzip methodischer Selbstreflexion und Selbstbesinnung des Erkennens (s. Einlei-

tung). Selbstverständlich kann eine andere Sachlage eine gegebene Einteilung nicht ganz und gar unverändert lassen. Andere Einteilungen kunstvollen Tuns finden sich: Gorgias 450c, Politeia 601d.

13 S. 15. Die folgenden Bemühungen des Fremden, einen jeweils passenden Namen für eine erreichte Begriffsbestimmung zu finden, wo ein entsprechender Name der Alltagssprache fehlt, ist nicht ohne scherzhafte und ironische Absicht, ohne daß diese Phase der angemessenen Bezeichnung für etwas gänzlich Überflüssiges anzusehen wäre. Die dihairetische Methode macht die Ungenauigkeit und die Mängel der Alltagssprache sichtbar. Zugleich erweist sich in ihr aber die Unnötigkeit und Unmöglichkeit, für alles und jedes die vollkommene und feste Bezeichnung zu besitzen. Auf diese Weise würde Nachdenken und Erkennen, Besonnenheit und Selbstkritik unmöglich.

14 S. 19. Die Maßlosigkeit der etymologischen Spielereien im „Kratylos" – dort in ironisch-kritischer Absicht vorgebracht – wird im „Sophistes" in eine andere, nüchterne und wissenschaftliche Dimension transponiert, die einen begleitenden Humor nicht ausschließt. Die Unterscheidung des Aristoteles in der Kategorienschrift C. 1 zwischen Homonymie, Synonymie und Paronymie ist bei Plato, zumindest der Sache nach, vorgebildet (vgl. Sophistes 268c). Das schließt eine kritische Anwendung dieses Unterschiedes auf Platos Ideenlehre durch Aristoteles keineswegs aus (vgl. Met. A 987b 10 und 990b 7).

15 S. 19. Die Verwandtschaft zwischen Angelfischer und Sophist, die sich nunmehr herausstellt, erlaubt einen Gebrauch des Beispiels über seinen anfänglichen Zweck hinaus. Die Gemeinschaft beider Figuren, Jäger zu sein, könnte die bedingungslose Übertragung des am Beispiel gewonnenen dihairetischen Schemas auf den Sophisten gestatten. Tatsächlich aber kann sich die Methode nicht mit festgestellten Ähnlichkeiten und ihrer Explikation begnügen. So erweist sich denn auch die bestimmende Funktion der Bezeichnung in beiden Fällen als verschieden.

16 S. 19. Der Name „Sophist" hatte ursprünglich und selbst zur Zeit Platos noch nicht überall den üblen Klang, den er vor allem durch die philosophische Wirksamkeit Platos erlangt hat. Auch Dichter und Musiker wurden ursprünglich Sophisten genannt. So auch die sieben Weisen (vgl. Herodot I 29.II 49, IV 95). Die Sophisten, in der durch Platos Dialoge vertrauten Erscheinungsweise, treten seit Mitte des 5. Jhd. als Lehrer der Bildung auf den verschiedensten Gebieten auf: auf dem der Politik und Rhetorik, aber auch auf dem der verschiedenen Wissenschaften, so der Grammatik, Mathematik, Astronomie. Sie haben im Sinne einer kritischen Aufklärung und der Verbreitung von Allgemeinbildung durchaus auch positiv gewirkt (vgl. Hegel, Geschichte d. Philosophie Bd. II, I. Teil, 1, 1). R. Marten bestimmt das sophistische Tun als „pragmatistische

Benediktion des faktisch Gegebenen" (Der Logos der Dialektik, p. 45ff. und 82).

17 S. 19. Die besondere Betonung der Wassertierart erinnert daran (220b), daß für die Bestimmung des Angelfischers und die seiner Gemeinsamkeit mit dem Sophisten nur der Gegensatz zwischen Schwimmtieren und Gehtieren relevant wird, von anderen Unterschieden unter Tierarten daher abgesehen werden kann (vgl. Anm. 12).

18 S. 21. Hier wird bereits eine der wichtigsten Grundlagen der Erkenntnis mittels einteilender Begriffsbestimmung sichtbar. *Scheinbar* läßt der Fremde dem Theaitetos eine absolut freie Wahl zwischen allen überhaupt möglichen Verhältnissen unter den gegebenen Begriffen. Theaitetos erweist sich aber als „gefügiger" Gesprächspartner, indem er nicht aus dem Rahmen der gegebenen Begriffseinteilung ausbricht, also nicht auf die angebotene Möglichkeit der Unmöglichkeit einer Jagd auf Menschen zurückgreift. Tatsächlich hat Theaitetos nur den Schein der Freiheit zu dieser Möglichkeit, nach dem selbstverständlichen Zugeständnis der Möglichkeit einer erwerbenden und durch Gewaltanwendung erwerbenden Kunst. Diese Selbstverständlichkeit ist durch die Unterscheidung einer Jagd auf zahme und wilde Tiere nur momentan irritiert und in Frage gestellt. Andererseits zeigt sich, wie jede ergriffene begriffliche Möglichkeit sich unwillkürlich, vielleicht unwissend, an begriffliche Folgerungen bindet, die andere Folgerungen ausschließen. Zum Inhalt vgl. Nomoi 766a: „Der Mensch, den wir unter die zahmen Tiere zählen, pflegt doch nur dann, wenn eine glückliche Natur bei ihm durch gute Erziehung ausgebildet ist, das gezähmteste und gottähnlichste zu werden; wenn er dagegen nicht hinreichend oder nicht gut erzogen ist, gerade das wildeste von allen, welche die Erde hervorbringt." Vgl. auch Politeia IX, 588c, ähnlich Aristoteles, Pol. I, 2; 1235a 32ff.

19 S. 23. Die gewonnene Bestimmung und Formel entspricht einer bestimmten Ansicht (δόξα) vom Wesen des Sophisten und ist insofern eine angemessene Bezeichnung derselben. Das aber ist noch keine hinreichende Gewähr für die Gewinnung der Wesensdefinition, wenn auch eine notwendige Voraussetzung dafür.

20 S. 25. Zum Text: die von einigen Forschern eingefügten Zusätze (χειρωτικῆς, πιθανοθηρίας)und Einklammerungen(κτητικῆς πεζοθηρίας etc.) entspringen aus der Bemühung, alle im Fortgang der Dihairesis aufgetretenen Bestimmungen in der zusammenfassenden Synthesis festzuhalten und nichts Ungesagtes hinzuzufügen. Diese Auffassung entspricht ebensowenig dem überlieferten Text wie Platos Darstellung der Methode. Da von dieser ein gesprächsweiser Gebrauch gemacht wird, muß es natürlicherweise vorkommen, daß die Erinnerung das Gesagte nicht absolut exakt festhält. Gerade dieser notwendige Mangel

ist durch die Methode eingeschränkt, die keine absolute Präsenz des Vergangenen ermöglicht, wohl aber die ständige Möglichkeit der Wiederherstellung gesetzter begrifflicher Zusammenhänge gestattet, aufgrund einer Gemeinschaft der Begriffe selbst.

21 S. 27. Apelts Übersetzung wurde hier wörtlich übernommen, da sie die humorvolle Distanz des Fremden zur Sache trefflich wiedergibt. Der ausdrückliche Hinweis auf die Unverständlichkeit eines Sprachgebrauches, der von Kauf und Verkauf auch im Hinblick auf seelische und geistige Inhalte zu reden gestattet, macht deutlich, daß die dihairetische Methode, um der Sache willen, auf ungewohnte und sogar irgendwie unangemessene Bezeichnungen zurückgreifen muß, und daß insofern angemessene Bezeichnung allein kein hinreichendes Wahrheitsprinzip sein kann. So drückt sich in der Bezeichnung des Sophisten als Jäger, Kaufmann etc. nicht einfach ein metaphorischer Sprachgebrauch, sondern eine kritische Ansicht von dessen Wesen aus, die zu ergründen ist (vgl. auch Protagoras 313c).

22 S. 29. Anknüpfung an die Einteilung 219e. Zum Inhalt vgl. Phaidon 66c: διὰ γὰρ τὴν τῶν χρημάτων κτῆσιν πάντες οἱ πόλεμοι γίγνονται.

23 S. 31. Der Hinweis auf die Möglichkeit kunstlosen Wortwechsels könnte angesichts der anfänglichen prinzipiellen Subsumption des Sophisten unter die Gattung der Kunstfertigkeit überflüssig und irreführend zu sein scheinen. In Wahrheit ist diese Erinnerung ebensowohl formal als auch dem Inhalte nach angebracht. Einmal muß sich überhaupt das Prinzip der Einteilung immer – um der wahren Definition willen – gegen anfängliche Subsumptionen kritisch bemerkbar machen, gerade wenn man sich der Sache zu nähern beginnt, wie hier in Gestalt der Eristik. Die Erinnerung an die Möglichkeit kunstlosen Wortwechsels enthält die Möglichkeit der kritischen Frage, wie es überhaupt mit der sophistischen Kunst des Wortwechsels bestellt sei.

24 S. 31. Campbell hat in dem Teil der Eristik, der auf eine Vernachlässigung des eigenen Hauswesens führt und vielerorts als Geschwätz gilt, das Wesen der Sokratik erkennen wollen; Diès, wegen dieser Ähnlichkeit, das Wesen der wahren Dialektik, Susemihl und nach ihm Cornford (cit. loc. 176) die Dialektik der Megariker. Alle diese Deutungen verkennen das Wesen der dihairetischen Methode so weit, daß es dieser in Wahrheit darum geht, den verschiedenen Ansichten, die nach äußeren Ähnlichkeiten und Unähnlichkeiten urteilen, auf den Grund zu kommen, um ihre Berechtigung zu prüfen. Die Unterscheidung der Eristik nach Einträglichkeit und Abträglichkeit für das Vermögen ist keine angemessene Bestimmung ihres Verhältnisses zur wahren Dialektik, der gegenüber sie das schlechthin Andere ist. Die hier vorliegende Einteilung gibt vielmehr

den Grund an, warum die wahre, die sokratische Dialektik so oft mit der Sophistik verwechselt werden muß.

25 S. 33. Zum Text: statt διηθεῖν auch die Lesart διασήθειν (Cod., T W). Die Korrektur von διακρίνειν in διαρρινεῖν (Orelli) und διακινεῖν (Campbell) sucht die Gleichheit der Bezeichnung für das Einzelne und das Allgemeine zu vermeiden (226c 8). Es ist aber nicht ausgeschlossen, daß Plato hier gerade auf diese Möglichkeit der Sprache hinweisen will (vgl. Anm. 14).

26 S. 33. Die Methode geht hier nicht unmittelbar – wie zu Anfang – von einer sehr umfassenden, allgemeinen Gattung aus, sondern versichert sich zuerst einer Vorstellung derselben durch den Ausgang von einzelnen Beispielen. Sie hat durch ihre Anwendung an Begriffserfahrung, auch an Erfahrung über sich selbst und ihre eigenen Notwendigkeiten zugenommen. Insofern wird ihre Realisierung Schritt um Schritt differenzierter. Insofern handelt es sich bei dem neuen Aussehen, das sie hier annimmt, nicht um einen grundsätzlich neuen methodischen Weg nach Art einer Differenz zwischen Induktion und Deduktion, sondern um die Folge jener zunehmenden eigenen Differenzierung. Ihr neues Aussehen führt nun allerdings auf einen anders gearteten Begriff der Sophistik. Entsprangen die bisher gewonnenen Bezeichnungen des Sophisten einer kritischen und negativen Anschauung von dessen Wesen, so wird nunmehr die Bestimmung desselben von der Gattung „Reinigungskunst" aus allzu positiv ausfallen und ihn in unmittelbare Nähe zum Philosophen setzen.

27 S. 37. Daß die aufgezählten Einzelbeispiele der Aussonderungskunst bereits in sich unausgesprochen die Differenz einer Sonderung des Gleichen vom Gleichen und einer Sonderung des Besseren vom Schlechteren anzuzeigen vermögen, wird erst im Rückblick von der Einteilung der Sonderungskunst unter diesem Gesichtspunkt erkennbar. Auf kleinstem Raum wird hier sichtbar gemacht, *daß* jede Einteilung und wie sie von Vorblicken und Rückblicken ständig geleitet ist. Von den beiden Arten der Aussonderungskunst wird nur zunächst die eine, unter dem Namen der Reinigung befaßte, festgehalten, die andere als namenlos beiseite gesetzt. Nicht zufällig stellt sich aber gerade in diesem Augenblick die Assoziation der Vorstellung der höchsten und allgemeinsten Wissenschaft, die der Dialektik ein, deren Erkenntnisprinzip die Gleichwertigkeit aller Dinge vor dem Begriff ist, die sich also nicht durch unwillkürlich wertende Ansichten irremachen läßt (vgl. Anm. 26). Diese Andeutung Platos darf nicht so mißverstanden werden, als hätte die Dialektik nicht mit der Trennung des Besseren vom Schlechteren zu tun. Im Gegenteil stellt sich unwillkürlich die Assoziation eines Zusammenhangs zwischen Dialektik und Reinigung ein (227c), wenn auch hier offensichtlich ohne nähere Begriffsbestimmung dieses Verhältnisses, insbesondere

im Hinblick auf die Reinigung der Seele. Tatsächlich ist die dialektische Setzung alles Seienden als gleichrangig und die auf dieser Grundlage stattfindende dialektische Unterscheidung desselben das Reinigungsmittel, also das kritische Prinzip zur Prüfung und Ergründung der unwillkürlich und ohne Selbstkritik wertenden Ansichten (δόξαι), und insofern die notwendige Bedingung der Reinigung des wahrhaft Besseren vom Schlechteren, und damit einer möglichen Einsicht in das Wesen des Guten.

28 S. 39. Diese neue Einteilungsform macht an ihr selbst nicht nur eine neue Anwendungsmöglichkeit, sondern auch das sie beherrschende Wahrheitsprinzip sichtbar: das Prinzip der Analogie und Proportion. Dieser Gebrauch gestattet es nicht mehr, nur die eine Seite der Einteilungen festzuhalten, sondern verlangt immer zugleich einen Blick auf die scheinbar ganz beiseite gesetzte Gegenseite und auf dieses gegensätzliche Verhältnis gegenüber der Sache, die erkannt und bestimmt werden soll (vgl. Anm. 32).

29 S. 39. Es ist nicht ausgeschlossen, daß Plato bei diesem Gebrauch von στάσις (insbesondere auch angesichts des unmittelbar anschließenden Gebrauches von κίνησις) bereits an die andere Bedeutung denkt, in der στάσις später als einer der Grundbegriffe des Seienden erörtert wird.

30 S. 39. Es beginnen hier nun – als Folge des analogischen Prinzips – die feinen Untertöne mitzuschwingen, welche alles Gesagte und Unterschiedene unausgesprochen unter die Möglichkeit des Andersseins setzen. Die Analogie zwischen der Krankheit und der Häßlichkeit des Leibes einerseits und der Schlechtigkeit und Unwissenheit der Seele andererseits bildet nicht nur den Unterscheidungsgrund für die letztere Unterscheidung, sondern stellt diese zugleich in Frage. Die Bestimmung des Nichtwissens als Verfehlung eines gesetzten Zieles antizipiert zwar die Vorstellung, daß niemand absichtlich unwissend sei, die im folgenden ausgesprochen wird, ohne daß damit das Verhältnis zwischen Schlechtigkeit und Unwissenheit überhaupt ergründet würde (vgl. 228d).

31 S. 41. Die Selbstverständlichkeit, mit der dieser Satz hier in Anspruch genommen ist, daß alle Unwissenheit unabsichtlich sei, entspricht der Selbstverständlichkeit, mit der sich die sophistische Erziehungspraxis auf ihn gründet. Hier ist seine selbstverständliche Gültigkeit durch den Rahmen der analogischen Einteilung gefestigt. Im Grunde wendet sich der analogische Vergleich auch gegen sich selbst, sofern Absicht und Unabsichtlichkeit keinen Unterscheidungsgrund für das Verhältnis von Krankheit und Häßlichkeit des Leibes abgeben, während dieser Unterschied irgendeine, wenn auch hier nicht näher bestimmte Rolle bei der Unterscheidung von πονηρία und ἄγνοια spielt, ungeachtet seines scheinbaren Ausschlusses. Dieser Satz

von der Unabsichtlichkeit der Unwissenheit verweist auf den anderen, daß niemand absichtlich das Schlechte tue, mit dem er die Struktur gemeinsam hat. In diesen Grundsätzen kristallisiert sich der Inhalt, welcher nach der Darstellung Platos in allen Dialogen, vom „Protagoras" bis zum „Philebos", den dauernden Gegenstand einer immerwährenden Auseinandersetzung zwischen Sophistik und Philosophie bildet, die sich zwar im Einzelnen, nicht aber im Wesen und Prinzip verständigen können. So hat die Ortsanweisung jenes Satzes an dieser Stelle des dihairetischen Schemas einen guten Grund.

32 S. 41. Immer deutlicher wird nun, daß im Unterschied zu dem am Angelfischer erprobten Einteilungsschema nunmehr beim Sophisten nicht verschiedene, natürliche vorhandene Gattungsunterschiede, sondern Differenzen herrschender Ansichten (δόξαι) das maßgebliche Einteilungsprinzip abgeben (vgl. Anm. 10). Deswegen haben die Einteilungen immer weniger einen rein klassifikatorischen Charakter, weisen vielmehr durch ihre vergegenständlichte Differenz auf die hier offenstehenden Fragen hin. Insofern beginnt sich notwendig auch die strenge Einteilungsform aufzulockern; wenn etwa festgestellt wird, daß Unwissenheit schon für sich eine κακία sei, so wird dies ausdrücklich als eine Ansicht gegen eine andere gestellt (228d 11), die Frage nach dem Recht derselben nur skizziert.

33 S. 41. Der Fremde aus Elea spricht hier von der Δίκη ähnlich wie Parmenides in seinem Lehrgedicht, wenn auch nicht mehr wie dieser mythisch. Gerechtigkeit und das Gute sind das Maß, an dem sich offenbar unwillkürlich alle Fertigkeiten (τέχναι) messen, und an dem sie sich daher auch messen lassen müssen, insbesondere auch die sophistische Kunst.

34 S. 43. Unwissenheit in dieser Form, zu wissen meinen, was man wisse, bildet den Gegenstand, gegen den sich Sophistik und sokratische Elenktik ihrem inneren Prinzip nach gemeinsam richten, und stiftet so ein gemeinsames Band zwischen ihnen. Dieses Nicht-Wissen beruht aber auf Gründen, in denen sich Absicht und Unabsichtlichkeit in schwer durchschaubarer Weise verquicken. Deswegen hatte Sokrates im „Theaitetos" die menschliche Erkenntnisnatur im ganzen auf alle in ihr verborgenen Möglichkeiten des Nicht-Wissens, der Verwechslung und Täuschung hin durchforscht, also sich eine Erkenntnisaufgabe gestellt, die gerade für die Frage nach dem Wahren und Guten von der allergrößten Wichtigkeit ist, und auf die sich die sophistische Bildungspraxis aus erklärbaren Gründen nicht eingelassen hat.

35 S. 47. Die verbreitete Auffassung, daß an dieser Stelle die sokratische Elenktik ihre Bestimmung erfahre, bedarf einer Ergänzung (vgl. Anm. 24.) Offenbar rückt hier das gesuchte Wesen der Sophistik in größtmögliche Nähe zur sokratischen Elenktik. In keinem Falle aber handelt es sich hier um Wesensdefinitionen

(vgl. 232a), sondern nur um Bestimmungen aufgrund gewisser allgemeiner Ansichten. Daß die hier nun zugrundeliegende Ansicht von der Sophistik andere geltende Ansichten ausgeklammert hat, zeigt ein Rückblick auf die vorausgegangenen Bezeichnungen (ὀνόματα) des Sophisten. Aber ebensowenig ist auch die sokratische Elenktik in allen ihren Erscheinungsweisen getroffen. Als deren Wirkung entstehen zunächst zwei Ansichten und Bilder von ihr: daß der durch sie Gereinigte überhaupt nichts mehr zu wissen glaube, und andererseits, daß er nur noch das zu wissen glaube, was er wirklich wisse (230d 3).

[36] S. 47. Die Warnung vor den trügerischen äußeren Ähnlichkeiten der Dinge könnte geradezu als Wahlspruch der wahren Dialektik gelten (vgl. Phaidros 261e). Im „Euthydemos" entwirft Plato eine köstliche Parodie des sophistischen Mißbrauchs dieser Ähnlichkeiten. Das Gleichnis vom Unterschied zwischen Hund und Wolf als dem zahmsten und dem wildesten Tier gilt im Hinblick auf die bereits gestreifte offene und politische Natur des Menschen (vgl. Anm. 18). „Politeia" 375c–e werden Hund und Wolf als Beschützer und Feind der menschlichen Gesellschaft charakterisiert.

[37] S. 49. Schon Bonitz bemerkt (Platon. Studien p. 184), daß die angegebene Anzahl der Bezeichnungen des Sophisten nicht mit der früheren (224d) zusammenstimmt. Nicht aber, daß es Plato darauf nicht angekommen wäre (so P. Friedländer cit. loc. p. 472). Im Gegenteil wird man eher einen ersten Hinweis darauf sehen dürfen, daß im „Sophistes" die Dimension des unmittelbaren Zahlgebrauchs transzendiert und auf seine Gründe, seine mathematisch arithmologische Struktur hin betrachtet wird (vgl. J. Klein, Die griechische Logistik und die Entstehung der Algebra, § 7, Quellen u. Studien z. Geschichte d. Mathematik, Astronomie und Physik, Abt. B. III, 1 p. 71–95). Auf jeden Fall hat jene Nichtübereinstimmung eine anamnetische Funktion. Sie erinnert ebenso an die unaufgelöste Differenz von Definiens und Definiendum, wie die Vielheit der Namen, die anstelle einer einheitlichen Bezeichnung für den Sophisten gefunden wurden. Es zeigt sich auf diese Weise, daß nur verschiedene Ansichten differenziert und geordnet wurden, während die einheitliche Wesensdefinition gerade fehlt. Indirekt gibt sich so aber etwas sehr Wesentliches über den Sophisten zu erkennen, daß er im Unterschied zum Angelfischer nicht nur Jäger, sondern auch ein überaus schwer zu erjagendes Wild ist, ein Wesen, daß seiner Wesensbestimmung heftigsten Widerstand leistet.

[38] S. 51. Dieses besonders charakteristische Kennzeichen knüpft an die Bestimmung 225b an, die auf die Bezeichnung des Sophisten als Eristiker führte. Wie weit dieses Kennzeichen etwas Gemeinsames in allen bisherigen Bestimmungen (vgl. etwa 230b) trifft, wie weit in ihm die Möglichkeit der Verbindung der Man-

nigfaltigkeit gelegen ist, bleibt hier offen. Jedenfalls ist von dem Weg einer Annäherung der Sophistik an die Sokratik in sehr auffälliger Weise wieder abgebogen. Reinigung und deren Zweck gehören nicht zum Sophisten.

39 S. 53. Als das Charakteristische des sophistischen Unterrichtes gilt unter diesem Gesichtspunkt nicht die Vermittlung von Bildung und Wissensschätzen (μαθήματα) überhaupt, sondern die Unterweisung in einer besonderen Technik, mit dem Wissen umzugehen, und zwar auf allen Gebieten des Wissens.

40 S. 53. Das Problem der Allwissenheit stellt sich für die antike Philosophie in einem ganz anderen Sinn als in der Philosophie der Neuzeit. Die Idee eines allgemeinen unendlichen Erkenntnis- und Bildungsfortschrittes in Wissenschaft und Technik ist ihr fremd. Ihr Problem ist das eines Scheines, der aus dem entdeckten Wesen des Allgemeinen und des Begriffes entspringt. Plato weist den notwendigen Zusammenhang zwischen dem Schein der Allwissenheit und der dialektischen Praxis, die allem und jedem, auf allen Gebieten zu widersprechen versteht, auf. Dieser Schein ist das Verführerische an der Sophistik für die, denen es nur um Vermehrung des eigenen Ansehens geht. Jenen Schein zu durchschauen, ist ebensosehr eine Erforschung der Negativität als solcher, als auch des Allgemeinen und Universalen notwendig. Vgl. die parodistische Erörterung des πάντα ἐπίστασθαι, Euthydemos 293eff. Auch c. 8 der kleinen Schrift Διαλέξεις (in Diels, Fragm. d. Vorsokr. Bd. II) ist hierzu sehr aufschlußreich.

41 S. 55. Trotz des allgemein geltenden und von einigen Sophisten selbst betonten Unterschiedes zwischen speziellem Können und allgemeiner Bildung (vgl. Protagoras 312b, 327c) gehörte es offenbar zum allgemeinen Erscheinungsbild der Sophistik, daß diese dem Schein nicht entgegengewirkt hat, der allgemeine Bildung im Denken wie universales Fachwissen aussehen läßt. Plato weist nun darauf hin, daß es gerade die schrankenlose Willkür ist, mit der die eristische Technik von den Sophisten auf alle Sachgebiete angewandt wird – sogar auf die Astronomie (Hippias) und die höchsten Seinsbestimmungen –, wodurch die Ansicht ins Wanken geraten muß, daß die Sophisten ihrem Weisheit (σοφία) versprechenden Namen entsprächen. Demgegenüber gewinnt das sokratische Eingeständnis eigenen Nichtwissens (vgl. Apologie, Theaitet) die Bedeutung eines Prinzips zur absoluten Unterscheidung philosophischer Weisheit gegenüber einer sophistischen Argumentationsgeschicklichkeit. Für Sokrates, den vorbildlichen Lehrer, ist mit der Widerlegung eines Satzes keineswegs eine endgültige Wahrheit erkannt oder ein positives Wissen gesetzt, vielmehr auch die Vorstellung eines solchen Scheinwissens zu vermeiden gesucht. Gegeben ist nur die reale Möglichkeit einer Belehrung und der formale Anfang einer Einsicht, die aber schließlich nur der Lernende aus sich selbst schöpfen und finden kann (vgl. auch

230c, 264a–b, Theaitet 150b) (vgl. auch S. Kierkegaard, Philosophische Brocken). Die Erforschung der menschlichen Seele, ihrer Erkenntnismöglichkeiten und ihrer Verhältnisse zur Wahrheit und Unwahrheit ist daher nur auf dem Boden der sokratischen Elenktik möglich und von Plato daher auch im „Theaitet" dem Sokrates in den Mund gelegt.

42 S. 57. Gerade indem nunmehr der Sophist nicht mehr wie in den bisherigen Bestimmungen unter die erwerbende Kunst (κτητικὴ τέχνη), sondern unter die andere Seite der τέχνη, unter die hervorbringende Kunst (ποιητικὴ τέχνη) gesetzt wird, gerät die Grundeinteilung der τέχνη und damit deren Wesen unwillkürlich in Frage. So wenig der Sophist die Frage nach seinem eigenen Wesen erforscht, so sehr rückt mit dieser philosophischen Frage auch die nach dem Wesen und den Möglichkeiten der τέχνη und des Wissens (ἐπιστήμη) in den Blick.

43 S. 57. Der Begriff der Nachahmung (μίμησις) hat bei Plato eine dialektische Funktion. Einerseits trifft Platos Kritik an der Wahrheitsfunktion abbildlicher Verhältnisse den ausschließlichen Wahrheitsanspruch der schönen Künste ebenso wie den des sophistischen Bildungsbegriffes (vgl. Politeia, Buch X). Andererseits wird Philosophie selbst unter die Beschränkung gestellt, daß der Bereich menschlicher Reden und Aussagen (λόγοι) sich in einem prinzipiellen Abstand zur absoluten Wahrheit des Seienden bewegt. Diese, von Sokrates im Begriff der μέθεξις gedachte Differenz ist es (vgl. Phaidon 96a ff. und 99e ff.), im Hinblick auf die Plato in seinen späten Dialogen das Wesen der Wahrheit von allgemeinsten Verhältnissen (λόγοι) des Seienden aus zu erkennen sucht, d.h. mittels einer Theorie der Gemeinschaft der Gattungen (γένη) des Seienden. Mimesis hat auch in den Einteilungen des „Sophistes" diese Doppelfunktion. Aristoteles kritisiert (Met. A, 987b 10f.), daß Platos Begriff der μέθεξις nur ein anderer Name für den von den Pythagoräern gebrauchten μίμησις–Begriff sei.

44 S. 59. Hinweis auf die grundsätzlich epagogische und pädagogische Aufgabe der Philosophie im Hinblick auf das praktisch-politische Leben, wie sie durch das Höhlengleichnis, Politeia VII, 514a ff. besonders eindrucksvoll umschrieben wird.

45 S. 61. Wahrscheinlich ist an eine Einkreisung des Feindes zu denken, die Herodot III, 149 und VI 31 σαγήνεια (eigentlich: Fang mit einem großen Netz) nennt, und von der Plato selbst (Menexenos 240b und Nomoi 698d) folgende Schilderung gibt: „Datis sollte auf Befehl des Dareios diesem sämtliche Eretrier gefangen überbringen. Zu diesem Zweck ließ Datis das eretrische Gebiet rings von seinen Soldaten umstellen, und zwar so, daß einer dem anderen die Hand gab; darauf verengte man den Kreis immer mehr, bis alle Eretrier in der Hand der Perser waren."

46 S. 61. Offensichtlich ist hier die dihairetische Methode gemeint. Der Sinn der Formel καθ' ἕκαστά τε καὶ ἐπὶ πάντα wird schon durch den Blick auf den Gebrauch der Methode nahegelegt, findet aber seine nähere Erklärung in der späteren Erörterung der Bedingungen der Möglichkeit jenes Gebrauches (vgl. Einleitung u. Anm. 101–109).

47 S. 61. Auch wenn der Ausdruck ἰδέα hier, sowenig wie sonst, unbedingt immer im Sinne des philosophischen Terminus der „Idee" gebraucht sein muß, so mußte es doch auf den anwesenden Sokrates problematisch wirken, von einer „Idee" der Sophistik reden zu hören (vgl. Parmenides 130bff.). Die Frage, wovon es Ideen gebe, blieb ein ständiges Diskussionsthema der Platonischen Akademie, und zwar nur ein Aspekt des ganzen Fragenkomplexes, der sich mit dem Sinn der Annahme und Setzung (ὑπόθεσις) der Ideen beschäftigte (vgl. P. Wilpert, Zwei aristotelische Frühschriften über die Ideenlehre, Regensburg, 1949).

48 S. 63. Die Griechen kannten zwar keine Zentralperspektive, wie sie durch die Kunst der Renaissance voll entwickelt wurde, sehr wohl aber allgemeine Prinzipien der Perspektivität (vgl. B. Schweizer, Vom Sinn der Perspektive, Tübingen 1953, p. 17ff.). Die Einteilung der Nachahmungskunst (μιμητική) in eine abbildende (εἰκαστική) und eine scheinbildnerische (φανταστική), und die Setzung der Sophisten unter die letztere Gattung läßt zunächst die Frage offen, in welchem Sinne von einer abbildenden Kunst des näheren die Rede sei: ob damit der Bereich des Logos in seiner Affinität zur Wahrheit und Proportion umrissen sei, im Unterschied zur Verfehlung seines Wesens und zur mißbräuchlichen Anwendung in der Eristik, oder aber, ob mit jenem offenen Bereich der des wahren Wissens selbst (ἐπιστήμη) angeschnitten sei (vgl. Theaitetos 201cff. und Politeia VI). Auch in die Gattung der scheinbildenden Kunst zeichnet sich unausgesprochen ein Schnitt ein. Denn die Wahrheit einer Abbildung wird durch die Anmessung an das Wesen der menschlichen Erkenntnisnatur nicht unmöglich gemacht. Vielmehr ist eine solche Anmessung eine Wahrheitsbedingung der Erkenntnis (vgl. Parmenides 133bff.), auch wenn damit zugleich die Möglichkeit der Täuschung und des Irrtums mitgesetzt wird. So enthält für Plato auch der berühmte Homo-Mensura-Satz des Protagoras ein wesentliches Wahrheitsmoment (vgl. Theaitetos 158eff. und 166aff.).

49 S. 65. Damit wird das Hauptthema des Dialoges angeschnitten. Die äußere Form des ersten Teiles, die Dihairesis tritt nunmehr wesentlich in den Hintergrund, um erst wieder im dritten und letzten Teil des Dialoges die beherrschende Form zu bilden. (Zum dialektischen Verhältnis der drei Dialogteile vgl. F. Schleiermacher, Platos Werke II 1, p. 125f.). Die Prüfung und Widerlegung (ἔλεγχος) des Spruches des Parmenides hat zu-

nächst den Zweck, die mißbräuchliche Berufung der Sophistik auf ihn unmöglich zu machen, geht aber über diesen Zweck hinaus auf die Ergründung des Wesens des Logos, seiner Beziehung zum Bilderwesen und abbildlicher Verhältnisse überhaupt. Cornfords Unterscheidung eines dreifachen Zweckes, einer Erklärung der Welt der Erscheinung, der Täuschung und der negativen Urteile, cit. loc. p. 201. ff, trübt ungeachtet ihrer Berechtigung die einheitliche Absicht des Dialoges, der mit der Frage nach der Funktion des Logos für das wahre Wissen (ἐπιστήμη) an das Ende des Theaitetos direkt anknüpft. Die Frage nach dem Wesen der Täuschung wird nicht mehr in all ihren konkreten Möglichkeiten erforscht, wie im „Theaitetos", sondern unter dem einen grundsätzlichen Aspekt der Ergründung der sophistischen Täuschungskunst. (Anders: W. G. Runciman, Platos later Epistemology, 1962.)

50 S. 65. Die Erläuterung von A. Diès in seiner „Sophistes"-Ausgabe p. 335: „En prose comme en vers" veut dire „de toutes façons" ou bien encore „dans ses leçons comme dans son poème."

Als unmittelbares Zeugnis aus sophistischen Kreisen selbst für die Ausnützung des Parmenideischen Spruches erwähnt O. Apelt die um die Wende des 5. zum 4. Jhd. entstandene sog. Apologie der Heilkunst (περὶ τέχνης) c. 2: „Es scheint mir aber überhaupt keine Kunst zu geben, die nicht wirklich ist. Ist es ja doch ungereimt, etwas Seiendes für nichtseiend zu halten. Denn wie käme jemand dazu, etwas Nichtseiendes zu erschauen und zu verkünden als ein Seiendes? Denn wenn das Nichtseiende zu sehen ist wie das Seiende, so weiß ich nicht, wie man es für nichtseiend halten kann, was doch mit Augen zu schauen ist und mit dem Geiste zu erkennen als ein Seiendes. Aber es wird dem wohl nicht so sein. Sondern das Seiende wird immer geschaut und erkannt, das Nichtseiende aber wird weder geschaut noch erkannt."

51 S. 67. Negative, und darum nicht unzweideutige Formulierung der grundsätzlichen Ansicht, daß jeder λόγος ein λόγος τοῦ ὄντος ist (vgl. 262e 6).

Die anfängliche Auseinandersetzung mit dem Spruch des Parmenides dient nur der Vorbereitung der eigentlichen Wahrheitsprüfung desselben. Sie ist in drei Teile geteilt, die sehr kunstvoll ineinander gefügt sind. So werden im 2. Teil (238a–d) die Voraussetzungen ausdrücklich genannt, die im 1. Teil (237a–e) unausdrücklich logisch wirken: die Verbindung eines Seienden mit anderem Seienden (238a 5) und die Setzung der Zahl als Maß des Seiendseins (238a 11); im dritten Teil (238a–d–239b) wird darüber hinaus die Selbigkeit der Voraussetzungen im Widerspruch sichtbar (238e–239a). In der dreiteiligen ersten Auseinandersetzung mit dem Spruch des Parmenides macht sich von Anfang an eine bestimmte Auslegung desselben bemerkbar: daß das, was auf seine Wahrheit hin kritisch

zu prüfen ist, die Undenkbarkeit und Unaussprechbarkeit, die „Alogizität“ des Nichtseienden ist, und daß für diesen ἔλεγχος die Unmöglichkeit einer Verbindung des Seienden und Nichtseienden zu setzen ist (237c 2 und 238a 8). Damit ist aber die eigentliche Frage noch nicht gestellt, nämlich die nach dem Logos, d.h. nach dem Verhältnis des Seienden und Nichtseienden hinsichtlich Wahrheit und Unwahrheit. Nur eine formale Differenz der Richtungsbeziehung der beiden Momente deutet sich im Unterschied der beiden Teile bereits an (vgl. Anm. 52 und 53).

52 S. 69. Dieser Satz des Eleaten muß für den Mathematiker Theaitetos eine unmittelbare Evidenz haben. Der Klang seiner Formulierung ist ebensogut pythagoräisch wie eleatisch und platonisch (vgl. Aristoteles Met. A. 986a 4ff. und 987a 15ff.). Theaitetos faßt den Satz so auf, wie er zuvor unausdrücklich gebraucht wurde und im folgenden ausdrücklich gebraucht wird: als Beweismittel und Prüfstein des Seins des Seienden und der Undenkbarkeit und Unnennbarkeit des Nichtseienden. Die „Alogizität“ des Nichtseienden wird auf diese Weise logisch erschlossen und ergründet, nicht einfach durch Aussprechen des Namens paralysiert. Unausdrücklich liegt in der Differenzierung dieser Alogizität ein erster Hinweis auf die Differenz des Logos selbst.

53 S. 71. Damit scheint der Spruch des Parmenides eine doppelte, zweiseitige Bestätigung gefunden zu haben, ohne daß aber nach den Gründen dieser Zweiheit gefragt wird. Die Fülle der negativen Bezeichnungen für die „Alogizität“ des Nichtseienden (ἀδιανόητόν τε καὶ ἄρρητον καὶ ἄφθεγκτον καὶ ἄλογον) ist in ihrer auffälligen Vierfalt möglicherweise eine Vorerinnerung via negationis auf eine grundsätzliche Vierfältigkeit des Seinsverhältnisses (λόγος τοῦ ὄντος; vgl. 253d), die unausdrücklich auch schon in die undurchsichtige Dialektik des Seienden und Nichtseienden hineinspielt.

54 S. 71. Überzeugender als diese von Winckelmann zuerst hergestellte Lesart bei Burnet ist die in den Codices überlieferte, welche τὸ δὲ ἔτι μείζω τινὰ λέγειν ἄλλην ἔχομεν dem Theaitetos zuschreibt (vgl. die „Sophistes“-Ausgabe von Diès). Diese macht den Unterschied zwischen Theaitetos und dem Eleaten in der Deutung der erörterten Schwierigkeiten deutlicher: Der erstere faßt die Argumente in ihrer Schwierigkeit getrennt auf, während der Eleate auf ihre innere Kontinuität sieht.

55 S. 73. Das μηδὲ τὸ παράπαν αὐτὸ καλεῖν ist im Deutschen in seiner schwebenden Bedeutung kaum angemessen wiederzugeben: gemeint ist ebenso die unmittelbare Unmöglichkeit, das Nichtseiende zu benennen, wie auch die reflektierte Unmöglichkeit, es als ein solches und in der Wahrheit seines Fürsich-Seins (τὸ μηδαμῶς ὄν) zu bezeichnen.

Zum dritten Mal scheint sich hier die Wahrheit des Spruches

von Parmenides zu bestätigen. (Cornford sieht in dem ganzen dreiteiligen Gedankengang eine einheitliche Bestätigung des Spruches des Parmenides, cit. loc. p. 203–208.) Tatsächlich könnte die dritte Phase der Argumentation gegenüber den beiden ersten als ein Umschlag ins Gegenteil erscheinen, wird aber zunächst von Theaitetos so nicht genommen (241 a–b), der an dieser Erörterung die Unmöglichkeit einer Verbindung des Seienden mit dem Nichtseienden festhält, die bei der Ergründung der „Alogizität" des Nichtseienden vorausgesetzt war. Die einleuchtendste Wahrheit scheint der Spruch des Parmenides darin zu haben, daß er eine Warnung vor dem Gedanken des Nichtseienden ausspricht, der das Denken in das Labyrinth eines unaufhebbaren Selbstwiderspruches zu bannen scheint (238d).

56 S. 75. Die verführerische Anziehungskraft der sophistischen Eristik auf die Jugend wird immer wieder betont. Es sind in den Augen Platos Unreife und mangelnde Begriffserfahrung, die für das Unwesen der Sophistik anfällig und gegen das absolute Anders-Sein sokratischen Philosophierens blind machen.

57 S. 75. Die Forderung des Sophisten, das Allgemeine statt des Einzelnen, bzw. Besonderen vorzulegen, kann keineswegs der analogen, von Plato immer wieder (u.a. Menon 74d–75a, Phaidros 265d–e, Theaitetos 146d) hervorgehobenen sokratischen Forderung einfach gleichgesetzt werden. (So irrtümlich u.a. A. Diès, O. Apelt, der sich dadurch zu der Annahme gezwungen sieht, der Sophist sei Plato selbst.) In Wahrheit weist Plato auf eine äußere Ähnlichkeit und damit auf einen Verwechslungsgrund zwischen Sophistik und Sokratik hin. Die Differenz ist nicht zu übersehen: der sokratische ἔλεγχος macht sich nicht blind gegen das Seiende, auch nicht gegen Einzelbeispiele und Besonderheiten, die vielmehr gerade als Allgemeines festgehalten und gegen das aus ihnen fälschlich abgeleitete Allgemeine kritisch gewandt werden (vgl. Hegels Unterscheidung des abstrakten und konkreten Allgemeinen). Das ἐκ τῶν λόγων ἐρωτᾶν kann ebenso in einen Streit um Wortgebrauch und um Wortbedeutungen ausarten, wie es im Blick auf die fragliche Sache vor sich gehen kann. Erst dann entspricht es dem wahren Wesen des Logos.

58 S. 77. Zur zweimaligen seclusio des οὐκ vgl. die Erläuterung Cornfords, cit. loc. p. 211.

In seiner Definition des Bildes erweist sich Theaitetos als Fachmann und wahrer Meister auf dem Gebiet der Definition durch Begriffseinteilung (vgl. „Theaitetos" 147dff.). Die Definition des Bildes, die sich durch Kürze und Prägnanz auszeichnet, enthält eine reichere Möglichkeit zu ihrer eigenen Analysis, als sie zunächst genutzt wird. Es kommt zunächst nur darauf an, daß mit dem Sein des Bildes eine Verbindung des Seienden und Nichtseienden anerkannt ist, deren Möglichkeit

durch den Spruch des Parmenides ausgeschlossen schien (vgl. Anm. 43).

59 S. 77. Die bisherige Erörterung des parmenideischen Spruches und die Bestimmung des Bildes, die von der wichtigsten Differenz abstrahierte, der des wahren Abbildes und des Trugbildes, haben die Gemeinsamkeit, daß sie sich ebensogut gegen das sophistische Unwesen wie auch zu dessen Gunsten verwenden lassen. Diese „abstrakte Allgemeinheit" des Bildbegriffes (vgl. Anm. 57) und das Formelle des Logos des Seienden und Nichtseienden verweisen daher zunächst durch ihren negativen Gebrauch auf eine Zusammengehörigkeit von Bild und Logos überhaupt. Der Eleate hebt denn auch hervor, daß der Sophist von dieser Wendigkeit sofort im eigenen Interesse Gebrauch machen wird (241 a 3). Schon hier zeigt sich deutlich, wie unzureichend die Annahme eines Seins des Nichtseienden zur Erklärung von Schein und Täuschung und zu deren Unterscheidung vom Wesen der Wahrheit bleiben muß; daß vielmehr der Beweis eines Seins des Nichtseienden ein entsprechendes Wassein aufweisen muß und dabei für seine Wahrheit dieses Aufweises selbst bedarf (vgl. 258 c–e).

60 S. 79. Die Bestimmung der falschen Vorstellung am Leitfaden des Logos des Seienden und Nichtseienden erweist sich als analog zweideutig wie der Logos selbst (vgl. Anm. 59). Denn die Vorstellung, das daß Nichtsein kein Sein habe, ist – in der Absicht einer Bestreitung des Seins falscher Vorstellungen überhaupt genommen – eine falsche Vorstellung. Andererseits ist eine falsche Vorstellung offenkundig eine solche, die Seiendes als nichtseiend oder Nichtseiendes als seiend vorstellt. Es werden hier bei der Bestimmung falschen Vorstellens in einer der antiken Dialektik geläufigen Weise die verschiedenen Reflexionsebenen des Logos, die der Unmittelbarkeit und der Reflexion, des Inhaltes und der Form ins Spiel gebracht, ohne in ein festes Begriffsverhältnis gesetzt zu werden. Deswegen kann als Widerspruch erscheinen, was in Wahrheit keiner ist. Und dieser Schein-Widerspruch wird auch sofort vom Sophisten zu seiner Verteidigung aufgegriffen (241 a).

61 S. 79. A. Diès klammert an Stelle der Burnetschen seclusio das τὰ πρὸ τούτων ὁμολογηθέντα ein. Beide Klammern verderben aber den Sinn. Denn es ist nur konsequent, wenn der Eleate und Theaitetos, wenn auch auf verschiedenem dialektischem Niveau, auf die anfängliche Auslegung des Parmenideischen Spruches zurückgreifen, die wohl imstande wäre, jenen Schein-Widerspruch in der Bestimmung falschen Vorstellens (vgl. Anm. 60) aufzulösen, die stattdessen aber nur zur Verwirrung beiträgt, indem sie aus mangelnder Bestimmtheit ihrerseits in einen Schein-Widerspruch zur Bestimmung falschen Vorstellens tritt. Schon hier kündigt sich an, was sich allmählich erweisen wird, daß der Spruch des Parmenides ein verdecktes Wahrheitsmo-

ment enthält, welches erst im Moment seiner Widerlegung in Erscheinung tritt: daß das Nichtseiende in einem derartigen Sinne wahrhaft nichtseiend ist (254d 1, 258c), daß sein Sein dadurch gerade nicht in jeder Hinsicht ausgeschlossen, sondern in bestimmter Weise bedingt wird.

62 S. 79. Andere Lesart: λέγεις: also eine direktere und intensivere Identifizierung des Theaitetos mit der von ihm interpretierten Gedankengestalt (vgl. auch 247e).

63 S. 81. Gerade die bisherige Indifferenz des Parmenideischen Spruches gegenüber der Auseinandersetzung der Philosophie mit der Sophistik muß es gestatten, ihm eine Seite abzugewinnen, die sich als Bundesgenosse philosophischen Erkennens gegen die Sophistik wenden läßt; so wie analog die Gleichgültigkeit des Bildbegriffes gegen die Wahrheit durch die Entgegensetzung von wahrem Abbild und trügerischem Scheinbild ihr Ende findet. Die hier geäußerte Bitte gehört denn auch mit den beiden anderen 241d 1 und 242a 5 direkt zusammen.

64 S. 83. Angesichts des bisher nur verwirrend wirkenden Resultates der Prüfung des πατρικὸς λόγος könnte es allerdings verrückt erscheinen, sich noch einmal am ἔλεγχος des Nichtseienden zu versuchen. Denn so, wie dieser ἔλεγχος bisher durchgeführt wurde, muß er notwendig immer wieder scheitern. Zum „Mörder" am Sinn jenes Spruches würde notwendig jeder, der sich blind macht gegen die innere Gliederung desselben. Im Grunde führte aber schon der anfängliche Auslegungsversuch auf einen Unterschied (vgl. Anm. 52), der erst am Begriff der falschen Vorstellung zutagetritt (vgl. Anm. 60): daß einerseits das Nichtseiende irgendwie ist, andererseits das Seiende irgendwie nicht ist (241a 1, 241d–e). Solange der Sinn dieses Unterschiedes und der Einheit seiner beiden Momente nicht ergründet ist, wird sich die Erörterung in einem ständigen leeren Wechsel zwischen Widerlegung und Beweis (ἔλεγχος ἀπόδειξις) des Scheinbar-Selbigen hin- und herbewegen, und die Gesichtspunkte der Gültigkeit des einen und des anderen ständig verwechseln.

65 S. 83. Wenn Parmenides hier an der Spitze all derer ausdrücklich mit Namen genannt wird, die das Sein des Seienden nach Zahl und Art bestimmt haben, so sieht Plato offenkundig in der Ontologie des Parmenides den Ausgangspunkt einer philosophischen Tradition, in die er seine eigene ontologische Logik, wenn auch kritisch, einbeziehen kann (vgl. K. Reinhardt, Parmenides und die Geschichte der griechischen Philosophie², 1959, p. 221). So prüft Plato diese Tradition kritisch am Leitfaden der ontologischen Grundbestimmungen des Einen und Vielen und am Maß der möglichen Verbindungen derselben. Es ist nicht ganz von der Hand zu weisen, daß der Unterschied der Quantität (πόσα) und der Qualität (ποῖα) auf eine mögliche Gliederung dieser kritischen Auseinandersetzung hinweist: und

zwar so, daß die Ontologien bis 246a unter dem Aspekt der Quantität kritisch betrachtet werden, während die Auseinandersetzung zwischen Eidetikern und Somatikern 246a ff. die Sphäre der Quantität überschreitet. Worauf es aber überhaupt primär bei dieser kritischen Prüfung der Tradition ankommt, ist dies, daß die kritisierten Ontologien teils Mythologien bleiben, sofern sie zwar bei ihrer Betrachtung des Seienden diese unwillkürlich der Einteilung unterwerfen, ohne auf die Prinzipien der Einteilung, die Gründe der Einheit und Unterscheidung zu reflektieren; teils thetisch, ohne mit dem Gegensatz in wahre dialektische Auseinandersetzung einzutreten.

66 S. 83. Mit dem Denker, der eine Dreiheit des Seienden setzte, ist möglicherweise Pherekydes gemeint, der von einer Dreiheit Zeus, Chronos, Chthon sprach; nach Philoponus. Komm. zu Aristoteles, De Gen. et Corr. 329a 1, kann auch auf Ion angespielt sein. Im Hinweis auf den Denker, der nur zwei Seiende annahm, sieht O. Apelt eine Anspielung auf Archelaos, nach Diog. Laertius II, 16.

67 S. 83. Xenophanes, um 540–475 v. Chr., die älteste namentlich bekannte Gestalt der Eleaten-Schule; berühmter Dichter (Elegien) und Rhapsode, der Themen der Politik, Ethik und Naturphilosophie besang, sich gegen die anthropomorphistischen Göttervorstellungen Homers wandte, gegen diese die Einzigkeit der Gottheit setzte. In seinem Lehrgedicht, welches vermutlich unter dem Einfluß seines Schülers Parmenides steht, entwickelte er das Wesen des Einen dialektisch. Die aristotelische Schrift „De Melisso, Xenophane, Gorgia" gibt einen guten Einblick in die dialektischen Schematismen der eleatischen Schule. Über das Verhältnis von Xenophanes zu Parmenides vgl. K. Reinhardt, Parmenides[2] p. 89ff.

68 S. 83. Mit den ionischen und sizilischen Musen sind Heraklit aus Ephesos und Empedokles aus Agrigent gemeint, deren „Physik" auch am Maße des Logos gemessen und verworfen wird, Das Wort von den „gestrengeren Musen" spielt darauf an, daß Heraklit eine ständige Bewegung des Seienden annahm (Heraklit, Fr. 12. B 10), während Empedokles in der „natürlichen" Bewegung des Einen und Vielen ineinander mildtätige Pausen eintreten läßt (Empedokles Fr. 21 B 17). Zur Kritik dieses Aspektes der Bewegungslehre des Empedokles vgl. Aristoteles, Phys. 250 b11.

69 S. 85. Hinweis auf die mangelhafte dialektische Form der genannten Theorien, die jedes Eingehen auf andere Gedanken, insbesondere die dialektische Auseinandersetzung mit möglichen Gegenpositionen vermissen lassen. Ähnlich kritische Wendungen gegenüber der alten und uralten Philosophietradition finden sich auch bei Aristoteles (u.a. Metaphysik 1000a 9, 1091b 9). Überhaupt stimmen Plato und Aristoteles bei ihrer kritischen Auseinandersetzung mit der philosophischen Tradi-

tion in dem hermeneutischen Prinzip überein, daß es ihnen nie um eine sachlich-historisch getreue Rekonstruktion einer besonderen Individualität geht, sondern um die kritische Einordnung und Ortsanweisung eines Standpunktes in den Rahmen eines selbstentworfenen Begriffsgefüges. Deswegen spiegelt sich in den verschiedenen Stellungsnahmen Platos und Aristoteles' zur Tradition gerade ihre eigene philosophische Differenz wieder (vgl. etwa die aristotelische kritische Würdigung des Empedokles im Rahmen der vier Ursachen, Met. A 985a ff.).

70 S. 87. Eine Wendung, die nicht ohne Absicht hintergründig klingen soll; zeigt sich doch, daß die kritisierten Ontologien vom Grunde der Erörterung weit entfernt bleiben, indem sie nur Teilaspekte des Seins in den Blick bekommen, denen ihre jeweilige logische Einseitigkeit entspricht. Die Vernachlässigung der logischen und insbesondere der arithmologischen Strukturen, die bei der Erörterung des Seienden notwendig in den Blick rücken, muß eine wahre Einsicht in das Sein des Seienden unmöglich machen.

71 S. 87. In dieser eigentümlichen Formel ἄμφω καὶ ἑκάτερον gibt Plato nicht nur ein Grundschema seiner Kritik an einer undifferenzierten, einer Reflexion auf das Wesen des Logos ermangelnden Vorstellung vom „All" (πᾶν, πάντα) (vgl. Hippias Maior, 300a ff.); sondern zugleich auch ein logisches Grundschema für seine eigene Zahlenspekulation (vgl. J. Klein, Die griechische Logistik und die Entstehung der Algebra, § 7; in Quellen und Studien z. Geschichte d. Mathematik, Astronomie u. Physik, B III 1936, p. 64ff.; vgl. auch Bonitz, Platon. Studien p. 164–165).

72 S. 91. Zum Text: Die Übersetzung ist hier der von A. Diès wiederhergestellten Lesart gefolgt: καὶ τὸ ἕν γε ἓν ὂν μόνον, καὶ τοῦ ὀνόματος αὐτὸ ἓν ὄν. Im Unterschied zum Text von Burnet wird durch diese Lesart ein Grundproblem der Parmenideischen Position viel eindringlicher zur Sprache gebracht, das der Selbstbezogenheit des absoluten Eins. Man vgl. Platos „Parmenides", besonders 142c.

Nach Cornford (cit. loc. p. 223) entwickelt der Eleate die Parmenideische Position in Gestalt folgenden Dilemmas: Entweder (A): Das Seiende ist ein Ganzes von Teilen. Dann ist das Seiende nicht das Eins selbst, und Vielheit ist. Oder (B): Das Seiende ist nicht ein Ganzes von Teilen; dann folgt: entweder (a): Ganzheit ist seiend; aber dann folgt α) Das Seiende ist nichtseiend, β) Eins ist nicht, sondern Vieles, nämlich das Seiende und das Ganze; oder (b): Ganzheit ist nicht; aber dann folgt α) Das Seiende ist nichtseiend
β) Eins ist nicht, sondern Vieles ist
γ) Werden von Seiendem ist nicht
δ) Bestimmte Zahl ist nicht, nur unbestimmte Vielheit ist.

73 S. 95. Deuschle, Heindorf, Bonitz haben διακριβολογούμενοι in dem Sinne verstanden, daß die Betreffenden „genaue Bestimmungen über die Zahl des Seienden gegeben haben“ und dies positiv auf die bisher erörterten Ontologien bezogen im Unterschied zu den im folgenden erörterten Ansichten derer, die οἱ ἄλλως λέγοντες. Apelt bestreitet diese präzise Wortbedeutung, und will die Wendung ironisch verstehen, da sie offensichtlich in schroffem Widerspruch zu dem Vorwurf des μυθολογεῖν stehe. In welchem Sinne aber gilt diese Ironie? Offensichtlich sieht Plato ein Verdienst der von ihm kritisierten Ontologien insbesondere darin, daß sie die Frage nach der arithmologischen Grundstruktur des Seienden provoziert haben.

74 S. 95. So endlos, wie die hier von Plato beschriebene Gigantomachie, ist auch der Streit der Gelehrten, auf welche Philosophen, bzw. auf welche bestimmten Theorien Plato hier anspielt. So wurde in der erstgenannten Gruppe eine Anspielung auf materialistische Theorien gesehen; im einzelnen auf Antisthenes (u.a. Natorp, Zeller), auf Antisthenes und die Atomisten (Campbell), auf die Atomisten und Aristipp (Schleiermacher), nur auf die Atomisten (Gomperz), auf Melissos (Burnet); auf die ionische Naturphilosophie überhaupt im Gegensatz zum ital. Pythagoräismus und Eleatismus (Cornford). Grundsätzlich muß man sich fragen, ob in diesen Deutungsversuchen nicht das im dialektischen Begriffsverfahren gelegene hermeneutische Prinzip verkannt ist (vgl. Anm. 27, 69, 75, 76). In jedem Fall bleibt Friedländers Hinweis beachtenswert (Platon² III p. 246), daß der hier zur Sprache gebrachte Grundgegensatz über einen Streit von Philosophenschulen in seiner Bedeutung hinausreicht. Die Schilderung der „Materialisten“ zeigt, daß es sich hier letzten Endes um eine der Theorie und dem Begriffe überhaupt feindliche Haltung handelt (vgl. Sophistes 246d 1). Interessant im Vergleich mit „Theaitetos“ 155e: Die dort genannten Materialisten haben keinen Sinn für das Werden als solches.

75 S. 95. Daß Plato mit dieser Kritik an den Eidetikern auf seine eigene philosophische Entwicklung anspiele, und seine Abwendung von der „Ideenlehre“ motiviere, eine solche entwicklungsgeschichtliche Deutung ist nicht nur aus methodischen Gründen fragwürdig, sondern auch im Hinblick auf die Platonische Ontologie unhaltbar, sofern deren eidetische Natur unübersehbar ist. Doch ist auch eine eindeutige Verweisung auf die Megariker (so u.a. Schleiermacher, Bonitz, Zeller, Apelt, Cornford) nur mit Vorsicht zu nehmen. Plato konstruiert einen äußersten Gegensatz zweier Ansichten über das Sein des Seienden, ohne damit die Frage nach einer Besonderung der einzelnen Gegensätze, und damit nach der Subsumption einzelner Positionen unter den Grundgegensatz zu stellen. Eidetiker sind nicht nur die Megariker, nicht nur diese, sofern sie als Sophisten gelten (Apelt). Eidetisch ist in einem gewissen Sinne die sophistische

Begriffstechnik (vgl. Sophistes 251 b–c). Eidetiker ist auch nicht nur Sokrates, sondern es sind dies im Grunde alle die, welche den Logos als Wahrheitskriterium anerkennen.

76 S. 97. Sehr fein die indirekte Erinnerung an die dialektische Methode der Reinigung (vgl. Anm. 27). Offensichtlich muß sich der Dialektiker angesichts der hier geschilderten Gigantomachie anders verhalten, als gegenüber den mythologischen Ontologien in ihrer eigenbrötlerischen Beschränktheit. Der ausgetragene Gegensatz zwischen Somatikern und Eidetikern erfordert vom Dialektiker die Unterscheidung des Besseren vom Schlechteren, und besser sind von Anfang an die Eidetiker, sofern sie im Unterschied zu ihren Gegnern die Prinzipien der logischen Argumentation anerkennen. Dagegen bleibt die Besserung der Anderen im Sinne einer solchen Anerkennung immer zweifelhaft und kann von der Philosophie nicht als Faktum, sondern nur im Begriff und als Möglichkeit (ἐν τῷ λόγῳ) vorausgesetzt werden. Während diesen beiden Positionen gegenüber eine Unterscheidung des Besseren vom Schlechteren wesentlich ist, bedürfen die vorher kritisierten mythologischen Ontologien hinsichtlich ihrer jeweiligen begrifflichen Einseitigkeit zunächst einer vergleichenden Betrachtung auf Gleichheit und Ungleichheit. In diesem verschiedenen Prinzip der dialektischen Kritik erweist sich aber eine innere Zusammengehörigkeit der beiden unterschiedenen Momente, der methodische Gebrauch von Gleichheit und Ungleichheit im Hinblick auf das Logisch-Gute.

77 S. 101. Weder eine endgültige Definition des Seins des Seienden noch eine nur scherzhaft-ironische, mit der es Plato nicht ernst wäre (so Apelt). ὅρος ist hier nur eine Wegmarke (Cornford). Die Bestimmung des Seins als δύναμις τοῦ ποιεῖν καὶ πάσχειν ist auch nicht einfach nur eine erste und wieder aufzugebende Kompromißformel der beiden gegensätzlichen Positionen. Sie ist vielmehr eine Formel, die gerade zunächst von den gebesserten Somatikern als mit ihrer Position verträglich anerkannt werden kann, während sich die Eidetiker mit dieser Anerkennung schwer tun, nicht zuletzt deswegen, weil diese Formel ein Schlüssel zur vertieften Einsicht in das Wahre ihrer Position zu werden vermag. Wie schon der Begriff der ἀρετή eine wesentliche Affinität zum Begriff des εἶδος hat (J. Stenzel), so gewinnt der δύναμις–Begriff in Platos Ontologie, insbesondere im Rahmen der Theorie der κοινωνία τῶν γενῶν seine eigentliche Bedeutung (vgl. Anm. 79).

78 S. 101. Kurze dialektische Andeutung, daß allererst die Setzung des Eidos eine begriffliche Unterscheidung der Bereiche des Seins und Werdens ermöglicht (vgl. Phaidon 96 a ff.). Die Identifikation des Standpunktes der Somatiker mit dem Bereich des Werdens ergibt sich allererst von dieser Setzung der „Ideenfreunde“ aus und für diese, nicht für die Meinung der „Somatiker“ (vgl. Theaitetos 155 e ff.).

79 S. 101. Wie schon 247e erweist sich auch hier die Meisterschaft des Eleaten in der Bildung abstrakt-synthetischer Formeln. Hier haben wir die erste Andeutung, welche Bedeutung die obengenannte Seinsformel im Bereich der Gemeinschaft der Ideen haben wird (τὸ κοινωνεῖν 248b 1). ποίημα und πάθημα sind in diesem formalen Gebrauch selbst so formal geworden, daß ihr Gebrauch als Kategorien, bzw. im Felde der Kategorien möglich wird; etwa die formale Definition von Gleichheit und Ungleichheit als πάθος der Selbigkeit und Verschiedenheit (Parmenides 139e 6ff., 148a 1ff.).

80 S. 103. Eine dialektische Argumentation auf dem Standpunkt der Eidetiker, deren endgültige Positionen und Negationen in der Schwebe bleiben. Daß Erkennen und Erkannt-Werden weder am Tun noch am Erleiden teilhaben können, gilt zunächst, sofern die Ideenfreunde die Gültigkeit der „Seinsformel" im eidetischen Bereich bestreiten. Die Anerkennung der Gültigkeit dieser Formel durch ihre Anwendung auf den Begriff des Erkennens würde die Eidetiker in direkten Widerspruch mit sich selbst bringen, und zwar, sofern die Setzung des Eidos für sie gerade die Bedingung der Erkenntnis des Seienden in seiner immerwährenden Selbigkeit ist, während die Seinsformel, die von den Somatikern anerkannt wird, auf die Erkenntnis angewandt, das Sein in absolute Bewegung versetzt. Wie auch Parmenides 133b 4ff. kündigt sich hier das Eidos als Prinzip des Erkennens an.

81 S. 103. Unter formalem Gesichtspunkt könnte dieser Rückgang des Gedankens in einen letzten Grund als eine petitio principii erscheinen. Daß aber die Ideenfreunde überhaupt erst durch den Hinblick auf eine kaum bestreitbare „Ur-Doxa" über das Sein des Seienden zur Modifikation ihres Standpunktes der absoluten Ruhe gebracht werden können, zeigt gerade, wie zwingend dieser Standpunkt im Hinblick auf die Frage der Möglichkeit der Erkenntnis ist. Darüber hinaus zeigt er, daß schon Platos Beweistheorie den Einschluß eines Unbeweisbaren fordert, welches sich im Beweis bewahrheitet (vgl. Aristoteles, An. Post. I, 3. Kap.).

82 S. 105. Wenn sich hier die Aufgabe einer notwendigen Versöhnung und Vermittlung des Gegensatzes von Ruhe und Bewegung im Hinblick auf das Wesen und die Möglichkeit des Erkennens stellt, und zwar von den wahren Wesenszügen des Seienden her, so zeigt sich hier, worum es eigentlich in der Gigantomachie geht: darum, daß Vernunft, Leben, Beseeltheit hinsichtlich der Erkenntnis untrennbar zusammengehören.

83 S. 105. O. Apelt: „Platon benutzt in geistreich spielender Weise eine sprichwörtliche Wendung (ὅσα ἀκίνητα καὶ ὅσα κεκινημένα, dies ist die volle Form des Sprichwortes), die nichts anderes besagt, als was man sonst einfach mit „alles" oder mit „schlechthin alles" ausdrückt, ähnlich wie die Römer ihr sacra profana

gebrauchten... Was aber den Wunsch der Kinder betrifft, so weiß ja jeder, die Kinder wünschen sich „alles"". Indem der Eleate aber den unscheinbar klingenden Unterschied zwischen dem τὸ ὄν und dem τὸ πᾶν anbringt, bezeichnet er den Punkt, wo die mythologische Ontologie die Kinderschuhe abstreift und in eine rationale, selbstkritische Ontologie des erwachsenen Denkens hineinwächst. Schematisierend könnte man sagen, daß sich im „Theaitetos" die All-Bewegung auf der Grundlage des Seins der Bewegung selbst widerlegt, im „Sophistes" dagegen die All-Ruhe der als ruhend gesetzten Idee. Jedenfalls zeigt sich an der Gattung des Seienden (τὸ ὄν), daß sich seine Aussage (ὁ λόγος τοῦ ὄντος) negativ und kritisch gegen einen absoluten, summarischen und undifferenzierten, gegen den undialektischen Gebrauch des τὸ πᾶν richtet, und in dieser Negativität seine Beziehung und Affinität zum Logos hat.

84 S. 107. Der unscheinbar klingende Zusatz ἵνα ἅμα τι καὶ προίωμεν läßt erkennen, daß die arithmologische Aporie der mythologischen Ontologien sich hier am Verhältnis der inhaltlichen Bestimmungen der Ruhe und der Bewegung nicht einfach unverändert wiederholt, und verrät damit ein Wissen Platos von der Dialektik zwischen Form und Inhalt (s. Einleitung).

85 S. 107. Es könnte zwar scheinen, als ob sich formal das gegensätzliche Verhältnis der Ruhe und Bewegung nicht grundsätzlich von den Grundgegensätzen der mythologischen Ontologien unterscheide, z.B. vom Grundgegensatz der Wärme und Kälte. Wie Kälte hier teils als Abwesenheit und Mangel an Wärme erscheint, teils Alles nur als Mischung von Warm und Kalt ist, so könnte Ruhe einfach als Mangel an Bewegung, d.h. als unendlich langsame, unmerkliche Bewegung erscheinen (Theaitetos 156c–d), und Alles überhaupt als Mischung von Ruhe und Bewegung. Tatsächlich aber hat die dialektische Gedankenentwicklung den Gattungen Ruhe und Bewegung nunmehr eine andere Funktion zugewiesen. Sie stehen im logischen Raum verschiedener Seinsdimensionen, auf deren Grunddifferenz sie nunmehr selbst hinweisen: auf die Grunddifferenz des Seienden und seiner Erkenntnis. So wird dann auch nunmehr aus der arithmologischen Aporie ein anderer negativ-dialektischer Schluß gezogen als früher, der eine Fortentwicklung gegenüber dem früheren darstellt. Den mythologischen Ontologien schlug jede bestimmte Vielheit in Eins, jede gesetzte Eins in Vielheit um, ohne daß ein Begriff von diesem Umschlag möglich wurde. Nunmehr ergibt sich aufgrund der Setzung des Seienden als dritte Gattung neben Ruhe und Bewegung ein Widerspruch zweier Verhältnisse der drei Gattungen: nämlich eines von der Form des Weder-Noch, und eines von der Form des Sowohl-Als-Auch.

86 S. 107. Hinweis auf die Möglichkeit, die Gattung des Seienden von den beiden anderen Gattungen als für sich seiend abzutren-

nen durch Versetzung in eine andere Seinsdimension, nämlich in den Bereich der Seele (vgl. Theaitetos 186a). Daß diese Versetzung eines für sich abgetrennten Eidos in den Bereich der Seele ihre eigenen Aporien hat, ja sogar zu einem asylum ignorantiae werden kann, demonstriert Parmenides dem jungen Sokrates vor, in Parmenides 132b 3ff.

87 S. 109. Einerseits scheint hier der Widerspruch absolut und unauflöslich, und insofern scheint die Aporie ein Maximum erreicht zu haben (vgl. Anm. 85), nämlich der Widerspruch zwischen einer Notwendigkeit, das Seiende als ein Drittes neben den beiden anderen Gattungen zu setzen, und einer dem entgegenstehenden Unmöglichkeit (ἀδυνατώτατον). Andererseits ist der Widerspruch universal, sofern er sich dem Inhalte nach auf das Ganze des Seienden bezieht. Deswegen muß gerade von hier aus ein Weg zu seiner Auflösung gefunden werden können.

88 S. 109. O. Toeplitz: „Und sollten wir keines von beiden für sich schauen können, so würden wir vielleicht doch ihr gegenseitiges Verhältnis für beide zugleich aufs trefflichste zu durchschauen vermögen" (in: Das Verhältnis von Mathematik und Ideenlehre bei Platon, Quellen und Studien z. Gesch. d. Mathematik, Astronomie u. Physik B I p. 17 u.ff.). Toeplitz möchte durch diese Übersetzung zum Ausdruck bringen, daß hinter Platos erkenntnistheoretischem Logos-Begriff der mathematische Logos-Begriff steht, auf dessen erweiterte Anwendung Plato bedacht ist. So grundlegend der methodische Gebrauch der Proportion bei Plato über den Bereich der Mathematik hinaus ist, so muß man gleichwohl vom Verhältnis des Seienden und Nichtseienden den Begriff eines Korrelationsverhältnisses fernhalten (Anders: N. Hartmann, Cornford); vgl. Anm. 106–109.

89 S. 111. Hier ist zunächst nicht an das Kategorien-Verhältnis von Ding und Eigenschaft zu denken, sondern an die semantische Grundbeziehung, die allen Kategorien-Differenzen zuvor- und zugrundeliegt: Grundbeziehung des Seienden zu dem, was von ihm gesagt, bzw. wodurch es bezeichnet ist, mag dies nun sein unmittelbarer Eigenname, oder ein Name für eine seiner Wesensbestimmungen, oder sonstigen Eigenschaften sein (vgl. die aristotelische Unterscheidung zwischen κατηγορία und προσηγορία, u.a. Met. 1088a 14). In diesem unmittelbaren semantischen Bereich treiben die Seinsbestimmungen des Einen und Vielen das Spiel der unter ihnen möglichen vieldeutigen Beziehungen, nicht anders als in den mythologischen Ontologien.

90 S. 111. Die Megariker vertraten, ebenso wie Antisthenes und seine Anhänger, eine Urteilstheorie, welche nur reine Identitäten (Tautologien) als unbedingt wahr gelten ließ. Plato und Aristoteles (vgl. Met. 1024b 32, 1043b 24) haben darin ebenso eine Verkennung des Urteilssinnes, wie eine Verfehlung der Urteilsbegründung gesehen. So zeigt Plato im „Euthydemos", wie diese Verflechtung in lächerliche Sophisterei ausartet.

An unserer Stelle deutet Plato an, wie sich das Prinzip der unbedingt wahren identischen Sätze selbst widerlegt. Denn die Rede von der Unmöglichkeit daß Vieles Eins und Eins Vieles sei (ἀδύνατον τά τε πολλὰ ἓν καὶ τὸ ἓν πολλὰ εἶναι), weist gerade auf eine mögliche Differenz der Urteilsrichtung, die auch im identischen Urteil nicht beseitigt ist, so daß diese mit Verschiedenheit affiziert und gerade deswegen vieldeutig bleibt.

91 S. 113. Die Möglichkeit der Begriffsgemeinschaft wird hier zunächst formal erörtert. Die Unmöglichkeit der Beziehungslosigkeit wird, obwohl sie anscheinend eine absolute Unmöglichkeit ist, dialektisch gegliedert, und zwar durch die kritische Beziehung der bisher genannten ontologischen Positionen. So wäre im ersten Falle (252a) die anerkannte Verbindung der Bewegung und der Ruhe mit dem Seienden und die ihr entsprechende Position unmöglich. Im zweiten Fall (252b) wäre die darüber hinausgehende Anerkennung einer Verbindung von Ruhe und Bewegung unmöglich gemacht. Vollends würde sich aber die Position eines absolut Fürsich-Seienden und von jeder Verschiedenheit Ausgeschlossenen (252b 8–c) ad absurdum führen, weil sie ihre Wahrheit auszusagen außerstande wäre.

92 S. 115. Vgl. Anm. 91. In dem Satz οἱ μηδὲν ἐῶντες κοινωνίᾳ παθήματος ἑτέρου θάτερου προσαγορεύειν schwingt schon der doppelte Sinn mit, der zur direkten Selbstaufgebung dieser Position führt: die Gemeinten wollen überhaupt keine Verbindung eines Seienden mit einem Anderssein zulassen, bzw. sie bestreiten ein solches Anderssein auch im Falle einer Verbindung mit einem Anderssein (vgl. 252c 2).

93 S. 115. Eurykles, ein Bauchredner und Wahrsager, dessen zweite Stimme eine Karikatur der inneren Stimme des Sokrates, des sokratischen Daimonion; auch und gerade in der Karikatur ein tiefsinniges Gleichnis der Vielschichtigkeit und Polyphonie, des uneindeutigen Logos. Das Verhalten der Zweitstimme zur Erststimme ist im Falle des Eurykles und des Sokrates gerade entgegengesetzt; hier ein Befreundetes, die Wahrheit Förderndes, dort ein Widersacher, mißtönend und ohne Wahrheitsverhältnis.

94 S. 115. Theaitetos bestätigt hier, wie so oft in diesem Dialog, seine außergewöhnliche Begabung durch einen wichtigen Argumentationsbeitrag. Seine Motivierung der Unmöglichkeit einer Verbindung aller Begriffe mit allen durch den Hinweis auf die Ausschließlichkeit der Gegensätze, deren Aufhebung alle Bestimmtheit aufheben würde, ist ebenso einfach wie grundlegend. Allerdings dürfte er den entscheidenden Punkt noch nicht sehen, der gerade in dieser anfänglichen formal-dialektischen Erörterung der Begriffsmöglichkeiten verborgen bleibt, wie er überhaupt in einer reinen Begriffstheorie leicht verdeckt wird: daß Gegensätze auf eine mögliche Verbindung mit einem

Substrat verweisen, wodurch gerade ihre Verbindung untereinander möglich wird (vgl. 256b; auch insbesondere die Diskussion dieses Problems Parmenides 127eff.). Aristoteles hat darüber hinaus die notwendige Beziehung der Gegensätze auf ein Substrat gefordert, und unter diesem Aspekt Met. N alle Gegensatzlehren unter Einschluß der Platos der Kritik unterworfen.

Wenn an unserer Stelle unter den drei formalen Möglichkeiten des Begriffes die Entscheidung zugunsten der dritten Möglichkeit fällt, so gilt dies unter solchen Bedingungen, welche die drei erörterten Möglichkeiten zu wechselseitig sich ausschließenden machen. Gerade dadurch sind aber andere Bedingungen angebbar, unter denen solche Ausschließlichkeit nicht gilt. In diesem Sinne entwickelt der Dialog „Parmenides" in seinem zweiten Teil das System der Bedingungen dieser sich nicht ausschließenden und sich ausschließenden Möglichkeiten als die universale Sphäre des λέγειν.

95 S. 117. Beispiele sind für Plato nie allein dazu da, ein Gedankenresultat näher zu beleuchten. Sie werden vielmehr epagogisch und in der ἐπαγωγή wie Erkenntnisprinzipien gebraucht: zur Entdeckung von Gemeinsamkeiten und Unterschieden. So ermöglicht hier das Buchstabenbeispiel an Hand der nahegelegten Unterscheidung des Stimmens und Nicht-Stimmens, und der Unterscheidung der Vokale und Konsonanten und ihrer synthetischen dihairetischen Funktion eine Konkretisierung der formalen Vorstellung einer partiellen Begriffsgemeinschaft.

96 S. 117. Das Resultat der Anwendung des Buchstabenbeispiels auf die formale Vorstellung einer partiellen Begriffsgemeinschaft ist die grundlegende Unterscheidung zwischen Verbindungen und Trennungen einerseits, und den Gründen solcher Verbindung und Trennung andererseits. Dabei klingt allerdings schon eine weitere, und zwar die wichtigste Unterscheidung an: sofern Begriffe gerade dadurch, daß sie andere Begriffe verbinden oder aber trennen, ihrerseits untereinander verbunden werden oder verbunden sein können (vgl. Anm. 97 u. 101–104).

97 S. 119. In der Trennung der Bestimmungen und ihrer Unterscheidung nach Gattungen sich der realen Möglichkeiten der Verwechslung Desselben und des Verschiedenen erwehren zu können, dies erweist sich als das wahre und grundlegende, als das dialektische Wissen, dessen die Ausübung der dihairetischen Methode als wissenschaftlicher Grundlage bedarf. Dasselbe (ταὐτόν) und das Verschiedene (τὸ ἕτερον) als Gattungen (γένη) genommen sind Gründe der Verbindung und Trennung anderer Gattungen, insbesondere Gründe der Art, die in der Erfüllung ihrer Begründungsfunktion untereinander zusammenwachsen (vgl. Anm. 96) und gerade deswegen so leicht zu verwechseln sind. Sie haben überhaupt einen ständigen Doppelsinn

darin, einerseits Gründe von Verbindung und Trennung im allgemeinen, andererseits im besonderen Gründe der Verbindung von Grund und Begründetem, bzw. Reflexionen dieses besonderen Unterschiedes zu sein (vgl. hierzu: R. Wiehl: Platos Ontologie in Hegels Logik des Seins, Hegel-Studien Bd. 3).

98 S. 119. Die Stelle ist wegen ihrer dunklen Unbestimmtheit berühmt, und die Gefahr für die Interpretation besteht darin, sie durch eine der Sache fremde Begriffstheorie vollends zu verfremden. Selbst die Frage, um wieviele Satzglieder es sich handle, hat verschiedene Antworten gefunden. (Natorp sah drei, die Mehrzahl der Forscher vier Momente.) Dabei glaubte Schleiermacher eine abfallende Stufenordnung des Einen und Vielen zu erkennen, Stenzel dagegen, und, in gewisser Modifizierung, Gadamer eine Gliederung in zwei Paare der Beziehung des Einen und Vielen, entsprechend der Differenz von διαίρεσις und συναγωγή. Platos Absicht geht gerade nicht über die Vorstellung eines vierfältigen *Schemas* hinaus, welches vielmehr endgültiger begrifflicher Fixierung ermangelt. Die Funktion dieses Schemas ist die *Spiegelung* der bisherigen Unterscheidung (vgl. Anm. 96) und deren *Projektion* (vgl. Anm. 100), während die Ausfüllung des Schemas der Demonstration einer konkreten Begriffsgesellschaft vorbehalten bleiben muß (vgl. Anm. 101–104).

99 S. 121. Zur Frage, ob und in welchem Sinne das Gespräch über den Sophisten in einem Gespräch über den Philosophen seine Fortsetzung finde, s. Einleitung.

100 S. 121. Weitere formale Differenzierung der möglichen Begriffsverhältnisse aufgrund der bisherigen Unterscheidungen. So ermöglicht die Unterscheidung der Gattungen als Gründe der Verbindungen und Trennungen gegenüber dem Getrennten und Verbundenen quantitative Bestimmtheiten im Verhältnis der Gattungen, insbesondere einen nicht mehr mythologischen Sinn des „Alles“: Gattungen, an denen alle anderen Gemeinschaft haben, und im Unterschied zu deren universaler Allgemeinheit die beschränkten, mehr oder weniger weit reichenden Gemeinschaften. Daß die folgende Darstellung einer bestimmten Begriffsgemeinschaft in concreto eine Auswahl treffen muß, ist angesichts der unendlichen Menge von Gattungen notwendig. Gleichwohl bedarf diese Auswahl, auch wenn sie sich auf die umfassendsten (μέγιστα) beschränkt, noch einer besonderen Motivation, wenn das Bild, welches sie im allgemeinen von der Gemeinschaft der Begriffe geben sollen, nicht mißverständlich sein soll. Die hier ausgewählten Gattungen haben sich in der vorherigen kritischen Auseinandersetzung mit den traditionellen Ontologien als wahrhaft grundlegend ausgewiesen. Darüber hinaus beschränkt sich die Gültigkeit des entworfenen Modells im Hinblick auf die besondere Aufgabe, an ihm das Verhältnis des Seienden und Nichtseienden zu studieren (vgl.

die entsprechend anderen Motivierungen der Selbstbeschränkung Parmenides 135eff. u. 137a–b).

101 S. 121. Diese Rede, daß das Nichtseiende wahrhaft nichtseiend ist, könnte zunächst und in Erinnerung an die früheren Beweisversuche seines Seins irreführend klingen, ist aber im Zusammenhang wohlbegründet. Denn die Vorstellung einer konkreten Begriffsgesellschaft hat über die bisherigen formalen Überlegungen hinaus das Was-Sein (ποιόν) der Begriffe ebenso wie ihr relationales Wesen, und den Zusammenhang zwischen beidem ins Auge zu fassen. Hinsichtlich des Nichtseienden heißt dies notwendig, es in seiner Qualität, also als Nichtseiendes, in Betracht zu ziehen, da der Versuch, sich formal-dialektisch seines Seins zu versichern, immer wieder scheitert.

Die folgende Vorführung des Begriffsmodells gliedert sich in drei Hauptabschnitte: 1. Die Verschiedenheit der fünf Grundbegriffe (Gattungen) untereinander (254d–255e). 2. Die Verschiedenheiten der Bewegung von den anderen Gattungen (255e–256c). 3. Die Grundverschiedenheiten der Bewegung (256cff.). Dabei ist die Zäsur zwischen zwei und drei keineswegs so scharf wie zwischen eins und zwei.

Im ersten Abschnitt geht der Gedanke von dem grundlegenden und bisher aporetisch und widersprüchlich gebliebenen, unbestimmten Verhältnis der drei Gattungen, Seiendes, Bewegung und Ruhe aus, um durch die unmittelbare Erschließung der beiden anderen Gattungen, Selbigkeit und Verschiedenheit, eine Entschlüsselung jenes rätselhaften Verhältnisses zu ermöglichen. Wichtigstes Moment in dieser „Entzifferung“ ist der Beweis, daß es sich bei den fünf Bestimmungen nicht um nominelle Unterschiede, sondern um eine wahre Fünfheit handelt. Erst dadurch werden die betreffenden Gattungen zu Begriffen. Der entsprechende Beweis ist nun darauf angewiesen, mit den gegebenen Beweismitteln auskommen zu müssen, zum Beweis nicht immer neue Gattungen setzen zu dürfen. So erklärt sich die paarweise Begründung des Verschiedenseins. Im Sinne einer solchen Selbstbeschränkung bedient sich der Beweis des Mittels, daß er einen jeweiligen Unterschied in verschiedener Funktion gebraucht. So ist etwa der Unterschied und Gegensatz der Ruhe und Bewegung a) unmittelbar vorhanden b) Unterscheidungsgrund seiner selbst vom Unterschied von Selbigkeit und Verschiedenheit (255a–b) c) Unterscheidungsgrund eines anderen Unterschiedes (255b–c).

102 S. 125. Die Verschiedenheit des Seienden und des Verschiedenen bildet den wesentlichsten unter den bisherigen Unterschieden. Seine Bestimmung mittels eines je verschiedenen Verhältnisses zum Ansich-Sein und zum Sein für Anderes bildet den Schlüssel zur Theorie der κοινωνία τῶν γενῶν und zur Platonischen Prinzipienlehre überhaupt. (Die unübertreffliche Begriffsentwicklung dieses Unterschiedes findet sich in Hegels Wissen-

schaft d. Logik I. Buch, Abschn. I Kap. 2 B.) Plato unterscheidet in der Andeutung dieser Verhältnisbestimmung die ontologische Unterordnung des Nichtseienden gegenüber dem Seienden dadurch, daß der Unterschied von jenem gegen dieses als ein bloßer Mangel erscheint.

103 S. 125. Der Satz spricht den Grundsatz des Logischen als solchen aus. Man könnte denken, daß die individuelle Natur jeder Gattung den Grund ihrer Verschiedenheit gegenüber den anderen Gattungen ausmacht. Ἐν τῷ λόγῳ ist dies aber gerade kein hinreichender Unterscheidungsgrund. Vielmehr wird die logische Betrachtung allererst vom Unterschied gegen andere Bestimmungen her kritisch prüfen können (und müssen), ob die betreffende, durch einen Namen bezeichnete Gattung überhaupt ein eigenes Wesen (φύσις) und damit auch einen λόγος τῆς οὐσίας besitzt. Im „Parmenides" (143c–144a) zeigt Plato, wie allererst die Gattung des Verschiedenen Differenz im Sinne der Zählbarkeit des je einzelnen Seienden ermöglicht, und daß erst in diesem Bereich des Verschiedenseins die Aussagbarkeit des Fürsich-Seienden beginnt (vgl. dort 143a 6 gegenüber 142a 1). Im „Sophistes" zeigt sich diese Bedeutung des ἕτερον u. a. darin, daß vom inhaltlichen Unterschied zwischen Ruhe und Bewegung zunächst nur die logische Form des Gegensatzes (ἐναντιώτατα 250a, παντάπασιν ἕτερον 255e) dialektisch verwendbar ist. Die beiden Gattungen vermögen gerade deswegen nicht nur das Sein des Seienden, sondern auch dessen λόγος zu repräsentieren.

104 S. 127. Hier beginnt nun der zweite Abschnitt der Vorführung. Die wesentliche Fortentwicklung in der Wiederholung (vgl. Anm. 84) besteht darin, daß hier nicht mehr von einem wechselseitigen Unterschied von je zwei Gattungen die Rede ist, sondern daß nun durch die begründete Unterscheidung der vier paarweise verbundenen Gattungen die Bedingung für die begründete Setzung einer einzelnen, der Bewegung, gegenüber den anderen erfüllt ist. Der dialektische Rückgang in die Seinsdimension der Gründe geht vom Bereich der Voraussetzungen noch einen Schritt weiter zurück in den Bereich der Setzungen, die in den Voraussetzungen eingeschlossen sind (vgl. 222b). Dagegen verblieb der „Parmenides" im Bereich der Voraussetzungen (aus Furcht wohl vor dem Gedanken der Setzung des Nichtseienden als solchem).

105 S. 127. Es ist für den Außenstehenden und Zuhörer des Gespräches schwer zu ermessen, wieweit Theaitetos hier ganz auf der Höhe der Argumentation ist. Hatte er nicht vorher (252d, vgl. Anm. 94) die Unmöglichkeit einer Gemeinschaft aller Begriffe mit allen durch den Hinweis auf die Unverträglichkeit von Ruhe und Bewegung begründet? Wie wird ihm nun unversehens die Verträglichkeit von Ruhe und Bewegung ein Beweis dafür, daß die Begriffe teils Gemeinschaft haben können, teils nicht?

Offenbar haben die Gattungen selbst hier eine andere Funktion erhalten. Ihr ursprüngliches Gegensatzverhältnis ist verändert dadurch, daß sie in Verbindung mit anderen Gattungen treten, welche eine Vermittlung im Sinne eines bestimmten Kategorienverhältnisses unter ihnen ermöglichen. Dieser Aufweis der Bedingungen, unter denen ein Seinsgegensatz wie der von Ruhe und Bewegung kompossibel werden kann, bildet einen Hauptpunkt im Ganzen des komplex strukturierten Gedankenganges, in welchem die beiden Seinsgattungen einen, wenn auch künstlich begrenzten Kreis aller möglichen Begriffsverhältnisse (λόγοι) durchlaufen. Sie werden am Ende kompossibel, weil die eine von ihnen, die Bewegung, als ein Seiendes gesetzt und damit zur Grundlage einer Bestimmung (πάθος) durch eine andere Gattung, hier im Sinne des Ruhend-Seins (στάσιμον) gemacht ist. Bewegung und Ruhe hören damit auf, sich gegensätzlich in einer einzigen Seinsdimension gegenüberzustehen, indem ihre Beziehung in die Grunddifferenz des Seienden, und damit in ein mögliches Kategorienverhältnis verwandelt ist (z.B. eine bestimmte Bewegungsart im Unterschied zu einer anderen vgl. „Theaitetos" 182c ff.).

106 S. 129. In diesem letzten Abschnitt (ab 256c 4) der Begriffsvorführung werden nun die Grundbedingungen der Setzung (θέσις) einer Gattung sichtbar. Zugleich bahnt sich damit die Lösung der Aufgabe an, durch diese Vorführung einen Einblick in das Verhältnis des Seienden und des Nichtseienden zu gewinnen. Die Verschiedenheit der Bewegung vom Verschiedenen und schließlich vom Seienden vollendet nicht einfach die Anzahl aller möglichen Verschiedenheiten. Vielmehr sind hier am Ende die Grundverschiedenheiten im Sinne der Grundbedingungen der Setzung einer Gattung wie hier der Bewegung erreicht. Es sind die aus der Teilhabe am Seienden selbst entspringenden Verschiedenheiten: die Verschiedenheit der Bewegung vom Seienden, und zwar gerade in der Gemeinschaft und durch die Gemeinschaft mit diesem, und daraus die Gemeinschaft mit dem Verschiedenen sich begründend. So erklärt sich auch die verschiedene Affinität des Seienden und Nichtseienden zur Zahl und zur Zählbarkeit. Denn während die Gemeinschaft mit dem Verschiedenen die unbestimmte Beziehung der unendlichen Menge der Gattungen untereinander bestimmt, ist es erst die Teilhabe am Seienden und die daraus entspringende Verschiedenheit, welche die eigene Natur der gesetzten Gattung als ihr Wesen freisetzt, und bestimmte Unterscheidung ermöglicht.

107 S. 131. Daß das Nichtseiende keinen Gegensatz gegenüber dem Seienden bildet, hat die Vorführung des Modells der kleinen Begriffsgesellschaft in mehreren Aspekten gezeigt. Es erwies sich dies bereits in der ersten Unterscheidung zwischen dem Seienden und dem Verschiedenen (Anm. 102), wie es sich am

Ende bewahrheitete in Gestalt der eigentümlichen Verbindung zwischen den beiden Grundbedingungen der Setzung einer Gattung, nämlich der Verschiedenheit gegenüber dem Seienden und gegenüber dem Verschiedenen (Anm. 106). Insbesondere aber zeigte es sich daran, daß das Verschiedensein nicht nur die Beziehung der Gattungen untereinander bedingt, sondern darüber hinaus die Beziehungen unter den λόγοι hinsichtlich der Gattungen (vgl. Anm. 104, 105, 108, 109, 113).

108 S. 133. Wenn erwiesen ist, daß das Seiende und das Nichtseiende keinen Gegensatz bilden, so stellt sich die Frage, wie es zum Schein eines solchen Gegensatzes kommt. Offensichtlich sieht der Fremde aus Elea in der Produktion dieses Scheines das Prinzip der trügerischen Widerspruchstechnik der Sophisten. Deswegen muß die Genesis des Scheinwiderspruches durchschaut werden, indem die nunmehr gewonnene Einsicht in das Verhältnis des Seienden und Nichtseienden am Wesen des Antithetischen gemessen und geprüft wird. (Angesichts dieser besonderen Aufgabestellung ist eine voreilige Interpretation dieser Textstellen mittels der Differenz des Konträren und Kontradiktorischen irreführend.) Plato deutet zunächst einen Unterschied an zwischen einem möglichen namenlosen (ἀνώνυμον) Nichtseienden (257d 9) und dem bezeichneten Nichtseienden im Sinne des Verschiedenseins. Hier ist der erste Ursprung eines möglichen Mißbrauchs der Negation durch den Sophisten, sofern dieser der benannten und bestimmten Negation im Gebrauch die namenlose und unbestimmte unterschiebt. Hier zeigt sich auch bereits, wie problematisch der Satz des Parmenides von der Unsagbarkeit des Nichtseienden ist. Die bestimmte Negation entspringt in der Entgegensetzung (ἀντίθεσις). Aber diese Entgegensetzung ist gerade *nicht* die Entgegensetzung des Seienden gegen das Nichtseiende, wie das Beispiel des Nicht-Großen zeigt, welches ebensowohl ein Kleines wie ein Gleiches sein kann (vgl. Anm. 109).

109 S. 135. Daß die Entgegensetzung keine Entgegensetzung des Seienden gegen das Nichtseiende ist, zeigt sich darin, daß dasjenige, was einer gesetzten Bestimmung (z.B. dem Schönen, dem Gerechten, dem Großen etc.) entgegengesetzt wird, nicht die ganze anonyme (Anm. 108) Sphäre des Verschiedenen, sondern immer nur ein Teil derselben sein kann, ein Teil, dessen Verhältnis zum Ganzen wegen der quantitativen Unbestimmtheit des letzteren (256e 6) aber notwendig unbestimmt ist. Keine Gattung kann das Seiende einfach so einteilen, daß sie selbst das Eine und alles Andere das Andere ist, und zwar deswegen, weil sie nicht das Seiende selbst, vielmehr von diesem verschieden ist, und insofern selbst in ihrem Sein zur Sphäre des Verschiedenen gehört. Insofern ist auch der Teil des Verschiedenen, dem sie sich entgegensetzt, seiend, und Entgegensetzungen bestehen grundsätzlich zwischen Seiendem. Wäre

dem nicht so, so hätten Negationen wie das Unschöne, das Ungerechte und das Unwahre überhaupt kein Sein, und der ganze Bereich des Seienden wäre der Macht des Sophisten hoffnungslos ausgeliefert.

110 S. 137. Vgl. Anm. 101–109.

111 S. 139. Unklarheit des griechischen Textes: statt ὡς δυνατά: ὡς δέοντα αὐτά (Apelt); ὡς ⟨παντί⟩ δυνατά (Diès); ὡς ἀνήνυτα (Cornford).

112 S. 139. Die Vorführung hatte gezeigt, daß Selbigkeit und Verschiedenheit nicht nur sich verbinden *können*, wie etwa Ruhe und Bewegung, sondern daß sie, wenn letztere sich sollen verbinden können, sich ihrerseits verbinden *müssen*. Ihre notwendige Verbindung ist Bedingung einer möglichen Verbindung. Es ist die Notwendigkeit dieser Verbindung, welche die Möglichkeit des Mißbrauches und des Mißverständnisses von Gegensatz und Widerspruch erzeugt, indem sie nicht als Verbindung von Gründen hinsichtlich möglicher Verbindung von Seienden genommen, sondern als absoluter Seinsgegensatz des Seienden und Nichtseienden genommen wird. Hier zeigt sich, in welchem Sinne sich für die dialektische Wissenschaft die Aufgabe der Auseinandersetzung mit jenem Mißbrauch und Mißverständnis stellt.

113 S. 139. Dieser Grundsatz, welcher den Logos als eine der Gattungen des Seienden, und zwar als die wichtigste und grundlegendste setzt, gibt der vorgeführten Begriffsgesellschaft sowohl an sich wie auch in ihrer Funktion als Modell für Begriffsgesellschaften überhaupt Sinn und Begründung. Sofern der Logos eine Gattung des Seienden ist, hat er – wie jede andere Gattung – an der Idee des Verschiedenen teil, schließt damit ebenso eine Differenz gegenüber jeder anderen Gattung wie auch die Möglichkeit einer Verbindung mit dieser in sein Wesen ein. Diese Setzung des Logos als die Hauptgattung des Seienden weist auf ein Grundprinzip der platonischen Prinzipienwissenschaft hin, und gibt ebenso einen Schlüssel zum Verständnis der aristotelischen Plato-Kritik ab. Auf der einen Seite sind durch jenen Grundsatz die Gesetze der Verbindung und Trennung der Logoi denen der Verbindung und Trennung von Gattungen einfach analog, so daß die Wahrheit jener am Leitfaden dieser Gesetze kritisch geprüft werden kann. Andererseits ist jede Gattung, sei sie mit anderen verbunden, oder von diesen getrennt, der Logos ihrer selbst, der in einem anderen Logos, einer anderen Verbindung von Gattungen seinen Grund hat. Auf diese Weise entsteht der Anschein, daß jede Gattung des Seienden mit dem Logos identisch ist, während sich dieser mit einem Teil seiner selbst identifiziert. So deutet sich ein Zusammenhang zwischen Universalität und Vieldeutigkeit des Logischen an.

[114] S. 141. Es könnte zunächst scheinen, daß die Möglichkeit einer Verbindung des Nichtseienden mit δόξα und λόγος bereits hinreichend erwiesen ist und syllogistisch aus den beiden Sätzen folgt, daß 1. jede Gattung am Nichtseienden, nämlich an der des Verschiedenen teilhat, und daß 2. der Logos selbst eine Gattung des Seienden ist. Andererseits ist auf diese Weise nicht die Möglichkeit einer Verbindung des Logos mit dem Nichtseienden erwiesen, sondern dem Anschein nach „mehr“: eine tatsächliche und notwendige Verbindung zwischen beidem. Gerade diese Notwendigkeit gibt aber dem Sophisten eine letzte Möglichkeit zur Verteidigung seiner Position (vgl. Anm. 115).

[115] S. 143. Dem Schein nach kann der Sophist den Beweis, daß jede Gattung, und damit jeder λόγος τοῦ ὄντος Teilhabe am Nichtseienden einschließt, zu seinen Gunsten auslegen. Denn für das Nichtseiende im Sinne der Täuschung und des Irrtums scheint damit gerade kein Raum mehr vorhanden. In Wahrheit ist das sophistische Nichtseiende gerade durch den Beweis der notwendigen Verbindung des Verschiedenen mit jedem Logos, d.i. mit jeder Verbindung verschiedener Gattungen aufgewiesen. Der Schein, daß das Nichtseiende einen absoluten Gegensatz zum Seienden bilde, und der daraus resultierende logische Mißbrauch der Negation hängt aufs engste mit der absoluten Universalität des Logos zusammen, der in seinem auf „alles“ beziehbaren Sein dem Nichtseienden gerade nur den Raum eines Gegensatzes zu ihm zu belassen scheint (vgl. Anm. 113).

[116] S. 145. Der Übergang zur Betrachtung der sprachlichen Bestandteile der Rede ist motiviert durch die Reflexion auf die dem Logos als einer bestimmten Gattung eigentümliche Natur. Man könnte geradezu sagen, daß der Gedanke mit einer formaldialektischen Reflexion begonnen hat, dann zu einer transzendental-idealen Demonstration übergegangen ist (vgl. Anm. 106), um diese nun an den realen Gegebenheiten der Rede zu prüfen und zu konkretisieren.

[117] S. 145. Die Differenz der Bedeutungen von ὄνομα und ῥῆμα beschränkt sich hier so wenig wie sonst bei Plato auf die Fixierung distinkter Wortklassen der Grammatik. Die Bedeutungen können sich überschneiden; oder, sie bezeichnen, wie hier, die semantische, bzw. kategoreale Urdifferenz zwischen der Aussage und ihrem Träger und Gegenstand (vgl. Steinthal, Geschichte d. Sprachwissensch. bei den Griechen und Römern, 1863 p. 133ff.; J. Stenzel, Studien[3] p. 88f.). Die Beispiele der logischen Unselbständigkeit von ὄνομα und ῥῆμα entsprechen Platos Beispielmethode, die Sache durch das Beispiel zu präzisieren und weiterzuentwickeln (vgl. Anm. 10 u. 119).

[118] S. 147. Das auffallende Unverständnis des Theaitetos erklärt sich wohl daraus, daß der gewöhnliche Sprachgebrauch von ὄνομα und ῥῆμα die hier beanspruchte logische Unselbständigkeit der Satzelemente nicht gleich erkennen läßt (zu dieser

logischen Unselbständigkeit von ὄνομα und ῥῆμα vgl. Aristoteles De interpret. c. 2–4).

119 S. 147. Sehr fein gebraucht Plato das Beispiel des Lernens (μανθάνειν), um auf die besondere Bedeutung des ῥῆμα hinzuweisen, welches dadurch, daß es die Zeit mitanzeigt, die Verbindung des Logos mit dem Seienden herstellt. Das Lernen bildet für Plato ja das Gegenbeispiel und den Gegenbegriff schlechthin gegen die abstrakte sophistische Entgegensetzung von Seiendem und Nichtseiendem (vgl. Menon 80eff.). Auf diesen Zusammenhang zwischen der Teilhabe am Seienden und an der Zeit weist „Parmenides" 141d–142a. Im Verhältnis des bloßen Benennens und der Aussage spiegelt sich das Verhältnis von γένος und λόγος (vgl. Anm. 107 u. 137). Wenn hier die besondere Kürze des Satzbeispieles betont wird, so erinnert dies an die Sokratische Mikrologie in ihrem polemisch-kritischen Habitus gegenüber der sophistisch-rhetorischen Großrede (μακρολογία) (vgl. Protagoras 334d, Hippias min. 373e, Rpl. 350e). Es ist die methodisch geübte Mikrologie, welche die optimale Unterscheidung zwischen bloßem Reden und Aussagen ermöglicht.

120 S. 149. Hinweis auf die Analogie im Verhältnis und Zustand der Bestandteile des Seienden einerseits und der Rede andererseits. Diese Analogie ermöglicht Analogieschlüsse in beiden Richtungen, im Sinne der Wahrheitsfindung und der Aussagekritik.

121 S. 149. Die Differenz περὶ ἐμοῦ τε καὶ ἐμός spiegelt ebensosehr die Aussagedifferenz zwischen ὄνομα und ῥῆμα wie die der Bezeichnung und der Aussage am Aussagesubjekt wieder, und bewahrheitet so die Analogie zwischen den logischen und den ontologischen Gliederungen.

122 S. 149. Diese platonischen Satzbeispiele sind immer wieder zum Gegenstand divergierender Interpretationen geworden. Teils wollte man darin eine Bestätigung einer eigenen empiristischen Urteilstheorie sehen, daß Plato erst am empirischen Wahrnehmungsurteil zum wahren Urteilsbegriff gelange (Apelt, Runciman, Sprute); teils sah man in Platos Satzbeispiel für eine unwahre Aussage gerade einen Beleg dafür, daß empirische Wahrnehmungen überhaupt keinen Wahrheitsgehalt haben und daß Wahrheit erst im Rahmen der dihairetischen Methode möglich wird (Stenzel). Unter diesen Auffassungen hat die letztere die größere Wahrheit für sich. Doch ist durch die Entgegensetzung gegen die andere der Sinn der dialektischen Reihe der Beispiele verdorben. Offensichtlich ist das erste Satzbeispiel einer wahren Aussage eidetischer Natur, im Unterschied zum zweiten, welches aesthetisch im Sinne der αἴσθησις ist. Beides ist im dritten Satzbeispiel, dem Beispiel einer unwahren Aussage, verbunden. Erst dieses Beispiel zeigt, worauf es Plato ankommt. Der Zusatz ᾧ νῦν ἐγὼ διαλέγομαι bildet ein ausdrück-

liches indikatives System, während die beiden anderen Sätze ohne solche sprachlichen Indikationen auskommen. Gerade dadurch wird die sophistische, antilogische Technik der heimlichen und unbemerkten Verkehrung der Urteilsrichtung begünstigt. Dieser stellt die Philosophie die Einsicht in die Bedingungen möglicher Indikationen entgegen, indem sie zugleich die Änderung einer Urteilsrichtung immer ausdrücklich und methodisch und in der Absicht der kritischen Wahrheitsprüfung gebraucht.

123 S. 151. Die Übersetzung von δόξα mit „Urteil“ erfolgte im besonderen Hinblick auf 264a–b. (Zu dieser Frage vgl. J. Stenzel, Studien[3] p. 34f. u. 86f.). Den inneren Zusammenhang zwischen δόξα und φαντασία hinsichtlich der Möglichkeit der wahren Erkenntnis und des Irrtums hatte der „Theaitetos“ ausführlich erörtert, um in der abschließenden, aporetischen Definition wahren Wissens (ἐπιστήμη) als δόξα ὀρθὴ μετὰ ἐπιστήμης διαφορότητος (210a) daran zu erinnern, daß die Frage nach einem wahren Wissen, einer Wissenschaft vom Anderssein, eine offengebliebene Frage ist. Diese hier unausdrücklich gestellte Frage ist es, die im „Sophistes“, zumindest in Grundzügen, eine Beantwortung findet. Was die dialektische Erörterung des Zusammenhanges von φαντασία und δόξα hinsichtlich der Möglichkeit des Irrtums betrifft, kann sich der „Sophistes“ daher kurz fassen. Hier steht der Irrtum nur so weit zur Diskussion, wie er sich die Gestalt unwahrer Aussagen gibt. Deswegen genügt hier der Hinweis auf die Verbindung von διάνοια, δόξα und φαντασία mit λόγος (entsprechend der Definition wahren Wissens als ἀληθὴς δόξα μετὰ λόγου, Theaitetos 201d). Erst in dieser Verbindung erweisen sich die trügerischen Ansichten und Meinungen als erkennbar in ihren Gründen.

124 S. 153. Vgl. τὸ λέγειν πρὸς ἑαυτὸν δοξάζειν ἐστίν Theaitetos 190c.

125 S. 153. Vergleicht man diese Unterscheidung von φάσις und ἀπόφασις mit der aristotelischen Unterscheidung zwischen φάσις, κατάφασις und ἀπόφασις (de interpret. c. 4), um die es der Sache nach gerade auch schon hier bei Plato geht, so wird dessen Bestreben deutlich, nicht nur den Schein einer Entgegensetzung zwischen Seiendem und Nichtseiendem im Gegensatz von Aussagen zu vermeiden, sondern zugleich auch noch einmal an die semantische Zweideutigkeit zu erinnern, die immer entstehen muß, sofern die Differenz zwischen Bezeichnung und Aussage, zwischen Reden und Urteilen keine sprachliche Bezeichnung findet.

126 S. 153. Hiermit ist nun die sophistische Antilogik (ἀντιλογικὴ τέχνη) in ihrem Ursprung u. in den verschiedenen Aspekten ihrer möglichen Genesis hinreichend durchschaut, um abschließend die noch ausstehende Wesensbestimmung des Sophisten zu vollenden.

127 S. 155. Es sind ja nun die Bedingungen aufgewiesen, welche das begründete Festhalten an einer eingeschlagenen Gedankenrichtung ebenso wie eine begründete, und insofern auch eine konsequente Veränderung der Gedankenrichtung möglich machen (vgl. Anm. 122). Insbesondere aber ist es die jetzt in den Blick rückende Grundunterscheidung göttlichen und menschlichen Tuns, welche zu solcher Festigkeit und Konsequenz in der Bewegung verhilft.

128 S. 157. Die hervorbringende Kunst war bisher nicht eingeteilt worden, sondern zugunsten der erwerbenden Kunst liegengeblieben (219a–c). Allerdings war bereits eine Vorerinnerung an die göttliche Kunst des Hervorbringens notwendig gewesen, um die sophistischen Wissensansprüche von vornherein in die Schranken zu verweisen (233dff.; vgl. Rpbl. 595d). Aber es war dabei nicht zu einer näheren Bestimmung der sophistischen Nachahmungskunst im Ganzen des Begriffes der hervorbringenden Kunst gekommen; und nicht zuletzt deswegen blieb auch die Frage der Subsumption der sophistischen Kunst unter die abbildende oder die scheinbildende Kunst notwendig unentscheidbar (236c–d).

129 S. 159. Damit ist nun die Grundunterscheidung aller Unterscheidungen hinsichtlich einer möglichen Wesensbestimmung des Sophisten gesetzt, der einheitliche Bezugspunkt für die bisherigen unbegründet polemischen Bestimmungen. Insofern hat diese Setzung keinen dogmatisch-metaphysischen, sondern einen methodisch-kritischen Sinn. Sie bildet im Rahmen der dihairetischen Methode eine analoge Ausdrucksform für das sokratische Wissen des Nicht-Wissens, die methodisch angewandte Einsicht in die Grenzen menschlichen Wissens und seiner Vermittlung an Andere (s. Einleitung).

130 S. 159. Erst an diesem Doppelschnitt mit seinen jeweils vier Momenten zeigt sich, wie im dihairetischen Verfahren der philosophische Gebrauch der Proportionen möglich wird. Die Glieder der Einteilung sind hier nicht mehr wie in den anfänglichen Einteilungen nur äußerlich unterschieden und entgegengesetzt, und so, daß ihnen die Gründe ihrer Unterscheidung und ihrer einheitlichen Verbindung mehr oder weniger fern sind, und diese Gründe selbst mehr oder weniger weit auseinander liegen: das Seiende, auf das die Aussage gerichtet ist, und die Gattung, mittels deren diese Beziehung gesetzt ist. Vielmehr haben die Gattungen hier eine innere Entsprechung und Verwandtschaft, eine innere Ähnlichkeit und Unähnlichkeit, Gleichheit und Ungleichheit, deren Gründe in ihnen selbst gelegen sind. In dieser analogia entis bewahrheitet sich die Notwendigkeit der συμπλοκή von Selbigkeit und Verschiedenheit als die Bedingung der Möglichkeit der dihairetischen Erkenntnismethode im Sinne eines analogischen Gebrauches der Gattungen (vgl. Anm. 98, 112 u. 133).

[131] S. 161. Vgl. 234c, wo bereits von den Bildern der Maler auf die entsprechenden εἴδωλα λεγόμενα geschlossen wurde, die hier nun immer schon mit im Blick stehen (vgl. die Erörterung des μίμησις-Begriffes, Rpbl. X, 595a ff.).

[132] S. 161. Grundsätzlich ist zunächst zwischen den vier Gliedern des Doppelschnittes keine eindeutige Reihenordnung in dem Sinne fixiert, daß sich die von uns hergestellten Bilder nur auf die von uns hergestellten Dinge beziehen könnten, nach Analogie zu dem Schein, der von den Dingen an sich, den göttlichen Produktionen ausgeht. Ebensowenig ist eine Notwendigkeit gesetzt, daß unsere Bilder nur eine Beziehung auf die Bilder der Dinge an sich haben könnten. Die Ausschließlichkeit eines solchen Bezuges ist vielmehr gerade durch die analogische Struktur des Seienden negiert. Der Doppelschnitt steckt vielmehr den freien Raum für die Möglichkeiten des theoretischen und praktischen Verhaltens der Menschen, und damit auch für die Möglichkeiten der Philosophie und Sophistik ab.

[133] S. 163. Daß diese unmittelbare, sich an Auge und Sinn wendende Nachahmung als Besonderung des Bereiches der scheinbildenden, im Unterschied zur abbildenden Kunst in aller seiner Beschränkung immer noch für die Sophistik einen übergeordneten Begriff bildet, soll mit aller Schärfe unterstreichen, wie weit die Sophistik von der Wahrheit des Seienden prinzipiell entfernt bleiben muß. Von der Gattung der Nachahmung ist nunmehr aufgrund der gesetzten Analogie des Seienden selbst ein analogischer Gebrauch gemacht, der über die unmittelbare Vorstellung der Gaukelei und Schauspielerei hinaus (vgl. 235a) in Richtung auf die über- und untergeordneten Gattungen verweist und diese einfachen Beziehungen in ihrem eigenen Wesen einschließt. Hier wird die methodische Bedeutung des dihairetischen Doppelschnittes begreiflich, der erst durch diese seine Doppelung den Zusammenschluß des Seienden mit der Mannigfaltigkeit seiner Bestimmungen in einer einheitlichen Definition ermöglicht.

[134] S. 165. Daß und inwiefern nicht jedes Etwas Träger eines eigenen Namens sein kann, diese Unmöglichkeit konnte allererst durch die dialektische Wissenschaft, insbesondere an dem vorgeführten Begriffsmodell in ihrem Sinn sichtbar gemacht werden, nämlich im Hinblick auf die Wechselbeziehung von Bezeichnung und Aussage, von Name und Logos. Wenn ein Seiendes keinen eigenen Namen besitzt, so kann die dialektische Wissenschaft hierfür nicht irgendeine Ansicht, etwa eine Geringschätzung der betreffenden Sache als hinreichende Begründung gelten lassen (vgl. Anm. 27), sondern allenfalls dies, daß der Logos dieses Seienden bereits durch andere bezeichnete Sachverhalte hinreichend mitbestimmt ist. Indem so andererseits für die dialektische Wissenschaft jedes Seiende möglicher Träger einer Bezeichnung ist, vermag diese Wissenschaft auch die Sachver-

halte zu entdecken und zu bezeichnen, die um der Erkenntnis willen „beim Namen genannt werden müssen".

135 S. 165. Das sophistische Nichtwissen ist ein solches im Hinblick auf die gesetzte Grundunterscheidung göttlichen und menschlichen Tuns, ein Wissen, welches keine Grenzen seiner selbst anerkennt, damit zugleich aber auch selbstherrlich jedes Prinzip einer möglichen Selbstkritik und Selbstkorrektur aus der Hand gegeben hat, somit am Ende nur ein Widersprechen um des Widerspruches willen. (Besonders interessant hierzu die Verteidigung, die Sokrates dem Grundsatz des Protagoras vom Menschen als dem Maß aller Dinge zubilligt: Theaitetos 166a ff.)

136 S. 165. Diese „Ironie" bildet das absolute Gegenstück zur sogenannten sokratischen Ironie. Sokrates ist es mit dem Wissen seines und des menschlichen Nichtwissens überhaupt so ernst gewesen, daß seine Diskussionsgegner im deutlichen Empfinden ihrer dialektischen Unterlegenheit diesen Ernst nur absolut im Sinne der Verstellung mißverstehen konnten.

137 S. 167. Die abschließende Begriffsbestimmung des Sophisten zeigt noch einmal in krasser Anschaulichkeit die Dringlichkeit der dialektischen Prinzipienwissenschaft, ohne deren Wissen auch eine wahre Begriffsbestimmung wie die vorliegende ein Haufen zusammenhangloser Namen, und damit der Sophistik Tür und Tor geöffnet bleibt.

REGISTER

Monographien zur Philosophie des Altertums

Karl Albert
Griechische Religion und Platonische Philosophie
1980. VI, 138 S. Geb. 36,–

Karl Bormann
Parmenides
Untersuchungen zu den Fragmenten
1971. VIII, 263 S. Kart. 68,–

Hans-Georg Gadamer
Platos dialektische Ethik
Phänomenologische Interpretation zum Philebos
Nachdruck der 1. Aufl. von 1931
mit einem neuen Vorwort
1983. XVI, 196 S. Geb. 42,–

Werner Marx
Einführung in Aristoteles' Theorie vom Seienden
1972. 90 S. Kart. 12,–

Klaus Oehler
Die Lehre vom Noetischen und Dianoetischen Denken bei Platon und Aristoteles
Ein Beitrag zur Erforschung der Geschichte
des Bewußtseinsproblems in der Antike
2., mit einem Vorwort versehene, unveränderte Auflage
1985. X, 294 S. Geb. 48,–

Rudolf Rehn
Der Logos der Seele
Wesen, Aufgabe und Bedeutung der Sprache
in der platonischen Philosophie
1982. VII, 184 S. Geb. 78,–

Egil A. Wyller
Der späte Platon
1970. VII, 179 S. Kart. 32,–

Stand: 1.3.1985

FELIX MEINER VERLAG · 2000 HAMBURG 76